BREVIARIOS
del
FONDO DE CULTURA ECONÓMICA

159

Rodolfo E. Modern

Historia de la
literatura alemana

FONDO DE CULTURA ECONÓMICA

Primera edición,   1961
Segunda edición,   1972
  Cuarta reimpresión, 2014

Modern, Rodolfo E.
  Historia de la literatura alemana / Rodolfo E. Modern.
— 2ª ed. — México : FCE, 1972
    370 p. ; 17 × 11 cm — (Colec. Breviarios ; 159)
    ISBN 978-968-16-0177-5

  1. Literatura alemana — Historia y crítica I. Ser. II. t.

LC PT101   Dewey 082.1 B846 V.159

Distribución mundial

Diseño de portada: Teresa Guzmán Romero

D. R. © 1961, Fondo de Cultura Económica
Carretera Picacho-Ajusco, 227; 14738 México, D. F.
Empresa certificada ISO 9001:2008

Comentarios: editorial@fondodeculturaeconomica.com
www.fondodeculturaeconomica.com
Tel. (55) 5227-4672; fax (55) 5227-4694

Se prohíbe la reproducción total o parcial de esta obra, sea cual fuere el medio, sin la anuencia por escrito del titular de los derechos.

ISBN 978-968-16-0177-5

Impreso en México • *Printed in Mexico*

PREFACIO

En el grávido y complejo panorama de la cultura contemporánea es imposible desconocer la trascendencia de la literatura alemana. Por muy alejado que se halle idiomáticamente el lector hispanoamericano —y para él ha sido escrito este libro— de las letras alemanas, se han producido allí hechos fundamentales de repercusión universal. Sin hacer hincapié en periodos remotos, como aquel que produjo esa extraordinaria conjunción de obras maestras a principios del siglo xiii, durante el reinado de Federico II, ¿qué persona medianamente vinculada al fenómeno literario puede dejar de reconocer y valorar el papel desempeñado en últimas centurias por un Schiller, un Hölderlin, un Novalis? Y en el presente, ¿puede acaso ignorarse a Rilke, a Thomas Mann, a Kafka o a Hermann Hesse? Y más aún, rebasando el plano de lo literario, ¿puede una historia de la cultura omitir al máximo de los poetas alemanes, a Goethe?

Todos estos hombres, no obstante, se encuentran imbricados en un proceso evolutivo y no se los concibe desvinculados del conjunto. La presente historia de la literatura alemana, estructurada dentro de los fines perseguidos en los "Breviarios", pretende, más allá del mero catálogo de títulos y fechas, ofrecer un enfoque, para el lector hispanoamericano, repetimos, en el que lo esencial esté dado en la exposición de las principales corrientes y, en lo posible, según un agrupamiento por géneros. Ningún autor de los considerados aparece aislado del resto y, en lo posible también, se ha tratado de fijar los rasgos distintivos, descartando todo dato anecdótico. Por cierto que habrá omisiones, pero ellas corresponden, en la gran mayoría de los casos, a autores de tercer rango, que carecen de la jerarquía necesaria. En cuanto a los aún jóvenes autores que figuran en los últimos capítulos, la crítica es, por supuesto, ante la falta de decantación que sólo el transcurso del tiempo puede proporcionar, provisoria en una gran medida.

Deseamos subrayar, por último, una insistencia, dentro del equilibrio general, en el tratamiento de la literatura producida durante la primera mitad de nuestro siglo, por lo común reducido a ínfimas proporciones en trabajos de esta naturaleza.

A la doctora Ilse M. de Brugger, profesora titular de literatura alemana en la Facultad de Humanidades y Ciencias de la Educación de la Universidad Nacional de La Plata, nuestro más agradecido reconocimiento por sus valiosas indicaciones, recogidas en las páginas de este libro.

RODOLFO E. MODERN

PREFACIO A LA TERCERA EDICIÓN

La favorable recepción con que público y crítica acogieron la primera edición del presente volumen, que data de 1961, llevó a una posterior, de 1966. Ha transcurrido ya desde el hecho inicial más de una década, y las características didácticas del libro, cuyo objeto lo constituye una información que se pretende equilibrada, de la literatura alemana en lo que va desde sus orígenes hasta nuestros días, hacen aconsejable algunos cambios y adiciones.

Las dificultades, en este sentido, aluden fundamentalmente a nuestra propia época, y para ser más exactos, a las dos o tres últimas décadas. El pasado mediato adquiere cierto carácter de cosa decantada, de recinto difícilmente violable. Pero, en lo que hace a nuestra contemporaneidad, ésta aparece más fluida que nunca, y ciertos ídolos de ayer derriten sus pies de barro en un piso de indiferencia más o menos manifiesta. De todos modos, en los últimos años han surgido acontecimientos literarios cuya omisión no cabe. Algunos autores muy jóvenes, apenas editados o conocidos alrededor de 1960, han avanzado a los primeros planos. Otros, por el contrario, empalidecen cada vez más su imagen, y quizás sea oportuno abstenerse de citarlos.

Entre los problemas que ofrece un manual de historia literaria como el presente, hay tres que brotan *prima facie*. Uno, su carácter necesariamente sintético, que sirve para introducir autores y tendencias, nunca para una información exhaustiva. Otro, el obligado carácter antológico, que es, quizás, consecuencia del primero. Y el tercero se refiere a las proporciones, al número de páginas o líneas que cada autor tratado merece. El conflicto resulta, en este sentido, insoluble, aunque algo puede ayudar, además del conocimiento del material, el sentido común, el buen gusto, y un juicio histórico-crítico más o menos objetivamente fundado. Desde este punto de vista hemos considerado recomendable insertar en el contexto respectivo un comentario de las obras de Karl Kraus y Joseph Roth, por ejemplo.

Y, por supuesto, hacer conocer o ampliar la información con respecto a aquellos autores que a la época de la primera edición apenas si existían, literariamente hablando. Si este propósito se ha logrado o no, es otra cuestión. Pero la remodelación del último capítulo era impostergable, ahora más que nunca, cuando todo se pone en duda, vacila, cae y vuelve a renacer en las posturas más inesperadas.

Rodolfo E. Modern

I. DE LOS COMIENZOS AL SIGLO IX

Los comienzos de la literatura alemana están ligados a la literatura de los pueblos germánicos. Una similitud de contenido, creencias y formas expresivas, lo mismo que el establecimiento de una ascendencia y temas comunes aluden a vínculos obligatorios de consecuencias lejanas. En otras palabras, antes de hablar específicamente de una literatura alemana, enmarcada en lo fundamental dentro de las fronteras de los países alemanes actuales, corresponde una referencia a un mundo más vasto, de una mayor movilidad en sus desplazamientos, con una raíz étnica y lingüística: el de los germanos. Este pueblo había aparecido en la historia de Roma en el siglo II a. C., con motivo de la irrupción de cimbrios y teutones que Mario contuvo victoriosamente, y son los mismos romanos quienes nos han transmitido el nombre de "germanos". Referencias aisladas de autores clásicos, en gran parte perdidas, se completan más tarde en la famosa *Germania* de Tácito (55-120 d. C.), quien, al margen de su intención moralizadora al contraponer el mundo fuerte y joven de los germanos al suyo propio, sin ideales ni virtudes, en opinión del autor, ofrece un panorama de las semibárbaras costumbres sociales, políticas y militares del pueblo descrito, y, para lo que interesa directamente al tema, revela la existencia de una poesía germana acentuadamente belicosa, en la que se mezclaba la invocación de dioses y héroes. Entre estas tribus germanas que el azar histórico movía constantemente, destaca su perfil literario el pueblo godo, en el cual se desarrolla la primera manifestación literaria germánica, la traducción de los libros del Nuevo Testamento, por obra del obispo Ulfilas o Wulfila (*ca.* 331-383 d. C.). En pleno siglo IV, en medio de la lucha para extirpar el paganismo de las poblaciones aún no convertidas a las enseñanzas de Cristo, Ulfilas, un sacerdote arriano, fue nombrado obispo de los godos entre los cuales se había criado, y llevó a sus fieles en migración pacífica a las orillas del Danubio y el mensaje civilizador de la Iglesia. La traducción de Ulfilas es, todavía hoy, una asombrosa obra maestra. De un idioma sin ninguna tradición literaria, sin escritura propia siquiera, extrajo Ulfilas los elementos necesarios para darle al gótico una dignidad literaria y espiritual y una capacidad para explicar los procesos más complicados de la predicación evangélica. Asimismo, las necesidades prácticas lo llevaron a la invención de una escritura que combinaba los caracteres de las letras griegas y romanas con algunas germánicas, las "runas". Un ejemplar manuscrito, ricamente adornado con letras de oro y plata, el famoso *Codex Argenteus,* probablemente del siglo VI, se encuentra actualmente en la Universidad de Upsala. Curiosamente, el gótico, lenguaje que había alcanzado eminencia literaria con esta traducción, factor importante para acercar a su pueblo a las fuentes más puras del cristianismo, se extinguió con esta única obra, dado que el alemán no desciende, lingüísticamente considerado, de aquél.

Este mundo germánico, geográficamente tan fluido y subdividido en pueblos o tribus, y que había comenzado su desplazamiento ya en el siglo II, si no mucho antes, es actor de una de las convulsiones más grandiosas de la historia, la "migración de los pueblos", fijada aproximadamente entre los siglos V y VIII d. C. No sólo modificó el mapa político de Europa, sino que puso de relieve la existencia de una rica literatura de la que se conservan raros vestigios, aunque ciertas especies, como la anglosajona, sea abundante en ejemplos. Es sólo a partir de la diferenciación de los germanos, distribuidos en distintos lugares del continente europeo, que puede comenzar a hablarse de literaturas sajonas o noruegas, etc., o, en nuestro caso, de la alemana, sin que deba olvidarse que todas ellas se asientan sobre un tronco común y un mundo también común de tradiciones y hábitos.

Esta poesía, en su conjunto, se presentaba en una forma solemne, rítmica, apoyada sobre algo parecido a un fondo musical. Es difícil separar aquí, por la relativa escasez de los testimonios, lo folklórico de lo propiamente literario, pero de todos modos se advierte una especie de irradiación religiosa, o por lo menos mágica, que emanaba del prestigio sobrenatural de la letra escrita en la conciencia de estos países recién ingresados en la historia. Desde el siglo v existe el "Leich", una expresión poética que reúne la danza, el canto, la música y el sacrificio, con una sustancia predominantemente religiosa, como también los cantos de alabanza de forma hímnica, las fórmulas de encantamiento, las canciones de fecundidad, es decir, un repertorio que une efectos religiosos con propósitos prácticos. Todo este material, que seguramente se extendió profusamente a través del mundo germánico, quedó fijado con mayor eficacia al ser traspuesto a una forma escrita. Las palabras poseían propiedades sobrenaturales y era fácil retenerlas en la memoria por la invención de un procedimiento rítmico-fonético, aplicado también a la poesía primitiva anglosajona y escandinava hasta bien entrado el siglo IX: la aliteración. Su uso no se ha desvanecido del todo, como lo revelan el inglés y el alemán actuales. La aliteración, que parecería ser un recurso congénito a los idiomas germánicos, consiste, para la poesía alemana, en el empleo de tres o cuatro sonidos iguales en cada verso con los que comienzan las principales palabras acentuadas. Si bien las consonantes exigen identidad, las vocales pueden intercambiarse entre sí. El procedimiento confiere al verso una especial energía por la reiteración y la acentuación fónica, y se adecuó perfectamente al poema heroico. Un ejemplo tomado de un verso de la *Canción de Hildebrando* ilustra al respecto:

> Hiltibrant gimahalta Heribrantes sunu: her was
> heroro man
> Hidelbrando habló, el hijo de Heribrando: él
> era el hombre mayor

En el portal de la literatura alemana se registra un poema heroico, significativo y excepcional, la *Canción* ya aludida. Aunque el primer ejemplar hallado pertenece al siglo IX, el original es probablemente del siglo VII, y corresponde a los hermanos Grimm, los creadores de la filología germánica, el mérito de haber puesto en evidencia, a principios de la centuria pasada, su valor poético. Su origen se remonta a los dramáticos acontecimientos colectivos e individuales ocasionados por la migración de las tribus germánicas y, con toda seguridad, no es más que un mojón dentro de una vasta epopeya perdida lamentablemente. La misma debió ilustrar acerca de los trágicos destinos de héroes y reyes y pueblos enteros, en donde se entremezclaban junto a sucesos de lejanas raíces históricas, los productos de la fantasía y del mito mediante la aparición de espadas invencibles, tesoros encantados, enanos y dragones. Esta epopeya ha sido felizmente salvada, en su espíritu y líneas generales, por la labor de poetas noruegos e islandeses, cuyo fruto lo constituye el contenido de la *Edda mayor*. Compuesta entre los siglos XII y XIII, además de su valor poético intrínseco, introdujo los temas y argumentos predilectos de los pueblos germánicos, algunos de los cuales tenían ya seis siglos de existencia. Los héroes favoritos, origen de verdaderos ciclos, eran Dietrich von Bern (o Teodorico de Verona), Wieland, Hagen, Walther, Albuino, Atila, etc., y cada uno de ellos representa a alguna de las naciones del conglomerado étnico germano, salvo Atila, el temible pero admirado rey huno. Aunque hubieran existido en la realidad, los hechos y personajes se encuentran naturalmente deformados por la distancia, la imaginación poética y la fantasía de sus anónimos creadores. Estos poemas épicos tienen notas comunes. Es posible que en su origen fueran cantados en las cortes semibárbaras de los reyes y que sus autores alternaran el ejercicio poético con el de la guerra, según se deduce de poemas posteriores. No obstante las variables circunstancias externas, estos poemas son un muestrario de vidas trágicamente concluidas por una fatalidad interior irremediable. Hablan del alma indomeñable de héroes movidos por el valor, la sublimidad de la lucha y un sentimiento inconmovible de lealtad, que se precipitan a sabiendas en una muerte voluntariamente buscada. Las descripciones de la naturaleza o de hechos meramente externos están de más. Son idénticas historias de una psicología también idéntica, que cantan la grandeza de almas sombrías y pesimistas en un idioma enérgico, asombrosamente sobrio y viril. Es un mundo de guerreros, alejados en su sustancia pagana de la luz cristiana que tan trabajosamente se viene abriendo camino entre estos cultores del coraje y la lealtad. Cuando siglos después alguna de estas historias es retomada, la pátina cristiana y cortés de la época en que reaparece la desvirtúa, aunque sólo en parte, mediante una forma artísticamente pulida por la simbiosis de un arte superior al servicio de un material bárbaro, según el ilustre ejemplo del *Cantar de los nibelungos.*

Nada de esto falta en la *Canción de Hildebrando,* que ha llegado hasta nosotros en el denominado alto alemán antiguo, la lengua literaria oriunda del sur de Alemania, en la que, con excepción principal de un poema religioso algo posterior, el *Heliand,* se hallan escritas las obras literarias de un periodo que llega hasta el año 1050, aproximadamente. En líneas muy escuetas dotadas de una formidable tensión anímica, narra el encuentro del viejo Hildebrando, vasallo del rey Teodorico, al que la guerra ha separado hace muchos años de su familia, y su hijo Hadubrando. Antes de entrar en combate, Hildebrando interroga a su adversario, y por las palabras del más joven reconoce que éste es su propio hijo. Será inútil que Hildebrando proclame su paternidad, porque Hadubrando, con ímpetu juvenil y en el temor de una celada, desafía con palabras hirientes al padre, forzado a luchar hasta el fin para defender su honor de guerrero. El sentimiento del honor es más poderoso que su afecto paternal, y aunque lamente la lucha y la posible muerte del propio hijo, no tiene otra alternativa. Por otra parte, no es ésta una situación única en la historia de la literatura. Pero en el viejo poema alemán, del que desconocemos el principio y el final, hay un diálogo de una capacidad sintética extraordinaria, que su misma sobriedad dota de un dramatismo intenso, y que deja ver la mano de un gran artista. Por otro conducto, una versión nórdica del siglo XII, inferimos que el poema terminaba trágicamente con la muerte del más joven. Siglos más tarde otra versión noruega, la de la saga de Thidrek, lo mismo que una balada alemana del siglo XV, han dulcificado el final. El viejo tema sufrió, evidentemente, la influencia más piadosa de una época donde ya impera un cristianismo arraigado.

Del venerable monasterio de Fulda que, con el de San Gall, son dos de los escasos focos de donde irradia para los alemanes la nueva civilización, proviene un manuscrito que es otra manifestación de la incipiente literatura alemana. Se trata de las llamadas "Fórmulas de encantamiento de Merseburg" que lindan, en cierto modo, con el folclor. Aunque el manuscrito es del siglo X, su composición es muy anterior, y está bien enraizada en la tradición pagana. Las "Fórmulas" son típicas de una época en la que se atribuye a la letra escrita un prestigio superior y su conocimiento se debe a esta circunstancia. A pesar de su brevedad, evocan todo un mundo de supersticiones y viejas costumbres germanas, en el que se cree, a pie juntillas, en los poderes mágicos y curativos de ciertas palabras. Constan en su estructura de dos partes: el "spell", que es la propiamente descriptiva, y el "galder", donde se encierra la efectiva conjuración. En una de ellas, personajes femeninos creados por el mito ayudan a unos guerreros a fugarse o a maniatar a sus enemigos. En la otra, unas palabras mágicas pronunciadas oportunamente por un dios sirven para curar la dislocación de la pata de un caballo montado por Phol o Balder, dios principal de la mitología nórdica. La aliteración es, como siempre, de uso obligatorio.[1]

La popularidad de estas fórmulas (Sprüche) es tan grande que con posterioridad a la implantación de la nueva fe se las sigue utilizando aunque, naturalmente, con elementos cristianos. Ejemplos típicos de esta vieja formulación, así renovada, son la *Lorscher Bienensegen* (Bendición de las abejas de Lorsch), la *Weingartner Reisesegen* (Bendición de viaje de Weingarten), la *Wiener Hundesegen* (Bendición a los perros de Viena), etcétera.

El siglo VIII señala una crisis política y espiritual dentro del mundo germano de Europa central, y sus diversas repercusiones en la literatura se reflejan, como se verá, durante el glorioso reinado de Carlomagno y el de sus sucesores. La superstición pagana y la trágica lealtad heroica que impregnaron los comienzos de la literatura alemana se sujetarán a cambios y sustituciones fundamentales por el trastrueque de importantes valores.

---

[1] Eiris sazun idisi, sazun hera duoder,
suma hapt heptidun, suma heri lezidun,
suma clubodun umbi cuoniouuidi
insprinc haptbandun, invar vigandun.

(Antaño mujeres se sentaron, se sentaron acá y allá,
algunas anudaron los lazos, algunas detuvieron a los ejércitos,
algunas separaron las ataduras
líbrate de los lazos, escápate de los enemigos.)

II. RENACIMIENTO CAROLINGIO

AUNQUE la *Canción de Hildebrando* y las "Fórmulas de encantamiento" han llegado hasta nosotros en versiones del siglo IX, pertenecen, por su inspiración, a una época anterior enclavada en un clima donde el paganismo impone sus convicciones. Lo que ahora viene corresponde plenamente al momento en que aparece, es decir, al de los monarcas carolingios. Provenientes del oeste, de la actual Francia, uno de los primeros reyes de los francos, Clodoveo, había abrazado el cristianismo, y en tiempos de Carlomagno se habían extendido hasta la provincia alemana. La firme cohesión política del nuevo reino condujo a la creación de un imperio que pretendía reeditar los títulos y la posición del antiguo Imperio romano. En una emulación por alcanzar, y aun superar la gloria de Roma, ascendía una ola cultural bajo el cuidado personal del mismo Carlomagno (768-814), que contenía, adelgazados y no bien asimilados todavía, los elementos provenientes de la antigüedad clásica con aquellos propios del cristianismo. Por otra parte, la expansión de los francos hacia el este, a las regiones propiamente alemanas, se acompañó por razones políticas y espirituales, ligadas entre sí estrechamente, a esta conversión de los germanos. A partir del siglo VII, monjes y misioneros habían emprendido ya esta tarea. La mayoría provenía de Irlanda e Inglaterra, y la labor abnegada de san Bonifacio (el inglés Wynfried, 673-754), unida a la fundación de conventos como los ya mencionados de Fulda y San Gall, habían facilitado estos propósitos. Pero es sólo durante el reinado de Carlomagno y sus sucesores inmediatos cuando los fines perseguidos comenzaron a fructificar. Para ello se había concebido la literatura como arma e instrumento. Era también algo nuevo por el idioma empleado, propio de un pueblo bien diferenciado, y que precisamente se calificaba como "theodiscus" para marcar esa diferencia frente al mundo de la latinidad. Ello no implica un rechazo. Por el contrario, de la corte de Carlomagno emana una influencia cultural aglutinadora que conviene atribuir a su ministro, el inglés Alcuino, quien intentó una imitación de la extinta cultura romana mientras que, por otro lado, se acentuaba la necesidad de convertir a las naciones no cristianas y de fortalecer el sentimiento de la verdadera religión entre los ya bautizados. Aquí reside justamente el sentido propagandístico e instrumental de la actividad literaria del periodo. La literatura se dio en una doble forma: latina, para la delgada capa cultural personificada por algunos clérigos, autores y traductores de clásicos latinos, y popular, volcada en el alto alemán antiguo, que el pueblo podía entender y gustar. El mismo Carlomagno compartía los sentimientos y las aficiones de sus súbditos, y no desdeñaba la tradición germana. Lo prueba la orden de recopilar y fijar por escrito las poesías heroicas que circulaban por vía oral, al igual que cualquier otro tipo de poesía, aun de raíz paganizante.

Pero la influencia del clero aumentaba en proporción notable, y durante el reinado de Luis el Piadoso (814-840) se intensificó la propaganda religiosa, al punto que llegó a constituirse en única expresión literaria. No obstante, las primeras creaciones de esta época, que conocemos en fragmento, no habían conseguido desarraigar totalmente una visión pagana. Así, la *Wessobrunner Gebet* (Oración de Wessobrunn), con sus primeros versos de principios del siglo IX, aunque es de contenido cristiano y se refiere a la creación del mundo, no puede prescindir de un toque pagano comparable al que trasciende de la "Völuspa" (La visión de la profetisa), según la versión islandesa del siglo X, y que narra también el nacimiento del mundo de acuerdo con la vieja creencia germánica. La "Oración" consta de nueve versos a los que se añadió una plegaria en prosa. La integración del mundo germánico con la naciente visión cristiana fue causa de un conflicto hondo y prolongado, que debió ir más allá de la mera literatura. Dentro de la brevedad del fragmento hay un sentimiento elevado y un lenguaje provisto de particular empuje.

La otra composición contemporánea, y en cierto sentido paralela, es un poema más extenso, aunque también incompleto: Se lo llamó "Muspilli", porque este término quiere decir algo así como "Fin del mundo". En sus 104 versos aliterados existe una preocupación y una advertencia emocionada por el destino de las almas el día del juicio final. Especialmente patéticas son las escenas en que el poeta evoca la tortura del infierno y la lucha armada del profeta Elías contra el Anticristo, lo que debió impresionar el ánimo de sus lectores porque algo de ello aparece repetido en el *Libro de los Evangelios* de Otfried, años después. Este Juicio Final, que es para su autor un verdadero incendio aniquilador, se emparienta también, a pesar de su cristianismo declarado, con composiciones germano-paganas recogidas siglos más tarde por escaldos islandeses, por un sentimiento similar de horror y vacío ante el significado de la existencia terrenal.

Las dos composiciones más características del siglo, y que son de una extensión mucho mayor, el *Heliand* y el *Libro de los Evangelios* de Otfried, se basan sobre un comentario o paráfrasis de los Evangelios que había elaborado en latín el monje sirio Taciano. El clero había asumido decididamente la dirección en la lucha por la extirpación total del paganismo y sus propósitos fueron alentados por la misma casa real. Hrabanus Maurus, alto prelado durante el reinado de Luis el Piadoso, le prestó su más franco apoyo y se cree que por inspiración del propio rey apareció el *Heliand* (Redentor, en alto alemán antiguo). El poema, que consta de 5 893 versos aliterados, se dirigía a la edificación del pueblo mediante la narración de los hechos que configuran la vida, milagros y muerte de nuestro Señor, según versión del mencionado Taciano. El anónimo poeta, con toda seguridad un religioso, era oriundo de la baja Sajonia, y ésta es una de las escasísimas obras literarias escritas en bajo alemán que la época nos depara. Su autor tuvo en cuenta la dificultad de su tarea y quiso que sus esfuerzos rindieran fruto seguro. Para ello, se apartó del espíritu original en todo lo que no fuera asimilable para la idiosincrasia germana. Conocía el espíritu de las Sagradas Escrituras y, no cabe duda, era hombre sinceramente religioso, pero también conocía los alcances y sentimientos de su pueblo, lo que lo movió a "adaptar" ciertos principios para que fueran susceptibles de aceptación. De este modo hay una constante adecuación de los hechos narrados al espíritu y hábitos germanos. La figura de Cristo debe ser comprendida y amada por estos fieros guerreros y, en cierto sentido, debe ser hecha a su imagen y semejanza. Estas deformaciones parecen hoy un poco ingenuas, pero tenían una profunda razón de ser. Un cristianismo *ad usum germanorum* nos ofrece un Cristo rey cuya realeza equivale a la de un gran caudillo germánico. Lo rodean sus apóstoles, que el poeta transforma en fieles caballeros y vasallos, y en cuanto al Sermón de la Montaña, se traduce en una alocución de Jesús a sus caballeros según el estilo de una asamblea germánica. El autor censuraba la arrogancia y el espíritu naturalmente belicoso de sus compatriotas, pero no se animó a llevar a sus últimas consecuencias el mensaje evangélico. Dar la otra mejilla y perdonar, más, amar al enemigo, era algo que ningún poeta germano podía recomendar, y el autor del *Heliand* tampoco lo hace. Así como omite la escena en que Jesús entra en Jerusalén montado sobre un asno, actitud inconcebible para un rey, es de ver con qué fruición se lanza sobre episodios de un leve tinte bélico, como aquel donde Pedro corta con su espada la oreja al soldado romano Malco. El esfuerzo cristiano del autor del poema es admirable, lo mismo que el arte con el que lo realiza, pero está obligado a sacrificar la veracidad de su historia a la verosimilitud de la materia poética de acuerdo con las costumbres mentales y sociales de su pueblo. A veces habla en él la inspiración poética propia según una experiencia inmediata y no libresca, como cuando la tempestad sobre el lago Tiberíades se transforma en una verdadera tormenta cuya descripción coincide con el mar del Norte que el autor tuvo alguna vez ante sus ojos. No es mérito menor la forma majestuosa, acreditada a la aplicación de la aliteración.

Así como el Nuevo Testamento fue adaptado según los hábitos heroicos de los germanos, hay un intento un poco posterior para la versión alemana del Antiguo Testamento. Se trata del *Génesis*, escrito en sajón antiguo, eco seguro del éxito obtenido por el *Heliand* y obra de un admirador de este último poema. Apareció pocos años después, y abarcaba desde la creación del mundo y la caída del maligno hasta el advenimiento del Redentor. Queda un pequeño fragmento de 617 versos, pero su fama fue tan considerable como para que se tradujera al anglosajón. El mérito poético no es menor que el del *Heliand* y un fuerte sentimiento cristiano recorre el poema.

Pasada la mitad del siglo, en el año 868 aproximadamente, y en competencia con el *Heliand,* nace otro descendiente de Taciano, el *Libro de los Evangelios* de Otfried. El paralelismo con el *Heliand* se presenta en el contenido, pero las diferencias son demasiado notorias como para que pueda hablarse de una imitación burda. Con esta obra aparece también el primer nombre propio de un autor dentro de la literatura alemana. Otfried era un monje benedictino que profesó y enseñaba en el convento de Weissenburg, en Alsacia, y parece que fue discípulo de Hrabanus. Su nacimiento se fija en el año 800, más o menos; su obra es, en consecuencia, producto de madurada reflexión. Una carta suya en latín, dirigida a un alto dignatario de la Iglesia, muestra algo útil para la comprensión de la época y de las motivaciones del mismo Otfried. Cuenta allí que estando en compañía de ciertos prelados ilustres, llegaron a sus oídos unas canciones obscenas entonadas por el vulgo. Gente piadosa y de alta figuración le solicitó entonces que escribiera un libro de edificación que pudiera oponerse con éxito a esas expansiones groseras y perjudiciales. A Otfried le pareció bien y utiliza con orgullo su propia lengua, que cree capaz de competir dignamente con el latín, para hacerla portadora de la palabra evangélica. Su larga composición, alrededor de 7 500 versos, está dedicada a Luis el Piadoso, cuyo espíritu afín al del poeta se rebelaba también ante tanta canción paganizante. Otra novedad más, de consecuencias fecundas, fue el abandono del viejo verso germano aliterado y su reemplazo por la rima final consonantada, según los modelos proporcionados por la poesía latino-cristiana. Esto fue algo más que un ensayo, porque de improviso, sin ninguna preparación previa, aparece algo nuevo y perfectamente adaptable al idioma. Aunque de vez en cuando se le escapara alguna asonancia, la obra abrió un camino que la poesía alemana aprovechó con largueza. La nueva técnica es la siguiente: El verso largo aliterado anterior, que constaba de dos hemistiquios divididos por una cesura, se sustituye por una estrofa compuesta por cuatro hemistiquios, en que riman entre sí los dos primeros y los dos últimos respectivamente.[2]

Además de esta importante distinción formal, Otfried se separó del anónimo autor del *Heliand* por otra interpretación de los hechos narrados. A través de este último se percibía, no obstante su intención cristiana, un acercamiento al espíritu de los viejos cantos heroi-

[2] Salige thie milte/ioh muates marmunte,
Thie iro muates waltent/ioh bruaderscaf gihaltent.

(Bienaventurados sean los humildes también, y aquellos
                                                     que son de ánimo manso,
[y] aquel que siempre se domina y siempre vive en
                                                     armonía fraternal.)

cos germanos. En cambio, Otfried se muestra más dispuesto a la aceptación de una concepción que su propia época va señalando desde los países cristianos meridionales. De acuerdo con esto, todo lo resuelve en el símbolo y la alegoría, y la realidad debe ser traspuesta según esa clave. Así, por ejemplo, la entrada de Jesús a Jerusalén montado sobre el asno, significaba que el asno era la humanidad, los discípulos que lo conducían hacia el Maestro, los predicadores que llevan al pueblo hasta su presencia, y las ramas extendidas ante Él, querían decir las enseñanzas de las Sagradas Escrituras. Si el *Heliand* poseía un toque épico de indudable grandeza, la obra de Otfried muestra más bien un temperamento lírico, que, mediante la implantación de la rima final prefiere la musicalidad al ritmo, y el sentimiento de la belleza y el amor, a la fuerza del héroe.

A fines del mismo siglo la riqueza poética del alto alemán antiguo se revela en dos composiciones relativamente breves, de una particular frescura de concepción y de cierta alegría vital hasta entonces desconocida. A una *Canción de San Jorge,* que toma la leyenda medieval, que usó de la leyenda con ánimo popular y que es originario del monasterio de Reichenau (tercer centro cultural que se agrega a los ya mencionados de Fulda y San Gall), sigue otra obra plena de espontaneidad: la *Canción de Ludovico.* La fecha de su creación (año 882) es inmediatamente posterior al acontecimiento histórico que le sirve de inspiración, pues se refiere a la victoria obtenida por el rey franco Ludovico III sobre los normandos en la batalla de Saucourt. El poema respira un ingenuo popularismo dentro de un espíritu cristiano. Ludovico, al frente de sus hombres que lo siguen con entusiasmo, se lanza virilmente al combate contra los paganos normandos, luego de solicitar con fervor la ayuda divina, y el triunfo rotundo que sucede es atribuido por el anónimo poeta a la honda devoción cristiana de Ludovico y sus vasallos.

III. PARÉNTESIS DE LITERATURA LATINA

Sin embargo, el impulso adquirido por la poesía vernácula cesa, y una corriente que se venía insinuando en una forma más o menos subterránea cobra una pujanza que se hará irresistible en el siglo x. El resultado es un desplazamiento de la poesía alemana por otra envuelta en ropaje latino. La dinastía franca de los carolingios se había extinguido y dado paso a la sajona de los Otones. El predominio cada vez más marcado del clero sobre los nuevos emperadores, sumado al influjo cada vez mayor de la cultura latina, transforman una literatura bilingüe al principio —alto alemán y latín— en otra con utilización exclusiva del latín. Es éste el fenómeno que se observa durante el siglo x y los comienzos del siguiente, y que coincide, en parte, con lo que ocurre contemporáneamente en Francia e Inglaterra. Dentro del periodo considerado hay todavía un vislumbre de lo que será idiomáticamente la poesía del siglo siguiente, por el aporte de dos clérigos a la literatura latino-alemana. Uno de ellos es Notker el Alemán, del convento de San Gall, quien compone unas secuencias, es decir, prolongaciones con letra latina y melodía propia, del canto litúrgico, cuya inspiración proviene quizás de Francia. El mismo Lutero las utilizó en sus canciones religiosas, lo que prueba su popularidad durante varios siglos. El otro es el monje Tutilo, o Tuotilo, también del mismo monasterio. Tomando como punto de partida la liturgia de la misa, inventó, en latín, unas preguntas y respuestas entre el oficiante y un coro, los llamados "tropos". Éstos originaron a su turno un diálogo que los sacerdotes recitaban durante la celebración de la Pascua de Resurrección, con lo que nacía, aunque embrionariamente, el teatro medieval.

La causa principal de este fenómeno literario reside en el hecho de que el clero, dueño del arte de la escritura y de la creación literaria, y de una cultura cada vez más refinada que se orientó hacia la antigüedad clásica, está persuadido de la nobleza superior del latín. Produjo así un arte lingüístico divorciado del pueblo, al que por otra parte tampoco se esforzó en llegar porque la literatura, así planteada, reflejaba una cultura aristocrática, y cuyo auditorio estaba asimismo integrado por los "escogidos" que conocían el secreto de esa superioridad latina. Un tercer factor descansa en el apoyo que los emperadores de la dinastía sajona, sobre todo Otón el Grande (936-973), prestaron a este intento orgullosamente selectivo. Pero lo curioso de esta literatura peculiar reside en una adaptabilidad cada vez mayor al espíritu y hábitos germanos, al punto que las obras mejores nacen en su casi totalidad de temas autóctonos, tratados desde una perspectiva y un gusto tradicionales.

Algunos autores justifican este paréntesis dentro de la literatura alemana: la noble Hrotsvith (o Roswitha), del monasterio de Gandersheim, y los anónimos creadores del *Ruodlieb* y de *Waltharius manu fortis*. De todos ellos cabe decir que presentan una individualidad y diferenciación sorprendentes, y que, a pesar de la presión del mundo religioso en que se desenvuelven, su concepción del mundo y de los hombres es francamente afirmativa.

En el siglo pasado, Viktor Scheffel describió esta época con vivo colorido en su novela *Ekkehard*[3] y colocó junto al presunto autor del *Waltharius* a otros personajes ilustres por su cultura. Aunque el poema, escrito en correctos hexámetros, mira hacia el modelo de la epopeya virgiliana, su sustancia es puramente germana. Su fuente se remonta a un poema heroico del siglo VII, que pasó a Inglaterra bajo el título de "Waldere". Posiblemente se originó en un ciclo de la nación germana de los alemanes, y su figura central es un hijo del rey de Aquitania, Walther, retenido como rehén desde niño,

---

[3] *Ekkehard*, monje de San Gall al que durante muchos siglos se atribuyó la paternidad del *Waltharius*.

junto a su amada Hildegunda, en la corte de Atila. Huyen, y después de varias peripecias se refugian en la corte de Gunther, que reina en Worms. Allí, en defensa del tesoro de los Nibelungos, el héroe se ve obligado a batirse con su entrañable amigo Hagenus o Hagen. Fácilmente se perciben las dos inspiraciones que animan esta composición. Imitando las epopeyas clásicas, el poeta cita, en un afán demostrativo de erudición, los hilos de las Parcas y los osos de Numidia, que jamás ha visto, mientras que el costado germánico está dado en lo principal en el conflicto que se suscita en el ánimo de Hagen entre la vieja amistad que lo liga a Walther y el vínculo de vasallaje con respecto a su rey. Prima este último, como es natural en un guerrero germano. Pero el tono general del poema no es trágico, lo que indica un cambio fundamental con respecto al posible poema primitivo, siglos más viejo, sino alegre, claro, y hasta ligeramente irónico, como en los tremendos juramentos y combates entre los héroes, que hacen sonreír precisamente por su irrealidad deliberada.

Figura más compleja es la de la monja Hrotsvith (*ca.* 935-?). De alto linaje, emparentada con la casa real, la superioridad de su posición social la ponía en conocimiento de motivaciones fuera del alcance de la generalidad del pueblo, y algo de esto trasuntan sus escritos. Acometió varios géneros y dejó leyendas, historias y piezas teatrales. En un latín respetuoso de las reglas narró una serie de leyendas de profusa circulación en el mundo cristiano medieval, como la del monje Teófilo, uno de los gérmenes del doctor Fausto. También en hexámetros, escribió una historia de Otón el Grande, la *Gesta Otonis,* que glorifica los hechos cumplidos por su real pariente. Más interesantes son sus seis dramas, de versificación suelta e irregular, inspirados en Terencio, su modelo explícitamente admirado. Dados a la imprenta en 1501 por el humanista alemán Konrad Celtis, la edición fue realzada con grabados de Durero. Estos dramas, cuyo conflicto es en general la conversión del pecador a las verdades eternas de la religión, eran en realidad teatro leído, ya que así concebía Roswitha las comedias de Terencio. Los principales, *Abraham, Dulcitius, Pafnutius, Sapientia,* revelan habilidad encomiable en el manejo del latín, y algo más interesante. La autora, junto a su preocupación por los problemas del pecado, el arrepentimiento y la virginidad, sabía, quizás por su condición de gran dama, desechar los pudores vulgares, y es así que muchas de sus heroínas, mujeres de vida airada, enfrentan situaciones que rozan, sin miramientos, lo escabroso.

Individualidad más acusada y un muy colorido cuadro de costumbres ofrece el anónimo autor del *Ruodlieb,* obra de mediados del siglo XI. Con este poema, conservado en forma incompleta en un manuscrito del convento bávaro de Tegernsee, culmina una poesía latina solamente por la forma, porque todo lo allí cantado responde al mundo alemán de la época. Sus figuras poseen animación y una verdad interior superiores a lo que hemos encontrado hasta ahora, desde el personaje central, el caballero Ruodlieb, hasta el más episódico. El argumento y la atmósfera general del poema anticipan un género que llegó a su grado más alto casi dos siglos más tarde. En carácter de precursor, describió una sucesión de aventuras que iban del ambiente cortesano a la vida campesina de la aldea, lejos ya de la indómita belicosidad y el ánimo sombrío del canto heroico germano previo, como del cristianismo propagandístico inmediatamente anterior.

Ruodlieb es un modesto caballero que sale a recorrer mundo en busca de aventuras y de una suerte mejor. Llega así a la corte de un avisado y bondadoso rey, a cuyo lado permanece un tiempo, lo que da oportunidad al poeta para describir los hábitos de la corte, distintos aspectos de la vida de la alta sociedad, como, por ejemplo, partidas de caza o de ajedrez, hasta que se aleja con regalos y doce enseñanzas de carácter práctico que, en oportunidad de su aplicación, probarán la sabia prudencia del monarca. En su trayecto, Ruodlieb conocerá también la vida de las aldeas y de sus humildes habitantes, de los que traza retratos bastante precisos, todo ello con notable buen humor. En la narración hay cierta violencia, combates, un noviazgo frustrado, y, por último, Ruodlieb se encamina a la conquista de un reino lejano.

La totalidad de esta literatura se resuelve en dos hechos importantes: el surgimiento del teatro medieval, aunque por el momento carece de descendencia inmediata, y la anticipación de un género particularmente fecundo y brillante durante el periodo del esplendor estáufico, la novela cortesano-caballeresca.

Hay también expresiones menores. Una de ellas es la llamada *Sachsenchronik* (Crónica sajona), obra de Widukind de Corvey, que fue dedicada en 970 a una descendiente de Otón I, y que, según lo anticipa su título, es una de las tantas crónicas escritas en latín que Europa conocía por esa época. Se proponía relacionar todos los hechos vinculados al devenir del pueblo germano de los sajones, y, en típico rasgo contemporáneo, mezcla lo realmente acaecido con el material legendario al que esos años asignaban asimismo categoría histórica.

Expresión de una época en la que asoma el sentimiento de "huida del mundo" es la fábula epopéyica *Ecbasis captivi* (*ca.* 930), con su mezcla de elementos bíblicos y clásicos.

Dentro de la línea de la poesía latina puede mencionarse una especie muy reforzada en los siglos XI y XII, hasta convertirse en un espectáculo bastante generalizado, aunque por lo común de nivel mediocre. De la forma primitiva religiosa de las "secuencias" se derivaron poesías ocasionales de carácter lírico, político, o simplemente cómico, como desahogo de un humor popular a veces picaresco, otras francamente grosero. Sus autores solían ser vagabundos que acompañaban a los ejércitos, clérigos alegres o estudiantes, que se llamaban a sí mismos vagantes, goliardos o escolares errantes. En su lírica abundan canciones báquicas, de ocasión, levemente históricas, referidas al paisaje, eróticas, etc. Aunque fueron coleccionadas más tarde y los autores se confunden, de esa masa heterogénea se destaca con carácter propio un auténtico poeta que la época llama Archipoeta, contemporáneo de Federico I Barbarroja, y cuyos sentidos versos de arrepentimiento lo ubican, según algunos críticos, en el camino emprendido algo más tarde por François Villon.

A caballo entre el latín y el alto alemán antiguo, Notker el Alemán (952-1022), un sabio monje de San Gall, es quizás el fundador de la prosa alemana. Aunque su preocupación dominante fue la asimilación de la sabiduría clásica y cristiana, procuró poner el inmenso material que manejaba al alcance de sus compatriotas, en la lengua nativa. En tal sentido, tradujo incansablemente, para lo cual debió salvar una dificultad casi infranqueable, la falta de vehículo expresivo correspondiente, la prosa. Se vio obligado a inventar, prácticamente de la nada, términos y giros en su idioma materno, para llevar a su pueblo las supremas bellezas del libro de Job o las del Salmista, como para revelar la palabra consoladora y vagamente cristiana de Boecio. Su mérito es, gramatical y semánticamente, considerable.

Pero ningún creador vigoroso, como ninguna obra verdaderamente importante, pueden expresarse en lenguas extrañas al ser de su propio pueblo. Este episodio de la literatura alemana lo prueba. Sin la formación de un público que alentara la tentativa, a pesar del vigor de algunas creaciones y de que el latín no se extinguió como medio literario en todo el ámbito europeo, el siglo siguiente, el xi, vio el retorno de la actividad literaria a su cauce natural, el idioma alemán.

IV. RELIGIOSIDAD Y AVENTURA
EN LOS SIGLOS XI Y XII

UNA HONDA convulsión dentro del pensamiento medieval europeo señala la característica de fondo del siglo XI. A la aceptación de la realidad terrenal, con pleno reconocimiento y anhelo de otra divina, trascendente, que la literatura había plasmado hasta entonces, sucede en forma paulatina, pero cada vez más vigorosamente impuesta, otra perspectiva. No tanto porque el signo de lo religioso dé carácter al comienzo de esta época, sino porque predominará cierto tipo de religiosidad que la literatura se encarga de recoger. Un nuevo movimiento, nacido en el monasterio de Cluny que Guillermo de Aquitania fundara por el año 1000, se extiende en pocos años al resto del occidente europeo y penetra, a través de Lorena, en Alemania. Se trata en realidad de una reacción contra los excesos de unas costumbres exageradamente aflojadas, tanto en el mundo eclesiástico como en el de los legos. En sus esfuerzos por implantar un cristianismo purificado, los monjes cluniacenses predican la vacuidad y falsedad de esta vida y de sus goces. La conquista de la otra vida según la verdadera fe se traduce en la negación de los sentidos y del mundo por ellos revelado, en la mortificación y la penitencia. Se inaugura así una etapa de riguroso ascetismo, de condenación del pecado, de preparación para la muerte. La literatura alemana no deja de sufrir en este angostamiento espiritual, pero aun cuando pueda considerarse esta época como más apta para la construcción de catedrales, no impidió la existencia de una poesía hondamente turbada con la problemática religiosa más adusta. La Iglesia, fortalecida por este movimiento, agrandó la órbita de sus pretensiones y comenzó una nueva pugna por el gobierno del mundo cristiano. El enfrentamiento entre Papado e Imperio vocea a través de muchas expresiones literarias y les infundió un matiz político del que hasta entonces habían carecido. Pero, junto a la negación de la realidad terrena se iba erigiendo lentamente el gran edificio de la escolástica y surgían los primeros brotes místicos, con lo que el panorama literario adquirió una mayor variedad. Por último, este espíritu religiosamente así templado, entró en contacto con la cultura francesa y con el clima alucinante de las Cruzadas, y estos dos hechos, ya en el siglo XII, transformarán la fisonomía de las obras literarias del futuro inmediato, esta vez fecundamente.

El dualismo insalvable de las composiciones más representativas del siglo XI no se advierte todavía en el poema que abre este ciclo, el *Ezzolied* (Canción de Ezzo), alrededor de 1060, el cual ofrecía a sus lectores una visión en lo fundamental optimista. El autor, Ezzo, un canónigo de Bamberg, había acentuado solemne y conmovedoramente el poder del amor divino y la figura de Jesús, y llamaba a los creyentes a unirse para ir al rescate del Santo Sepulcro, preanunciando y contribuyendo a formar la atmósfera de la Cruzada inminente. Cuarenta años más tarde, por el año 1100, un poema semejante, el *Annolied* (Canción de Anno), tiende aún un puente entre la religiosidad y el ambiente mundano. Su creador anónimo lo dedicó al arzobispo Anno de Colonia, personaje célebre por la tutoría que ejerció sobre el futuro Enrique IV. La obra asume la forma entonces difundida de la crónica medieval, que comienza con la creación del mundo y continúa con una historia mezclada con elementos clásicos, hebreos, etc., sin discriminación entre lo auténticamente histórico y la leyenda. El poema debía llegar en su último tercio a la glorificación del arzobispo Anno. Alrededor de 600 versos describen el génesis, la guerra de Troya, las hazañas de Alejandro, las conquistas de César, etc., hasta hacer pie en la propia historia del arzobispo. En el siglo XVIII Herder, seducido quizás por su popularismo, habló, exageradamente, de su "ímpetu pindárico".

De aquí arranca una serie de obras de estructura y

tono semejantes, que llaman a la reflexión acerca de lo engañoso de los placeres de este mundo y que, ablandado el ánimo del público por la palabra llameante de los predicadores ambulantes, abarca en un conjunto igualitario a ricos y pobres, hombres y mujeres, emperadores y rústicos. Pocos nombres de autores se han conservado, por la identidad del mensaje y de los argumentos extraídos de las Sagradas Escrituras, a lo que hay que agregar un módulo repetido, el verso de cuatro elevaciones de desigual número de sílabas, adaptado de la liturgia. Se pueden citar así la *Summa theologiæ* (1050), el *Génesis de Viena* (*ca.* 1070), el *Lob Salomonis* (Elogio de Salomón) (*ca.* 1110), leyendas como *Judith* y *Drei Jünglinge im Feuerofen* (Tres jóvenes en la hoguera), estas dos últimas obras como demostraciones de un martirio ejemplar, y *Rede vom Glauben* (Oración sobre la fe) (*ca.* 1150).

A mediados del siglo XII hay un curioso poema que evidencia un nuevo estilo, el cual cubre también el arte arquitectónico. Descansa en el manejo de la alegoría, que surgió en la literatura alemana con el *Libro de los Evangelios* de Otfried (véase p. 22). Se trata de *Von der Hochzeit* (Acerca del matrimonio), y fue escrito por un sacerdote de Carintia, Austria, alrededor del año 1125. La realidad se transfigura y adquiere un sentido edificante. Cuenta de un hombre muy rico que vive en la montaña y que contrae matrimonio con una muchacha que vive en el vecino valle. Para casarse la ha elevado junto a sí. Lo que el poeta quiso significar era que el hombre rico es Dios, y su prometida el alma humana, quienes llegan a unirse en un mismo plano. Poco antes, a mediados del siglo XI, apareció en un códice hallado en Estrasburgo, un tema muy repetido en otros países, el *Memento mori,* quizás el más típico documento de la corriente anímica fundamental de la época. Una vehemente condena contra este mundo engañoso, y una exhortación ante la fatalidad de la muerte constituyen el argumento de sus versos, lugar común de los predicadores del momento.

La personalidad literaria más poderosa del siglo es el noble austriaco Heinrich von Melk, cuyos dos grandes poemas *Von des Todes Gehngede* (Advertencia sobre la muerte) y *Priesterleben* (Vida de cura) aparecieron alrededor de 1160. Con una fuerza idiomática que supera en mucho a la de sus contemporáneos, este acerbo censor se convirtió en algo así como en el Juvenal de su tiempo, según la clásica fórmula de Wilhelm Scherer. A todos acusaba, tanto a laicos como a religiosos, y estos últimos, lo mismo que la despreocupada nobleza fueron blancos predilectos de su crítica amarga, irónica e intensa. Uno de sus pasajes más citados y característicos es aquel en donde una hermosa mujer es llevada junto a los restos de su amado, para que contemplara cómo se han ido descomponiendo en la tumba sus rasgos, por ejemplo, la boca que había sabido decir palabras hermosas y cantar canciones plenas de amor. La desnuda visión de la realidad dio a sus versos una especie de furor combativo contra el mundo terrenal, regido por Satanás.

El sentimiento religioso poseía también otros modos de expresión, y a la implacabilidad de Heinrich von Melk se contrapone la dulzura femenina de la poetisa alemana, la Señora Ava, muerta alrededor de 1125. Dejó una *Vida de Jesús* llena de emoción piadosa. Su autora, recluida en un convento austriaco cercano a Melk, describió la pasión y muerte del Salvador y los dolores de su Madre con acentos que parecen derivar de la mística amorosa de los monjes cistercienses.

Acompañando esta dulcificación del tratamiento de lo religioso, pulula durante esta época una lírica mariana, de origen probablemente latino, que repite en Alemania motivos conocidos en las demás literaturas europeas. Paralelamente a la masculinidad acusada de muchas actitudes medievales, nace un contrapeso femenino, con su culto a la maternidad y a la virginidad, a la pureza, el amor y la ternura, todo lo cual floreció, de cierta manera, en la poesía trovadoresca, pero cuyo origen está precisamente aquí. Incluso, en determinado momento, el culto a la Virgen superó en devoción, y no sólo en la literatura, a los demás personajes de la Trinidad. Se poetizaban con fruición los milagros que la Virgen obraba en beneficio de sus devotos, y muchas leyendas conmovedoras, contenidas principalmente en el *Melker Marienlied* (Canción mariana de Melk), alrededor de 1130, dan la pauta de la ingenuidad y sincera fe de autores y lectores. En esta misma dirección, el fraile Wernher escribía en 1172 una *Vida de María,* llena de simpático intimismo en el relato de los milagros que la tradición le atribuía. Por ejemplo, el del caballero que asiste a misa en una catedral a ella consagrada, gesto que la Virgen agradece sustituyéndolo en el torneo donde se lo proclamará vencedor, o el del ladrón que a punto de ser ahorcado es salvado por la Madre de Dios porque solía invocarla a menudo, o el tantas veces citado de la madre cuyo hijo ha sido arrebatado por la muerte, y al arrancar al niño Jesús de los brazos de la Virgen, obliga a ésta a devolverle, vivo, el hijo perdido.

Simultáneamente, bien entrado el siglo XII, se iba desenvolviendo una literatura que se filtra a través de los estrechos límites impuestos por una religiosidad exclusiva, y que incuba los elementos formativos de un futuro periodo áureo. Había aparecido una nueva modalidad mundana, popular o cortesana, según los casos, que se deleitaba en mostrar héroes y aventuras exóticas, como resultado de diversos factores. Por un lado, fatiga y agotamiento ante una actitud tan rigurosa y monocorde como la simbolizada por un Heinrich von Melk, luego, el advenimiento al trono del Imperio de la casa de Suabia, los Hohenstaufen, cuyos representantes más conspicuos, Federico I Barbarroja y Federico II, adquieren sólidos contornos nacionales. El brillo político se traspasó al dialecto suabo y junto con otros elementos lingüísticos confluyó en la formación del llamado alto alemán medio, es decir, la lengua culta usada desde entonces por los poetas y prosistas de Alemania hasta varios siglos después. Además, una actitud más abierta para la recepción de influencias y hábitos ajenos, que se traduce en el gusto por lo exótico y lo lejano (las Cruzadas, por ejemplo), y el contacto directo con la épica francesa, plena de los nuevos conceptos de cortesanía y caballerosidad.

No obstante la única clase culta capaz de hacer literatura seguía siendo la de los clérigos, pero fueron ellos mismos quienes se encargaron de abrir las puertas a estas novedades tan apartadas del monopolio religioso hasta entonces subsistente. El mundo de la caballería que se insinúa será descrito, entonces, y en primer término, por algunos hombres de iglesia, como lo demuestran la *Kaiserchronik* (Crónica de los emperadores), el *Alexanderlied* (Canción de Alejandro) y el *Rolandslied* (Canción de Rolando), las tres obras más importantes, en su género, de esta segunda mitad del siglo XII.

La *Kaiserchronik* (1147) todavía mantiene unidas, con sus interminables 17000 versos, las líneas del Imperio y de la Iglesia, en su propósito de hacerlas confluir armónicamente en el gobierno del mundo. Su desconocido autor parte de los emperadores romanos y llega hasta Conrado III. Mezcla en un vasto cuadro, con ingenuidad deliciosa, lo auténtico con la leyenda y el cuento. El reino de Dios sobre la tierra es posible mientras se sigan las directivas impartidas por la verdadera religión, la sabiduría y el honor, y en este sentido no cabe sino complacerse ante las dotes que adornan, según el poeta, a reyes como Carlomagno. Un sentido ausente de los límites de la propiedad literaria permite la inclusión de largos fragmentos provenientes del *Annolied,* del *Alexanderlied* o del *Ezzolied.*

Un fraile Lamprecht, de Tréveris, es el confesado autor de la *Canción de Alejandro* (*ca.* 1130), ejemplo de la primera importación francesa en la literatura alemana. La gloriosa figura del héroe macedónico era una de las más populares de la época. Sus lejanas aventuras servían de punto de partida y de patrimonio común a una serie extensa de composiciones épicas. Según palabras del mismo Lamprecht, su inspiración —que llega casi a la traducción— es un poema de un tal Alberich de Besançon, del que se conocen fragmentos. Esta obra fue continuada más tarde, en 1160, en el llamado *Alejandro de Estrasburgo*. Contiene todas las hazañas atribuidas al gran monarca y, seguramente por una incitación provocada por el ambiente remoto y extraño que los cruzados conocieron, se lleva hasta el asombro el contacto de Alejandro con la India, donde unos sabios lo instruyen con una sabiduría más apropiada para un caballero del siglo XII que para el conquistador del mundo. Entre las maravillas de ese Oriente fabuloso, el poeta transcribe una leyenda, no por repetida —Wagner la utilizó en su "Parsifal"— menos encantadora, la de las flores de dulce canto que en el verano se transforman en bellas muchachas, para marchitarse y morir al arribo del otoño.

Más o menos alrededor del año 1170, aunque algunos eruditos lo fechan en 1160, otro préstamo de Francia da origen a una *Canción de Rolando*. Se trata de un poema que el duque de Baviera, Enrique el Orgulloso, en posesión del manuscrito francés, encargó a un fraile de nombre Konrad, para que lo vertiera al alemán. En su extensión —9000 versos cortos pareados— se vuelve a un héroe común a franceses y alemanes, el rey de los francos Carlomagno, y a aquel asunto épico relatado por Eignardo, en el cual el bravo paladín Rolando encontró la muerte en Roncesvalles, con motivo del sitio de Zaragoza en el año 778. Esta muerte dio origen a una leyenda que nutrió luego a varias literaturas y que aquí adquiere un tratamiento singular. El énfasis con que el autor francés describía el patriotismo de Rolando evidentemente carecía de sentido en una versión alemana. Konrad reemplazó entonces lo heroico y lo nacional por un sentimiento universal de cristianismo, e hizo a su héroe símbolo trágico de una lucha por el triunfo de la verdad divina frente a las tinieblas del paganismo. Su influencia fue considerable, no obstante la rudeza y mediocridad de sus versos.

Pasada la segunda mitad del siglo XII, irrumpe triunfante en el arte literario un nuevo protagonista que tiene idéntica carta de ciudadanía en toda Europa: el juglar. Estos vagabundos, a veces eminentes en la creación poética, casi siempre anónimos, perseguidos oficialmente por los poderes públicos y acogidos con alegría en cortes y aldeas, semejantes en la consideración social y en los riesgos a los tragasables y domadores de osos, dejaron en todas partes la semilla poética de sus cantos heroicos. Pero en este momento de la literatura alemana hay además, tras el héroe valiente, enamorado y leal, la descripción ejemplar de una nueva clase social en ascenso, la de los caballeros, también en la actividad literaria. Se anudaron lazos sutiles entre el ansia de aventuras y el contacto con lo maravilloso, según incitación proveniente de las Cruzadas, la conducta caballeresca, formulada en convenciones que se convirtieron celosamente en letra viva durante el siglo XIII, y un sentido cristiano de ningún modo extinguido. Héroes extraídos de la leyenda heroica forjada a raíz de los desmesurados acontecimientos que van del siglo V al VII se adueñaron de todos los espíritus, y su popularidad excedió la existencia física de quienes los celebraron, al extremo de incluirse con beneplácito general en los libros populares impresos durante los siglos XV y XVI. Dentro de una extensa lista de obras, hay dos que poseen mérito propio como para sobresalir del resto. Son las epopeyas del *König Rother* (El rey Rother) y del *Herzog Ernst* (El duque Ernst).

La primera fue compuesta en Baviera alrededor de 1160 por un juglar que conocía el mundo de la alta nobleza. Su germen histórico posiblemente sea una historia narrada por Paulo Diácono, en la que un rey longobardo, Authari, corteja a una hija del rey de Baviera. El poeta sustituyó el nombre por Rother y lo hizo rey de Bari, señor de los normandos de Apulia, aunque algunos juzgan que se trata del normando Roger II de Sicilia (1101-1154). A la indispensable hija de reyes que aparece en todas estas historias, como meta y premio para los afanes de estos héroes, la convirtió en hija del rey Constantino de Constantinopla. De todas maneras, se trata de un monarca animoso que, frente a la actitud hostil de Constantino hacia los pretendientes de su hija, a los que encarcela, decide hacer personalmente la conquista de su elegida en compañía de sus valientes caballeros y de ayudas como el gigante Asprian, de fuerza y tamaño inolvidables. Bajo el disfraz de juglar, recurso repetido en otros poemas de la época, llega hasta la amada, ayuda a Constantino a deshacerse de un enemigo de este último, y rapta a la hermosa. Muchas asechanzas son vencidas por los enamorados, pero al final del movido poema, como tributo al sentimiento cristiano dominante, Rother se decide por el monacato y la novia se hace ermitaña. Todo esto corre en versos vivos y de aceptable nivel, mientras el poeta se complace en la descripción del mundo cortesano, de la maravillosa lejanía del ambiente de Constantinopla, y en una insistencia con respecto al cumplimiento de las virtudes caballerescas del autodominio, el honor y la generosidad.

Otro héroe favorito es el protagonista del *Herzog Ernst* (*ca.* 1180), y que también se remonta a un suceso histórico, el levantamiento de cierto duque Ernst contra el emperador Conrado II. En este poema novelado, que apareció cerca de Viena, se acumulan las aventuras más fantásticas junto a reminiscencias clásicas, y, de nuevo, el acento cae sobre una conducta heroica, caballeresca y cristiana, que resplandece en las tierras más lejanas y entre los pueblos más extraños. La imaginación del autor era fértil, y mantenía el interés de sus lectores cuando, a título de ejemplo, describía, dentro de una geografía fantástica, a un pueblo de pies enormes que hacía uso de ellos como de paraguas en caso de lluvia. Combates y aventuras diversos llevan al héroe, que ha sido desposeído de sus derechos, a los Santos Lugares y al descubrimiento de una inapreciable piedra preciosa para la coronación del emperador. El clima de las Cruzadas está siempre presente, y su riqueza de aventuras prolongó la vida del *Duque Ernst* durante varios siglos. No sólo la historia aldeana de *Meier Helmbrecht* (1240) de Wernher el Jardinero lo da como sobradamente conocido, sino que llega a sobrevivir en uno de los dramas de Ludwig Uhland, en la centuria pasada.

La abundancia de estos poemas épico-populares, algunos de los cuales narran aspectos diversos de estos viejos héroes germanos semimíticos como *Ortnit, Dietrich von Bern, Wolfdietrich und Hugdietrich, Alpharts Tod* (La muerte de Alphart), "Rabenschlacht" (La batalla de Ravena), aunque de muy mediocre valor literario, son la mejor demostración de la fecundidad de un género que respondía a las exigencias de amplias capas del pueblo, y sirve de preparación a uno de los periodos más extraordinarios de toda la literatura alemana. La raíz de esta epopeya está en las canciones heroicas de las que es ejemplo la *Canción de Hildebrando,* pero los juglares de la época stáufica los llevaron al nivel de epopeyas populares, de extensión considerable y con una forma refinada de acuerdo con las nuevas tendencias estilísticas. De este conglomerado sobresalieron, para constituirse en auténticas obras maestras, el *Cantar de los nibelungos* y *Gudrun,* que requieren tratamiento aparte.

V. LA ÉPICA CORTESANO-CABALLERESCA

ENTRE el advenimiento al trono imperial de Federico I Barbarroja y la muerte de Federico II, transcurren unas cuantas décadas cuyo peso cultural no tiene quizás parangón con ningún otro momento de la historia alemana. Por uno de esos misterios en el devenir de las naciones se acumula aquí tanto esplendor en el plano de la cultura, y, específicamente, de la creación artístico-espiritual, y aun en lo político, que una simple enumeración bastará para subrayar la trascendencia de estos años. Pensadores alemanes ponen los fundamentos para la futura escolástica (Alberto Magno), mientras se fecunda la meditación mística que se anuncia próximamente. En plástica y arquitectura se llega a los arquetipos de las catedrales y relieves de Naumburg, Bamberg y Magdeburgo. Una cruzada, la sexta, obtiene, aunque muy transitoriamente, la liberación del Santo Sepulcro, y el prestigio del Imperio se eleva hasta un nivel que jamás se volvería a sobrepasar. Ciñéndonos al terreno literario, entramos en una época de florecimiento difícilmente superable, cuyas tres vertientes, la epopeya heroica, la épica cortesano-caballeresca y la poesía trovadoresca, crean formas maduras de tal magnitud, que habrá que aguardar casi seis siglos largos hasta que la literatura alemana pueda ofrecer manifestaciones de grandeza similar.

Si hay algún género que señale lo más brillante y típico del periodo stáufico, es el de la epopeya rimada cortesano-caballeresca. A partir de 1160, aproximadamente, la religiosidad pasó a un segundo plano, y los clérigos se vieron desplazados en su misión literaria por otra clase social y profesional, la de los caballeros. A esto se debe que durante el lapso en el que los caballeros dirigieron las letras, entre los años 1170 y 1250, impusieran sus conceptos y formas culturales. A diferencia del enfoque clerical, que hablaba para todos los hombres y mujeres, e invitaba a volver las espaldas a la despreciable realidad terrenal, para concentrar la mirada en el cielo (lo que ocurrió sistemáticamente, no obstante ciertos intervalos mundanos), el caballero sólo habló para su propia clase social. Se afanaron por obtener el aplauso de su pequeño círculo aristocrático y dieron a las cosas de este mundo un sentido claramente afirmativo, aunque no a todas. La literatura les sirvió, en la expresión de su propia cosmovisión interior, para ofrecer un mundo de belleza física y moral, idealizado y ennoblecido por un mundo exclusivo de damas y caballeros. Se fijó un ideal caballeresco común a toda Europa, y que si bien se podía apartar de la realidad ambiente, constituía el trasfondo orientador de sus vidas. El caballero, según los patrones literarios de la épica cortesano-caballeresca, era un hombre bien nacido que dedicaba su vida a empresas temerarias, pródigas en aventuras, al servicio de una causa noble y del recuerdo constante del amor a una dama hermosa y lejana. Este último aspecto fue desarrollado específicamente por la poesía trovadoresca. Pero lo que daba la tónica a la cultura y al arte literario de la época, era el hecho de que, en persecución de estos anhelos caballerescos, conscientemente idealizados, irradiara una conducta que, sin renegar de la indispensable formación cristiana del alma, obedeciera a ciertas virtudes sin las cuales todo esfuerzo era inútil. Caballerosidad significaba, según los poemas ávidamente leídos, el cultivo de las formas refinadas, de los modales nobles, de un cristianismo templado por la dignidad de una clase con tantos derechos como deberes, del amor a las cosas bellas, en síntesis, algo a que los poetas alemanes aluden tan repetidamente: la aplicación, en toda circunstancia, de la *maze* y la *staete,* dos términos tomados de los modelos franceses y que significan algo así como mesura y contención de modales, discreción, fidelidad, constancia, y que es, justamente, aquello que los distinguía del pueblo. En su mundo exquisito e idealizado, estos poetas no dieron cabida a la vulgaridad o a la sordidez.

La épica cortesano-caballeresca, cuyo apogeo puede fijarse entre los años 1190 y 1220, y que coincide con la gran época de la poesía heroica y con el "Minnesang", tuvo, como este último, su origen en Francia. El contacto con los caballeros franceses, activado por las Cruzadas, llevó a un aprendizaje primero, y luego a una imitación de su literatura. Y así como el "Minnesang" adquirió caracteres alemanes propios, del mismo modo los poetas alemanes se sirvieron de los modelos franceses para, en la plenitud de su genio, apartarse de los lineamientos originales que insistían, sobre todo, en lo externo, lo exótico y lo descriptivo. Sus personajes y problemas asumieron una seriedad y profundidad nuevas, proponiendo ejemplos y señalando conductas. No obstante, cultivaron los mismos temas y, en lo fundamental, argumentos y héroes, introdujeron una terminología afrancesada, aceptaron el pareado con rima consonante de ritmo yámbico de cuatro elevaciones, utilizado mucho antes por Otfried, y se sometieron a un origen foráneo que jamás pudo entusiasmar, por eso mismo, al pueblo.

La epopeya cortesano-caballeresca, calificada así por el lugar de su difusión y por su tipo de héroe, comenzó en Alemania con traducciones de novelas que trataban, según versiones medievales, del ciclo troyano o del de Alejandro, pero que fueron concentrándose alrededor del ciclo del rey Arturo, de legendarias raíces celtas y germanas. Y gradualmente, los paladines de la Tabla Redonda fueron emprendiendo un camino independiente.

El introductor del género fue el bajo alemán Heinrich von Weldeke. Desde su lugar de origen, Maestricht, estaba en una situación ideal para servir de intermediario entre la poesía francesa y la alemana, como efectivamente ocurrió. No sólo importó de Francia la épica caballeresca, sino que fijó también para el futuro su forma estrófica, el pareado con rima consonante, por todo lo cual sus continuadores lo tuvieron en alta estima y lo consideraron su maestro. Alrededor de 1185 terminó *Eneit,* traducción de un *Roman d'Énéas,* versión francesa de una fuente anglonormanda que se ocupaba, una vez más, de la historia del héroe troyano. Pero la muy sabida historia se evade en parte del clima virgiliano, y sus héroes asumen las características del caballero medieval. Lo que señala la innovación es que Weldeke tomó la versión francesa y le dio un matiz capaz de satisfacer más profundamente el gusto cortesano alemán, como cuando se extendía, mucho más que el original, en la significación y virtudes del amor caballeresco.

Fragmentos de otras traducciones, la historia del amor de dos hijos de reyes en *Floris und Blancheflour* (1170), la de un *Tristan und Isolde,* según una fuente francesa realizada en 1190 por Eilhart von Oberg, el *Trojanischer Krieg* (La guerra de Troya), alrededor de 1215, traducción de Herbort von Fritzlar, y las *Metamorfosis* de Ovidio, por Albrecht von Halberstadt, son los jalones que conducen a los grandes poetas clásicos.

Cronológicamente encabeza la lista Hartmann von Aue, un caballero vasallo de un señor de Aue, nacido alrededor de 1160 y muerto después de 1120. Participó quizás en la Cruzada de 1197 y tuvo fama de hombre letrado, conocedor de libros franceses y latinos, lo que no era demasiado frecuente. Hartmann descubrió un fecundo filón para la narración cortesana mediante la adaptación de versiones francesas de uno de los más populares poetas de la aristocracia, Chrétien de Troyes, el cual había poetizado las historias legendarias acerca del rey Arturo y sus paladines de la Tabla Redonda. Pero conviene insistir en que se trata de una adaptación a la alemana, que profundiza con seriedad los problemas planteados con gracia y ligereza, y asomos de ironía también, por Chrétien. Aunque las numerosas aventuras que acometen los héroes de Hartmann son extravagantes e increíbles, el desarrollo psicológico es verdadero y responde a estados de ánimo cuidadosamente analizados, no obstante lo cual, el público se sentía mucho más atraído por los acontecimientos bizarros o descabellados y por la vida noble y cortés de los castillos.

La primera epopeya que compuso sobre los pasos de Chrétien fue, en 1190, *Erec,* basado sobre el *Érec et Énide* de aquél, de más de 10000 versos pareados. Erec, un caballero del rey Arturo, deja a un lado la actividad caballeresca por el amor que le inspira su hermosa esposa Énide. Los otros caballeros le reprochan su flojedad, y la misma Énide se queja. Picado en su honor, Erec emprende camino y se hace acompañar por su mujer, cuyo amor cree haber perdido, a la que prohíbe le dirija la palabra. Suceden variadas aventuras en las que Erec muestra no haber perdido el ánimo heroico y la novela finaliza mostrando a la pareja más enamorada y feliz que nunca. Le siguió *Gregorius,* un asunto tomado de una versión francesa que no ha llegado hasta nosotros, y que replantea, con sentido cristiano, el problema de Edipo. Un hijo de reyes, Gregorius, se casa sin saberlo, con su propia madre. A pesar de su inocencia, castiga su incesto involuntario con una vida santa amarrado junto a una roca, a orillas del mar. Su piedad y la gracia divina lo hacen papa, y así puede absolver a su madre. Esta leyenda fue aprovechada, aunque muy libremente, por Thomas Mann en su novela *El elegido. Der arme Heinrich* (El pobre Enrique), su poema más breve (520 versos), adaptado seguramente de una fuente latina, es hoy la más fresca y apreciada de sus obras. Gira alrededor de un despreocupado caballero, Enrique, atacado de repente por una de las más terribles enfermedades de la Edad Media, la lepra. La desesperación lo induce a consultar a un médico de Salerno, el cual, de acuerdo con una creencia arraigada, asegura que sólo podrá ser curado por la muerte voluntaria de una virgen. Retorna entonces a sus tierras sin ninguna ilusión, y se aloja en casa de uno de sus arrendatarios. La hija de éste, una doncellita secretamente enamorada del pobre caballero, ofrece su propia sangre y no admite que la disuadan. Pero cuando el médico está por sacrificar a la niña, el caballero Enrique se interpone, porque prefiere seguir padeciendo antes que pagar ese precio. Mas la gracia de Dios opera al regreso de ambos, el caballero cura, y por amor agradecido se casa con la doncella. La ternura y el sentimiento con que está escrita la novela, han ido aumentando con el tiempo la popularidad de esta leyenda, y no es extraño que Gerhart Hauptmann la haya aprovechado, en 1905, para uno de sus dramas. *Iwein,* personaje del círculo del rey Arturo y gran favorito de sus contemporáneos, es el último trabajo de Hartmann. Está asimismo inspirado en una obra de Chrétien, *Li romans dou Chevalier au Lyon.* En sus 8000 versos cuenta la historia de un caballero que sale de aventuras en pos de una fuente encantada. Mata en combate a otro caballero y se enamora de la esposa de este último, Laudine. Después de un tiempo se casan (en Chrétien la boda era inmediata, para mostrar así la frivolidad e inconstancia femeninas). Laudine lo insta a la aventura, a que cumpla con su deber de caballero, es decir, que proteja a los desamparados. Iwein obedece y llega a olvidarse de su mujer. Pierde entonces la razón, es actor de situaciones increíbles, salva a un león, que lo sigue a todas partes como un animal doméstico, y cumple tantas hazañas encomiables con el más noble de los empeños, que Laudine le concede el perdón. Este tipo de narración era el que mayor gusto daba, y los contemporáneos de Hartmann le expresaron repetidamente su admiración. Era, para ellos, un auténtico maestro de la *mâze,* de la digna mesura y también un soberano artista del verso claro y elegante.

Se ha dicho con razón que Gottfried von Strassburg y Wolfram von Eschenbach representan, en el grandioso apogeo de estos años, el mismo papel genial que Goethe y Schiller para el clasicismo alemán. La fuerza y profundidad de sus creaciones les asegura un lugar de privilegio en el Parnaso alemán, y excelentes transcripciones al alemán moderno, tales las de Wilhelm Hertz y Karl Simrock, han permitido la admiración contemporánea de estas creaciones eternas.

En la segunda década del siglo XIII, el maestro Gottfried von Strassburg, un ilustrado burgués alsaciano en contacto con la cultura cortesana, compuso *Tristán e Isolda*. Su fuente había sido la versión francesa de un *Roman de Tristan et Iseut,* obra del clérigo Tomás de Bretaña, un anglonormando del que sólo conocemos fragmentos, aunque el tema había sido ya vertido al alemán en un poema más tosco de Eilhart von Oberg. La leyenda celta de estos amores, llevados a su culminación poética por Gottfried, inspiró en el siglo pasado a Richard Wagner para su ópera del mismo nombre, y conviene subrayar que, no obstante los acentos sublimes de su música, en nada ha disminuido el mérito poético de la varias veces centenaria creación del autor medieval. El amor, alrededor del cual habían tejido tantos versos los poetas stáuficos, y que era una de las esencias de su literatura, se constituye en el protagonista de la obra de Gottfried a través de una concepción personal que bordea, en cierto sentido, lo místico, aunque afirme los derechos de las criaturas sobre esta Tierra. Ello no significa un abandono del refinamiento de la cultura cortesano-caballeresca. Por el contrario, Gottfried insiste en la conducta "decorosa", y en sus héroes el valor y la cortesanía son instancias vitales, pero todo ello pasa a un segundo plano frente al poderío sobrenatural, irracional, de un sentimiento amoroso cuya rara intensidad exige, por su misma pureza de concepción espiritual, una consumación en la carne. Su tesis es osada, máxime para la época en que se enunció, pero la verdad interna de la pareja protagónica es tan grande, y se siente de tal manera el grado de participación y defensa del poeta en su favor, que todo reparo nacido de una moral más o menos convencional cede ante una poesía inflamada por la belleza y por la autenticidad de su gran pasión.

La compleja historia comienza a tomar su verdadero carácter al promediar el poema, cuando Tristán, sobrino y protegido del rey Marke de Cornualles, parte para Irlanda a pedir en nombre de su tío la mano de la hija del rey, la rubia Isolda. Hasta ese momento la narración nos había llevado a la infancia de Tristán, huérfano desde niño. Morolt, tío de Isolda, es muerto más tarde en combate por Tristán, pero éste recibe una herida envenenada que puede curar únicamente la reina Isolda de Irlanda. Disfrazado de juglar para no ser reconocido como el matador de Morolt, hermano de la reina, el joven héroe se dirige a Irlanda y allí es curado. Pero es el viaje posterior de Tristán, mencionado al principio, y el éxito de su petición de mano, lo que irá a desencadenar el motivo principal. En viaje para Tintajol junto a la rubia Isolda, hija de la reina del mismo nombre; Tristán e Isolda beben, sin saberlo, un filtro de amor que la reina reservaba para que fuera administrado a los esposos en la noche de bodas. Desde ese momento se apodera de la pareja un amor absorbente y excluyente que llega a la astucia y el engaño para satisfacerse. El noble rey de Cornualles termina por expulsar a ambos amantes. Solos, se refugian en una gruta que da motivo a uno de los pasajes más notables y conocidos del poema. Al cabo, Marke ordena a Tristán que abandone el reino. Éste parte a Normandía y allí siente un principio de amor hacia Isolda, "la de las blancas manos", hija del duque Jovelins a cuyo servicio se había puesto Tristán. Los últimos versos se demoran en las consideraciones vacilantes de Tristán, que no sabe ya con certeza a quién ama, y es en este punto donde el poema se interrumpe.

Los pareados de Gottfried fueron considerados por sus contemporáneos como una especie de milagro. Hasta entonces, a pesar de la maestría técnica de Hartmann, nadie había sabido hacer versos con esa aparente facilidad, con esa elegancia y claridad supremas, que lo convertía no solamente en heredero de una perspectiva artística mediterránea, sino en un prodigio e inteligible iluminador del alma humana. Pero lo más importante en él es quizás la defensa de ese amor sostenido, de esa fuerza irresistible que al apoderarse de dos "nobles corazones", llegaba a un estadio donde todo era posible, y que, por su misma calidad pasional, daba un carácter subalterno a la culpa y el perdón. Más allá de lo racional, de lo humanamente comprensible, el himno al amor levantado por Gottfried, tal como se adueñó del corazón de sus héroes, sintetiza los límites de un mundo válido por sí mismo y el de un destino señalado por vínculos indisolubles. O, para decirlo con palabras del mismo poeta:

> *Amor cautivador,*
> *que enlazó y trenzó*
> *dos corazones en su dulce vínculo*
> *con tan gran maestría,*
> *con tan maravillosa fuerza,*
> *que en todos sus años*
> *nunca pudieron desligarse.*[4]

De un universo de amor que trasciende lo meramente cortesano, aunque no lo desconozca, el otro gran coetáneo de Gottfried, Wolfram von Eschenbach, nos lleva a los más hondos planteos de la vida y la conducta. Este caballero bávaro nació por el año 1170 en la localidad de Ansbach, y, como ocurre con el resto de estos poetas, poco se conoce de su vida. Estuvo de huésped en la famosa Wartburg del margrave Hermann

---

[4] Minne, die Verstrickerin,
  Die verstrickte da und wand
  Zwei Herzen in ihr süsses Band
  Mit also grosser Meisterschaft,
  Mit also wundersamer Kraft,
  Dass sie in allen ihren Jahren
  Nimmermehr zu lösen waren.

de Turingia, y allí compuso, amparado por la generosidad de su mecenas, parte del *Parzival*. Algunos rasgos autobiográficos esparcidos en sus versos nos enteran de su pobreza ("en mi propia casa, pocas veces podía hartarse un ratón", confiesa en el *Parzival*), y de su matrimonio feliz. También insiste, en dos pasajes, que no sabe leer, cosa extraña más admisible para la época. Escribió una epopeya completa, *Parzival,* y dejó fragmentos de otras dos. La primera, que cimentó su fama como el más importante de los poetas del género, tiene su fuente segura en el *Perceval* del tan gustado Chrétien de Troyes. En sus aproximadamente 25 000 versos rimados transformó el original, que hacía hincapié en la simplicidad ignorante de su héroe en cuanto a las normas de la conducta caballeresca y en el contraste que de allí surgía con el mundo cortesano de afuera. Lo que Wolfram agregó, en lo externo, fue el matrimonio de Parzival, la historia de sus padres y su coronación como rey de Grial, pero es su aporte interior lo que mejor documenta la problemática de la cultura cortesano-caballeresca, hasta convertirla, por medio del símbolo, en una cuestión de valor permanente. Pero esta intención fue apenas vista por sus lectores contemporáneos, que prefirieron el variado colorido de sus innumerables acontecimientos, los combates individuales y la intervención de tantos personajes famosos por la leyenda. Un resumen del argumento lleva al reconocimiento de dos fuentes legendarias: la ya mencionada del rey Arturo y sus caballeros, y la del Santo Grial. La época identificaba el Grial con una fuente o cáliz de propiedades milagrosas —su contemplación daba vida eterna— custodiada por una orden caballeresco-religiosa dedicada a su servicio. En la versión de Wolfram es, empero, una piedra preciosa, descrita en una visión siempre recordada. De acuerdo con la narración, Parzival era hijo de la reina Herzeloyde, cuyo marido, el rey Gamureth, había muerto en combate antes del nacimiento del héroe. Para evitarle al hijo un destino semejante, Herzeloyde se había refugiado con Parzival en un bosque, lejos del trato y conocimiento del mundo. Parzival crece así simple e ignorante, hasta que tropieza con unos caballeros y, deslumbrado, se propone seguirlos a pesar de los ruegos de su madre. De allí va adquiriendo, lentamente, su propia experiencia hasta que llega a asimilar, en lo externo, las normas de la caballería. Luego de variados encuentros se casa con la hermosa Kondwiramur, reina de Pelrapäre, y es armado caballero por el rey Arturo, cuya mesa comparte. Se dirige luego a Montsalvach, la sede del Santo Grial, donde el rey Anfortas padece de una herida incurable, que sólo una pregunta de Parzival puede sanar. Sin embargo, por una ignorancia que se toma como falta de compasión, omite hacerla. Es entonces maldecido y castigado, y todos se apartan de él. Desconocedor del motivo de su falta, pero sufriendo las consecuencias, Parzival desespera, en su amargura, de la lealtad divina, hasta que su tío Trevrizent le abre los ojos y le indica el remedio. Ahora, Parzival ha comprendido, y su alma aprende la humildad, la compasión y el amor al prójimo. Después de vagar en busca de nuevas aventuras, en las que aparecen Gawan, otro caballero, y extensas descripciones de un mundo puramente cortesano, vuelve a la corte de Arturo. Allí se entera de que ha sido perdonado y retorna al Grial, esta vez en calidad de rey, luego de la formulación de la pregunta correcta. Su felicidad es ahora completa, junto a la amada esposa y al hijo, Loherangrin. Dios le ha transmitido su gracia salvadora.

La larga epopeya ofrece una problemática candente: ¿cabe la posibilidad de comportarse, simultáneamente, como caballero y como cristiano? Wolfram da una respuesta afirmativa, pero intuye que ello es posible no por la obediencia de las normas exteriores, ni siquiera por el firme propósito de quererlo, sino simplemente por la gracia de Dios. Pero, como dice la conclusión del poema, aquel que ha sabido comportarse con dignidad en este mundo, aquel que ha sentido el imperativo del deber, en su doble condición de cristiano y de caballero, ése "no ha quedado lejos de la meta verdadera". Todo el argumento se asemeja a un vasto misterio en el que se va desenvolviendo la historia de un hombre que se educa y forma lentamente, desde la más absoluta ignorancia, que crece con un apetito de Dios, y que, luego de un tormentoso periodo de prueba y de dudas, adquiere la certeza y el conocimiento de la presencia de Dios y la conciencia de su dignidad humana. Wolfram fusionó en su héroe las dos actitudes que preocupaban a su clase, y para ello se valió, profusamente, de giros rebuscados y oscuros, de metáforas poco comunes y difícilmente accesibles, lo que le fue reprochado por Gottfried, el maestro del estilo claro. Pero Wolfram hablaba de cosas para las que había que crear la expresión apropiada, y su estilo concentrado y tenso, que la época llamaba ya "oscuro", respondía a visiones interiores de acusada individualidad. Por otra parte, su agudo conocimiento del mundo permitía que dibujara las personas y las cosas con toques "realistas", hasta rudos, y que de cuando en cuando aparecieran eficaces muestras de humorismo. Es, asimismo, excepcional su valoración positiva, en pleno auge del "Minnesang", del vínculo matrimonial y del amor entre los esposos.

Además de algunas poesías de corte trovadoresco, como sus "alboradas" (véase p. 69), Wolfram dejó dos epopeyas incompletas, los fragmentos de *Titurel,* que contiene, en estrofas de encendido lirismo, similares por su forma a las empleadas en la épica popular, la historia del amor entre la hermosa Sigune y Schionatulander, y *Willehalm,* acerca de San Guillermo de Aquitania, basado en un poema francés, la "Bataille d'Aliscans". A propósito de un rapto, aparece aquí el choque entre el mundo cristiano y el pagano de los moros, con una sorprendente concepción de tolerancia entre credos tradicionalmente antagónicos. La fuerte originalidad de la obra de Wolfram no se perdió. El drama del caballero que anhela su fusión con un cristianismo activo, y que refleja un elevado ideal, fue aprovechado en el siglo pasado por Ricardo Wagner con su versión operística de *Parsifal*.

Los grandes maestros de la epopeya cortesana dejaron con sus obras una impresión tan fuerte en el ánimo de sus contemporáneos y continuadores inmediatos, que durante más de cincuenta años se siguieron las mismas huellas. Pero tanto Hartmann como Gottfried o Wolfram eran, sobre todo los dos últimos, creadores geniales de formas vivas que moldeaban también una cultura viva. Marcaban el apogeo de un ideal humano, y su poesía trasluce una manera de realizarlo. Los numerosos pero poco importantes poetas cortesanos inspirados en los grandes maestros se aferraban a un mundo multicolor y ficticio, donde una fantasía abundante pretendía reemplazar a un contenido ausente, a una creencia que fundiera las aspiraciones poéticas con las vitales. Al lado de continuadores como Konrad Fleck (*ca.* 1220), Heinrich von dem Türlin (*ca.* 1220), Ulrich von Türheim, que terminó en 1230 los fragmentos de *Tristan* y de *Willehalm*, está Ulrich von dem Türlin, autor de otro *Willehalm* (*ca.* 1265), junto a obras de fines del siglo que exageran el retorcimiento estilístico de Wolfram, como el *Jüngerer Titurel* (El Titurel más joven), de 1270, de un cierto Albrecht, y un *Lohengrin*, también incorporada por Wagner al número de sus creaciones, hay dos poetas de relieve, son Rudolf von Ems y Konrad von Würzburg. El primero, que vivió entre 1220 y 1254, era vasallo del conde de Montfort. En sus diversos poemas, algunos extensísimos como la *Weltchronik* (Crónica universal), de más de 30 000 versos, tentó lo erótico, lo caballeresco y un ascetismo religioso. Amén de la *Crónica* ya citada, una descripción de historia universal, que no llegó más allá de Salomón, *Der gute Gerhard* (El buen Gerardo), *Barlaam und Josafat*, la narración oriental que la Edad Media volcó en varias literaturas, el *Alexander* y la epopeya amorosa *Wilhelm von Orleans,* muestran valores marcadamente librescos, de los que asoma cierto realismo en contraposición a una forma altamente cultivada, y que buscan su eficacia artística en un adorno sin tasa.

Su contemporáneo Konrad von Würzburg, natural de Basilea (*ca.* 1230-1287), también discípulo de Gottfried von Strassburg, es uno de los más prolíficos escritores de su tiempo, un versificador prodigioso que intentó varios géneros, como el cortesano con *Otto mit dem Barte* (Otón el de la barba) y *Herzmaere* (Cuento del corazón), las leyendas *Silvester, Alexius* y *Pantaleon,* alegorías como *Die Klage der Kunst* (La queja del arte) y *Der Welt Lohn* (El salario del mundo), en donde el mundo está personificado por una hermosa mujer en cuya espalda pululan inmundicias y animales repugnantes, la narración cortesana *Engelhard* que recuerda al *Pobre Enrique* de Hartmann, la alegoría religiosa *Die goldene Schmiede* (La fragua dorada), y un incompleto *Trojanerkrieg* (La guerra de Troya), que bordeaba los 40000 versos. No sólo hay en Konrad una alusión al mundo de la realidad contemporánea, sin descender todavía a lo popular, sino que puede considerársele como uno de los primeros representantes de la narración breve. Sus versos son armoniosos y dinámicos, aunque tiende, por su búsqueda de giros indirectos, a lo que la época calificaba como "estilo florido".

Pero los años que siguen, coincidentes con la terminación del reinado de los Hohenstaufen, van perdiendo rápidamente la fe en los ideales anteriores, por obra de una transformación político-social de la que resulta un gradual desplazamiento de la primacía espiritual y literaria ostentada hasta entonces por los caballeros. La segunda mitad del siglo XIII es también caldo de cultivo, entonces, para composiciones cuyo núcleo había sido la épica cortesana, pero que adquieren individualidad propia en los poemas de *Der Stricker* (El Tejedor) y en *Wernher der Gartenaere* (Wernher el Jardinero), dos precursores de modalidades que hicieron fortuna un poco más tarde. Der Stricker, un burgués juglaresco que escribió sus obras entre los años 1220 y 1240, conserva todavía un estilo aristocrático en el verso y el lenguaje de sus colecciones de anécdotas humorísticas e historias de picardías, aunque sus comienzos literarios estuvieran más cerca del clima de la épica cortesano-caballeresca. Pero su humor travieso se encuentra mucho más a gusto en la narración breve del abundante material que circulaba por toda Europa, y que por medio de risas y burlas nivelaba todas las clases sociales. Caballeros y curas, reyes y labriegos son aquí víctimas de su propia necedad o de la astucia de sus avisados semejantes. La burla que exhibe, por ejemplo, su colección de chistes en el *Pfaffe Amis* (El fraile Amis), documentaba no solamente el comienzo de una corriente satírica hacia la Iglesia, sino que prepara el terreno para héroes de la picaresca del calibre de Till Eulenspiegel.

La expresión más vigorosa de la segunda mitad del siglo, y al mismo tiempo del cambio de la sensibilidad literaria que refleja la disolución de la sociedad medieval caballeresca, es la breve novela de 900 pareados titulada *Meier Helmbrecht* (El campesino Helmbrecht), de Wernher der Gartenaere. Su autor fue seguramente hombre de iglesia y su obra, quizás fundada en un hecho real (*ca.* 1270 y 1283), poseía un propósito claramente moralizador. La historia, muy ceñida, contaba acerca del hijo del rico campesino Helmbrecht, el cual, seducido con las hazañas de los caballeros (dedicados ahora a asaltar los caminos más que a defender honras), abandonó el hogar paterno para llevar la misma vida que sus admirados modelos. Después de haber cometido muchas tropelías, vuelve a la aldea natal y los lugareños terminan por colgarlo. La severa intención moral y la crítica a una nobleza que ha descuidado sus deberes tradicionales, lo mismo que la simpatía con que el autor se coloca al lado de sus sufridos campesinos, revelan una aproximación a la realidad y, de paso, el repudio, por vacío, del anterior marco cortesano.

Este periodo ve también la aparición de una sostenida literatura didáctica de tono menor, por medio de consejos, sentencias, fábulas y obras doctrinales, prueba de que la epopeya cortesana no era el único género existente. Junto al clérigo italiano Thomasin von Zerclaere (n. 1187), se destacó la sabiduría del burgués Freidank en su *Bescheidenheit* (1229), que puede traducirse como "Aptitud, ciencia de la vida". Es una colección de sentencias y aforismos en estrofas de dos o cuatro versos referidos a cosas divinas y humanas, a la Iglesia y los caballeros, al rey y a los mendigos, a los vicios y las virtudes. En forma ingeniosa, con seriedad o con humor, valiéndose de un patrimonio ideológico común, Freidank indicaba las condiciones para una vida equilibrada entre las exigencias de este mundo y del otro. De ahí el acertado título de su obra. El cuadro se completa con la fábula de *Reinhart Fuchs* (Reinhart el zorro), del alsaciano Heinrich der Glîchezaere (*ca.* 1180), que se basa en motivos populares mucho más antiguos, provenientes de versiones latinas que llegan hasta el siglo x. Los fragmentos aislados que se han conservado, cuya fuente es presumiblemente francesa, trasladan al mundo de los animales, con sentido paródico, el ambiente cortesano y trovadoresco. Sólo la versión impresa en bajo alemán a fines del siglo xv en Lübeck daría a estos animales un perfil definido —demasiado humano— que el mismo Goethe no desdeñó en utilizar.

VI. LA ÉPICA HEROICA

Ya se vio en un capítulo anterior el origen y desarrollo de la epopeya popular con sus héroes relevantes; surgidos del recuerdo de la migración de los siglos v a vii. Una remodelación del género lo amalgamó con las nuevas concepciones culturales y literarias que tenían como exponentes a la clase de los caballeros. Las canciones heroicas de esas épocas remotas, vivificadas por la memoria y por una tradición oral que estaba lejos de haber desaparecido del todo, adoptaron ahora, desde 1160 aproximadamente, formas estróficas perfeccionadas. Se dio así una elaboración consciente de sus efectos, una prolongación —e invención— de los acontecimientos relatados que se dosificaban para aumentar el interés de los oyentes ante la recitación juglaresca. Los héroes de las más perfectas de estas epopeyas, además de arraigar en la historia autóctona y contar con una popularidad que jamás alcanzaron aquéllos de la épica cortesano-caballeresca, poseen un trágico destino propio cuya fuerza arrasa con toda pretensión de subjetividad. Es innegable que los creadores del *Cantar de los nibelungos* y de *Gudrun,* los juglares, sufrieron influencias de los poetas cortesanos, que los hábitos descritos y la terminología adoptada reflejan. Con todo, es sintomático que los grandes autores cortesanos no ignoraron la gran poesía heroica contemporánea. Porque, aunque el lenguaje y la destreza técnica les fueran comunes, se trata en realidad de dos géneros distintos, con objetivo y público también diversos. En un caso, se pretende modelar cierto tipo de humanidad con una ética cuyas normas están dirigidas al cumplimiento de ideales cristianos y cortesanos. En las epopeyas heroicas se narra para solaz de un público noble, pero también para el no letrado, una serie de hazañas llevadas irremediablemente, en algunos casos, a la consumación de un sino fatal, y que encuentran allí mismo su propia grandeza.

En Austria, en las regiones del Danubio, despertó la leyenda heroica en su nueva forma épica, y alcanzó su mayor esplendor, se ha dicho, con el *Cantar de los nibelungos,* obra similar en la poesía alemana del Medievo, a la *Canción de Rolando* para la francesa o al *Poema del Cid* para la española. De las muchas dudas que rodean esta composición, una de las principales se refiere al autor. Se presume que quien la concibió en la forma que ha llegado hasta nosotros fue un juglar vinculado a la nobleza austriaca. La época de su elaboración hizo posible, durante la resurrección estética y filológica del poema, ocurrida en el siglo pasado, que se atribuyera a los más grandes poetas cortesanos de la época suaba, a Wolfram von Eschenbach o Rudolf von Ems, a Gottfried von Strassburg o al mismo Walther von der Vogelweide. La tradición se unió a la leyenda, y hasta se llegó a inventar un autor, Heinrich von Ofterdingen, que el romanticismo aprovechó más tarde. A estas conjeturas se agregó la hipótesis de que pudo haber sido un caballero de Kürenberg, debido al hecho de que la estrofa del *Cantar* se encuentra en aquel poeta lírico. Sin embargo, puede afirmarse a ciencia cierta que hasta el presente su autor permanece tan en las sombras como los de otras grandes epopeyas. En cuanto a las fuentes del poema, han podido rastrearse dos principales, que marcharon independientemente durante muchas centurias, sobre la doble base de sucesos históricos ocurridos durante el siglo v, y de otros mítico-fantásticos, cuyos temas habían inspirado a poetas bastante anteriores. Se trata, por una parte, de una *Canción de Brunilda,* que incluye la leyenda de Sigfrido y sus hazañas para apoderarse del tesoro de los nibelungos y vencer la resistencia de Brunilda, la doncella inconquistable. Los elementos fantásticos que contiene (la caperuza que hace invisible, el tesoro de los nibelungos, sus guardianes, etc.), fueron desarrollados posteriormente en Islandia, y los poemas de la *Edda* centraron la acción sobre la figura de Brunilda y su venganza ante los engaños de que había sido objeto por parte de Sigfrido. Segundo, un poema conocido ya en el siglo VII, continuado y reformado en el XII, que cuenta el viaje y destrucción de los burgundios por el rey de los hunos, Atila. Versiones islandesas, como la *Thidreksaga,* también se ocuparon del mismo argumento, y es precisamente aquí donde abrevó su interés Ricardo Wagner para la composición de su tetralogía, y no en la redacción alemana contemporánea de aquélla.

Mucho se ha discutido acerca de la génesis del *Cantar* en su forma actual, y un germanista de comienzos del siglo XIX, Karl Lachmann, de acuerdo con una teoría romántica en uso, sostuvo que el poema se basaba sobre veinte cantos fundamentales, y que todo lo demás era desarrollo y agregados posteriores, pero la falta de un criterio científico para sus aserciones lleva a suponer la existencia de un solo autor, de una sola mano capaz de dar a esta creación la sólida unidad poética que la define. En la actualidad es Andreas Heusler quien mejor ha investigado sus posibles orígenes, sosteniendo, con su teoría de las "capas sucesivas" (Schichtentheorie), que la forma del poema del siglo XIII proviene de diversas transformaciones de cantares anteriores. Por lo demás, pueden distinguirse en el poema, dentro de sus 39 "aventiuren", dos partes. La primera, o "muerte de Sigfrido", y una segunda, la "venganza de Crimilda", escrito todo en una estrofa que se aparta del pareado cortesano-caballeresco. Está compuesta de cuatro versos largos, divididos en dos hemistiquios, rimando entre sí los dos primeros y el tercero con el cuarto.[1] Mediante sus acentuaciones, que revelan afincada destreza técnica, se obtiene un efecto rítmico, so-

[1] Uns ist in alten maeren wunders vil geseit
von helden lobebaeren, von grozer arebeit,
von vreuden, hochgeziten, von weinen und von klagen,
von küener recken striten muget ir nu wunder hoeren
sagen.

lemne y vigoroso, que encaja perfectamente en el espíritu bárbaro y trágico del poema. Su anónimo autor no pudo sustraerse, sin embargo, a la moda cortesana, y aunque su obra evoca un mundo radicalmente distinto y su misma terminología es deliberadamente más castiza y anticuada, se dejó arrastrar, sobre todo en la primera parte, a descripciones afines a las de poetas cortesanos, y hasta al uso de ciertos términos de origen francés empleados muy a menudo por aquéllos.

El argumento, sucintamente expuesto, es el siguiente. Sigfrido, hijo de Sigmundo y Sigelinda, reyes de Xantes en el Bajo Rin, llega a Worms, donde se enamora de Crimilda, hermana del rey Gunther. Este último da su consentimiento para la boda siempre que Sigfrido le ayude a conquistar a la indomeñable Brunilda, la que hasta entonces ha sabido rechazar por la fuerza a sus galanes. Sigfrido asume la figura de Gunther y mediante su destreza superior y el empleo de recursos sobrenaturales vence a Brunilda, quien está persuadida de que Gunther la ha derrotado en buena ley. Hay así casamiento doble. Luego de la misma noche de bodas Gunther acude otra vez a su cuñado para que doblegue la resistencia de Brunilda, y Sigfrido así lo hace fingiéndose el marido legítimo. Como recuerdo, Brunilda le entrega un cinturón y una pulsera, todo lo cual refiere Sigfrido imprudentemente a Crimilda. Años después ambas mujeres disputan frente a la catedral por una cuestión de precedencia, y Crimilda revela a Brunilda el engaño de que ha sido víctima. Terriblemente ofendida, esta última pide venganza para su agravio y Gunther presta su conformidad. En una partida de caza Hagen von Tronje, guerrero y fiel vasallo al servi-

(Viejas historias nos relatan muchas maravillas
de héroes ilustres y de grandes proezas.
De alegrías y festejos, de lágrimas y lamentos,
   de la lucha de guerreros valientes oiréis narrar ahora
                                                    prodigios.)

cio de Gunther, da muerte al héroe, y por su consejo el tesoro de los nibelungos, que Sigfrido había conquistado en días más felices, es arrojado más tarde al Rin, para que Crimilda no pueda hacer uso de él en perjuicio de los burgundios. Crimilda solicita entonces a su hermano, el rey, que le entregue al asesino de Sigfrido, pero Gunther se niega reiteradamente. Crimilda comienza a rumiar su venganza, que se acelera por la llegada a la corte de un emisario del rey Atila, quien solicita la mano de Crimilda para este último. Contra el consejo de Hagen, Gunther da su aprobación. Ya en la corte del huno, Crimilda logra que se invite a Gunther y a los burgundios. A pesar de las advertencias de Hagen, Gunther y todos sus caballeros parten para Hungría, pero poco después de su arribo son atacados por los hunos, quienes prenden fuego al lugar en donde sus huéspedes se encuentran, y uno a uno, van pereciendo todos los burgundios, sacrificados a la fiebre vengadora de Crimilda. Así termina el poema, con una grandiosa nota de sangre y desolación.

En sus dos divisiones naturales pueden distinguirse, por otra parte, trazos diversos. La primera, contagiada por la propia época, describe un ambiente cortesano, amable, en el que señorea, además del gusto por la enumeración de objetos bellos o suntuosos, una delicada relación amorosa entre la inocente y desprevenida Crimilda y su valiente e ingenuo caballero. Algo de la atmósfera trovadoresca contemporánea se filtra en esas primeras estrofas. Pero el clima cambia, hasta convertirse en una obsesión monstruosa en la segunda parte. Desde el momento en que Sigfrido, el héroe confiado, es muerto de una lanzada asestada a traición por Hagen, comienza a crecer la marea trágica. En el centro se yergue una de las figuras más colosales creadas por la poesía, la de Crimilda, que se transforma, al no encontrar eco para su exigencia de venganza, de la joven dulce y enamorada que era, en una furia ávida de desquite, en una verdadera fuerza demoniaca cuya única meta es la destrucción y muerte de todos aquellos que le negaron justicia. Su lealtad al marido asesinado es prenda del más legítimo germanismo, y en nombre de esa lealtad se justifica a sí misma. Pero junto a ella, como una torre de igual carácter pétreo, se levanta el guerrero terrible, Hagen, que puede jactarse ante su señor de ser el más fiel de los vasallos. En un segundo plano, como si la acción fuera arrastrando y endureciendo los caracteres, hasta darles una férrea nobleza y dignidad interior, se adelanta el rey Gunther, cuya flojedad inicial se transforma en valor y también en lealtad ante un destino que desea compartir con sus amigos y vasallos. Varias escenas pertenecen a lo más sublime que la literatura alemana ha producido: la disputa de ambas mujeres, el descubrimiento por Crimilda del cadáver de Sigfrido, arrojado ante el umbral de su propio aposento, las escenas del sitio de los burgundios entre las llamas, la sed y la desesperación, la muerte de la pequeña criatura hija del rey de los hunos y de Crimilda, o el diálogo final de ésta con Hagen, y hasta la muerte de Crimilda, atravesada con la espada por uno de sus propios súbditos, el legendario Hildebrando, incapaz de soportar ya la ferocidad de una mujer que ha perdido su condición femenina para convertirse en una potencia infernal, más allá de todo límite humano. En todo este derroche de valor inútil, de fidelidad hasta la gota de sangre postrera, del afloramiento de fuerzas desbocadas, es difícil descubrir rasgos de un espíritu cristiano. Algunas alusiones secundarias recuerdan solamente la época de la versión del poema, y muchos versos retrotraen a figuras más o menos legendarias, como Volker, cantor y guerrero, o Dietrich von Bern, absorbido por una vasta poemática anterior y contemporánea.

Una estructura formal idéntica, a pesar de la multiplicidad de las versiones (no puede asegurarse cuál es la más fidedigna de las tres mejores: la llamada A, de Múnich, 1270; la B, de San Gall, 1250; o la C, de Donaueschigen, 1225),[2] ha hecho de este poema una de las manifestaciones más intensas del genio trágico de todas las épocas. Caracteres como Crimilda y Hagen, expuestos a una pasión terrible, autoaniquiladora, y que enfrentan con plena conciencia sus últimas consecuencias, porque no les está permitida otra alternativa, han movido a los críticos, no sin justicia, a la comparación con el mundo trágico de Shakespeare. El *Cantar* tuvo honda repercusión en la Edad Media, y los numerosos manuscritos encontrados así lo prueban. En el siglo XV hubo ya un poema popular sobre el asunto, y en los libros populares dados a la imprenta en el siglo siguiente figuraba una historia de los nibelungos. En 1557, Hans Sachs, el más destacado de los maestros cantores, escribió asimismo una tragedia, *Sigfrido, el de la piel córnea*. Luego de un silencio quebrado por la impresión que Bodmer, el erudito profesor suizo, realizó en 1757, volvió el poema a fecundar la literatura alemana. Entre los que se sirvieron del viejo poema se incluyen, entre otros, los nombres de De La Motte Fouqué, Schack, Waldmüller, Dahn y, desde mediados del siglo pasado, Friedrich Hebbel, E. Geibel, W. Jordan y Paul Ernst, Max Mell y otros más, demostración concluyente de su perennidad.

Las proximidades del Danubio fueron también cuna de *Gudrun,* el segundo gran poema heroico de estos años, algo posterior al de los *Nibelungos*. Su anónimo creador fue un juglar inspirado en un viejo canto del siglo VI, que pertenece al ciclo de los hegelingos y se refería al rapto de una heroína germana, Hilde, mencionada en poemas posteriores como el del fraile Lamprecht (véase p. 36). El autor de *Gudrun* muestra claramente su admiración por su ilustre colega del Cantar de Sigfrido y Crimilda, y los rasgos de imitación son abundantes. Pero aunque la estrofa empleada es casi similar a la que describe el ocaso de los burgundios, y

[2] Se suele aceptar la B.

hay también semejanzas, como en el ejemplo proporcionado por su heroína, que es un monumento de fidelidad, existen diferencias básicas en cuanto al espíritu que anima la obra. Porque *Gudrun* está ya, en lo fundamental, bastante lejos del heroísmo y de la tragicidad final del germanismo tradicional. A pesar de que su trama continúa un viejo tema de la leyenda, el rapto de mujeres por invasores piráticos, y la lucha contra éstos por parte de los pobladores autóctonos, está penetrada de la nueva moda cortesana que suaviza las antiguas costumbres, dulcifica los sentimientos y aspira al final feliz de sus protagonistas principales. La historia se divide en tres partes, que podrían estar separadas, porque cada una es, en sí, una unidad homogénea. Las dos primeras se refieren a los ascendientes de la heroína, con raptos de doncellas y animados combates. Era recurso frecuente en la epopeya que el poeta se remontara a contar la historia de los padres de la figura central. Y todo ello es, en verdad, un prólogo para la presentación de Gudrun, la dulce princesa hija de Hetel y de Hilda, a cuya mano aspiran tres pretendientes. El elegido es Herwig, pero antes de la boda, uno de los candidatos rechazados, Hartmut, rapta a Gudrun y la lleva a su tierra en Normandía. Allí, durante trece años la doncella resistirá presiones y humillaciones de todo tipo, fortalecida por el recuerdo de su amor al prometido, quien llega a tiempo para derrotar al rival y consumar el matrimonio. Todo concluye bien y una cuádruple unión multiplica la alegría final.

Ni el aire vigoroso del mar del Norte, ni las lejanas tierras de Irlanda y Normandía, que son el lugar de la acción, pueden evitar la comparación entre Crimilda y Gudrun. Esta última es una personalidad femenina encantadora con las características tradicionales de su sexo, y si bien su sentido de la fidelidad es tan vigoroso como el de la heroína de los *Nibelungos,* sus reacciones son diferentes. Ella es mujer, y no puede hacer sino recordar, sufrir y aguardar. Lo que aquí se ha perdido en el buceo del alma trágica, se ha ganado en el conocimiento de la psicología del alma femenina. Si Crimilda sobrecoge por la fuerza de su pasión desbordada, a Gudrun se la ama por el valor de su sufrimiento silencioso, por su memoria fiel de una esperanza casi imposible. Pero los *Nibelungos* estaban todavía muy cerca, y algunos personajes de *Gudrun* son réplicas de los de aquél, como, por ejemplo, el guerrero Wate, de una lealtad y ferocidad que apenas cede a la de Hagen, y Horand el juglar, cuyo canto suspende el movimiento de hombres y bestias, que es, en parte, imitación del Volker burgundio. Si los *Nibelungos* constituyen un poema de una grandeza trágica perdurable, *Gudrun* le sigue en mérito artístico por la diestra composición de personajes más próximos a la humanidad común.

Los demás poemas heroicos ya citados (véanse pp. 39-40), que se prolongan hasta la finalización del siglo XIII, acusan méritos muy inferiores, en su mezcla de la aventura histórico-legendaria, de sus cuentos de hadas inverosímiles, burdos y exagerados, a veces en el límite de lo cómico, sus personajes sobrenaturales y el propósito de entretener sin más a un público nada exigente. El gusto por el temple heroico, por el carácter enterizo en lucha imposible contra un destino inconquistable, ya había pasado.

VII. LA LÍRICA TROVADORESCA

LA LÍRICA es la tercera faceta de este excepcional periodo suabo. Pero aunque lo más notable de su producción, casi monopolizada por las clases nobles, también está limitado entre los años 1190 y 1220, la actitud lírica no era cosa nueva en Alemania. Ya en tiempos de Carlomagno había habido por presión de la Iglesia una prohibición contra las "winileodus" (canciones de amor), y en el siglo IX contra las "puellarum cantica", es decir, los cantos de muchachas. A pesar de ello, todavía a mediados del siglo XII Heinrich von Melk enjuiciaba severamente las "Troutlieder", también canciones de amor. De todas maneras, la existencia de una lírica escrita debió ser muy escasa por la hostilidad oficial, y sólo excepcionalmente se conserva una canción encantadora y fresca del siglo XII:

> *dû bist mîn, ich bin dîn*
> *des solt du gewis sîn.*
> *du bist beslozzen*
> *in minem herzen:*
> *verlorn ist das slüzzelin:*
> *du muost immer darinnen sîn.*
>
> *(Eres mío, yo soy tuya,*
> *debes estar seguro de ello.*
> *Estás encerrado en mi corazón.*
> *Se ha perdido la llavecita:*
> *debes permanecer en él para siempre.)*

En la segunda mitad del siglo XII los testimonios líricos aumentan en cantidad, pero todos expresan, sin complicaciones, una emoción simple e ingenua ante aquello que inflama inmediatamente el corazón del poeta: amor, celos, la hermosura y cambios de la naturaleza. Se trata de un primer periodo en que los versos arraigan en el propio suelo en donde han crecido, y que se enriquece con las canciones latinas de vagantes y goliardos (véase p. 28). Abundan también los motivos satíricos y políticos, recogidos en ese mismo siglo junto con mucha poesía en lengua alemana, en los renombrados *Carmina burana,* del convento de Benediktbeuren. Una canción báquica de esta colección se ha hecho famosa en el mundo entero por sus dos primeros versos, que evidentemente no requieren traducción: "Meum est propositum/in taberna mori."

De esta primera manera, de índole más bien popular y autóctona, se conservan poemas pertenecientes a Dietmar von Aist y el caballero de Kürenberg, ambos oriundos de Austria, aunque sus versos muestren ya alguna influencia de la moda que imperará, en forma absoluta, durante más de un siglo. Este caballero de Kürenberg es, además, el inventor de una estrofa similar a la empleada en el *Cantar de los nibelungos* (véase p. 58).

En las últimas décadas del siglo XII invade a la nobleza alemana, a través del contacto con cierta poesía francesa, la novedad de la poesía trovadoresca, que había comenzado a irradiarse desde Provenza a distintos países de Europa. Los poetas alemanes la acogieron con entusiasmo y crearon un nuevo género, el "Minnesang" (poesía trovadoresca), al que pronto supieron dar características propias, como la seriedad integral del sentimiento amoroso cuya meta es la dama única y exclusiva, a diferencia de la actitud frecuentemente más versátil y juguetona de los trovadores franceses. El "Minnesang", que llegó a ser una epidemia poética a la que no escapó casi ningún autor de su tiempo, es una expresión que gira sólo alrededor del amor. No del amor común, del cotidiano, el que se siente por determinadas personas, cosas o abstracciones, sino uno muy específicamente definido. Por lo demás, la insistencia con que se cultivó arroja una luz esclarecedora sobre la cultura de la época. ¿En qué consistió ese "Minnesang", que atrajo por igual a los más encumbrados personajes, como el emperador Enrique VI, a grandes señores como Friedrich von Hausen, a los maestros más eminentes de la novela cortesano-caballeresca, Heinrich von Veldeke, Wolfram von Eschenbach o Gottfried von Strassburg, a caballeros de condición modesta, como el incomparable Walther von der Vogelweide, o aun a burgueses como el llamado Der Marner? Significaba la manifestación caballeresca del amor inalcanzable, sin esperanzas, experimentado por el poeta ante la belleza deslumbradora de una dama casada de noble linaje. Es dentro de este esquema rígido que se movió el común de los trovadores alemanes, poniéndose al servicio de la denominada *hohe Minne* o amor elevado, digno, y que podía contraponerse a la *niedere Minne* o amor bajo, vulgar. El "Minnesang" canalizó así un sentimiento primario y lo utilizó como base de una conducta que lo sublimaba según los cánones de una sociedad aristocrática, cuidadosa de la selección de sus modales y del triunfo de ciertos valores, tales la constancia, la fidelidad, la dedicación desinteresada, el culto a la belleza del alma. Y todo ello como proporcionaba ese amor, ese anhelo que no podía satisfacerse sino bajo la forma de una renunciación por parte del poeta, y que tiñó el erotismo de una particular clase de mística. No obstante, la existencia de fórmulas cerradas esterilizó mucho de ese esfuerzo elevado, y muy raramente puede descubrirse lo verdadero y lo auténtico, los seres de carne y hueso que requieren y son requeridos. La convención los estereotipó en figuras de rasgos uniformes que serán, para siempre, genéricamente, el trovador y la dama.

Desde el punto de vista formal esta poesía, con música compuesta por el propio trovador, su título de originalidad más preciado, se integraba con tres estrofas, las dos primeras o "ascendentes", y la última, una reminiscencia del epodo, "descendente". Cada estrofa recibía el nombre de "liet", el texto y melodía, "wîse" o "tôn", de modo que aquel que se apoderaba de la melodía de otro —cosa severamente censurada— era calificado como

"Tondib", ladrón de melodía. Un poema de estrofas desiguales, con contenido político o gnómico, era el "Spruch", en que privaba la sustancia ideológica. En cuanto a los tipos, los trovadores alemanes supieron hacer uso, con la misma maestría que los provenzales, de los debates, tensones, serventesios, alboradas, etc., para lo que pueden servir de ejemplo las alboradas compuestas por Dietmar von Aist o por Wolfram von Eschenbach. Lo asombroso en esta poesía fundamentalmente monocorde, de tanta convención en la forma y el contenido, es su destreza artística en las combinaciones métricas y rítmicas de todo orden. La riqueza del cancionero trovadoresco puede hallarse en tres florilegios o colecciones: el manuscrito de Heidelberg, del siglo XIII; el de Weingarten, de la misma época; y el de Manesse, de Heidelberg, llamado así por el nombre de su compilador, un burgués de Zurich del siglo XIV, con la obra de más de cien trovadores representados mediante hermosísimas iluminaciones en actitudes ideales desprendidas de su propia poesía,

En la primera etapa del "Minnesang", tal cual fue cultivado durante más de una centuria, hay que mencionar a Friedrich von Hausen, verdadero importador del género, que conoció a través de fuentes francesas, y al que dio contenido real con su alusión a las separaciones forzosas que las Cruzadas imponían. Pero los dos poetas más característicos del comienzo se llaman Heinrich von Morungen y Reinmar von Hagenau. El primero, muerto en 1222, es un poeta que hace honor a su arte, consumado dentro de los límites previstos por los modelos provenzales, a lo que agregó no sólo gran perfección de la forma, sino algo más valioso y excepcional. Es su acento personal, el hecho de que el amor por él cantado no puede encuadrarse en el acostumbrado ademán convencional, porque Heinrich von Morungen lo siente vivir profundamente dentro de su corazón. Un amor puro, que se inspira en una amada idealizada que se transfigura, mediante el empleo de una fantasía apasionada, en algo que trasciende los límites terrenales, es la nota recurrente de este consejero del margrave de Meissen. Sin embargo, los círculos cortesanos de Viena prefirieron a Reinmar von Hagenau (*ca.* 1160-1210), quien se convirtió en arquetipo del canto trovadoresco y en celoso servidor de sus formas tradicionales. El mérito de su poesía, que no carece de ternura, reside en una única queja, la del amor inalcanzable, la de la melancolía anhelante. Una maestría artística indiscutible se une a un tono constante de doloroso desaliento que más parece una exigencia de la moda que un arranque sincero del sentimiento.

Este endiosamiento continuo de la dama ajena, a través de una poesía asombrosamente rica y flexible, que había hecho de estos dos poetas modelos de imitación obligatoria fue, sin embargo, una etapa fácilmente superada por la aparición de uno de los líricos alemanes más notables de todos los tiempos: Walther von der Vogelweide. En sus versos está escrita la historia de su época y la del propio carácter. Lírico nato, ensanchó las fronteras de la canción trovadoresca para referirse a todos los intereses directos e inmediatos que hablaban a su corazón, en este caso, un corazón franco y abierto, amante de la rectitud, la alegría de vivir, la dignidad y la belleza. Además de la mujer —que ya no es sólo la encumbrada señora—, la abierta sensibilidad de Walther se vio requerida por la naturaleza y Dios, por la política y las disputas poéticas, por el destino humano y la consideración de la época, es decir, por una dimensión lírica que dio cabida dentro de sí misma a cuanto el mundo puede ofrecer a la sensibilidad del artista. De los datos relativamente escasos que de él se poseen, es probable que naciera alrededor de 1170 en algún lugar de Austria, en el seno de una modesta familia de caballeros. Su vocación por la poesía despertó temprano, y así lo vemos en la corte de Viena, donde aprendió a trovar bajo la guía de Reinmar. Muertos sus ilustres protectores, los duques de Babenberg, su vida se convierte en una amarga y prolongada tentativa para encontrar al señor generoso que lo mantenga lejos de las necesidades más inmediatas. Muchos de los grandes lo reciben, algunos con hospitalidad ejemplar, como el tan ensalzado margrave Hermann de Turingia, que reunió en su corte a otros literatos insignes, como Wolfram von Eschenbach, todo lo cual originaría más tarde una leyenda. Pero se trata, para Walther, de intervalos de bonanza, y en sus versos aprendemos un extenso peregrinar, que lo llevó a Italia y Francia, a Hungría y a las fronteras del Báltico, en un camino de miseria orgullosa y acremente digna. Consciente de la importancia de su poesía, participó con vehemencia en las luchas políticas de su tiempo, junto a Felipe de Suabia, hijo de Federico Barbarroja, y al emperador Otón IV. Equivocado muchas veces en sus preferencias, mantuvo siempre la idea de la necesidad de un imperio fuerte y paternal, y la ascensión al trono de Federico II contó con su aprobación fervorosa. Al servicio de la política gibelina en lucha agotadora contra las pretensiones del Papado, casi al final de su zarandeada vida cesó su vagabundeo penoso, cuando Federico II le concedió un feudo cerca de Würzburg. Lo agradeció en versos de una emoción profunda que todas las antologías han recogido: "Ich han mîn lehen, all die werld, ich han mîn lehen" (Tengo mi feudo, [sabedlo] todo el mundo, tengo mi feudo). Murió allí mismo después del año 1227.

En sus comienzos Walther había continuado tras las huellas de Reinmar, pero pronto su genio se cansó de sus rígidas convenciones. Concibió entonces una actitud francamente revolucionaria para un trovador, la de destinar sus versos a la muchacha soltera, no sólo a la señora linajuda, con la sincera esperanza de ser escuchado y atendido. Buen humor, travesura, elogio de la condición femenina, afirmación de una virilidad normal, aunque siempre dentro del marco de la cortesanía y el refinamiento de los modales, son las señas de su nueva poesía erótica, nueva también porque responde a sentimientos realmente vividos, y no a una retórica declamatoria y vacía. Pero el genio de Walther rechazaba la unilateralidad en el canto, y valiéndose del "Spruch" —la sentencia preferentemente monostrófica utilizada ya por los juglares—, denunció con vehemencia la política del Papado en Alemania. Así como soñaba con una relación personal limpia y sana, dentro de los módulos de la caballería, exige la unión de los príncipes bajo el mando del emperador, y una mano firme que sepa oponerse a las intromisiones del clero romano. Esta actividad pública es expresión de algo hasta entonces ausente en la poesía alemana, el amor a la patria, a sus hombres y mujeres. Las sentencias poéticas de Walther llegaron a constituir, por el prestigio de su autor, un arma más poderosa y eficaz que varios miles de soldados. Walther, al consustanciarse con la política de Federico II, asumió también el papel de la opinión pública de Alemania, difundida por boca del más ilustre de sus cantores. De ninguna manera significó ello un quebrantamiento de sus firmes convicciones cristianas y la pureza de sus sentimientos religiosos tuvo ocasión de manifestarse en los poemas compuestos con motivo de la Sexta Cruzada. La última lírica de Walther expresa no sólo el lamento ante la ancianidad inminente, sino la honda melancolía de un espíritu que contempla la pérdida del sentido de unos valores que habían constituido la razón de ser de su vida y de su poesía. Es que, dentro de la excepcional sinceridad de su actitud personal, vida y poesía eran una unidad indisoluble, lo que es, por otra parte, el secreto del poeta auténtico. A todo esto hay que agregar que sus versos están construidos con asombrosa tersura, con una musicalidad gratísima, con una variedad estrófica y rítmica y esa difícil facilidad que lo colocan, también aquí, muy por encima de su tiempo. Sus contemporáneos no perdieron ocasión de elogiarlo y de reconocer públicamente su maestría superior, y el juicio de la posteridad no ha hecho sino confirmar ese dictamen. Desde su resurrección poética, a partir del siglo pasado, se le considera, con justicia, el mejor lírico alemán hasta Goethe.

La presencia de Walther von der Vogelweide marca la perfección de la trova alemana, pero, así como éste se había abierto su propio camino en rebeldía contra las concepciones de Reinmar, un joven poeta, Neidhart von Reuenthal, se alzó contra el maestro, porque la época no daba ya para un tono tan sostenidamente cortesano. Los poemas de Neidhart continúan manteniendo análoga riqueza de rimas y efectos artísticos renovados, pero el objeto de su poesía desciende en su nivel ético-social. Aunque Walther había cantado la *niedere Minne,* el sentimiento amoroso era para él cosa seria, y las personas de su poesía conservaban un aire cortesano y no rozaban siquiera la vulgaridad. Precisamente la innovación de Neidhart es el regreso a una poesía popular. En sus aires de danza, en sus canciones a las estaciones del año, Neidhart aprovecha la frescura de los viejos motivos, y alaba abiertamente a las muchachas campesinas, a las figuras toscas de la vida de aldea. Pero a todo esto le da un toque apicarado, y la ironía y la burla a veces grosera, rechazadas enérgicamente por Walther, enturbiaron las fuentes limpias y elevadas que alimentaban el amor del poeta por la gran señora. Sin embargo, Neidhart, que se aproxima a una especie de naturalismo poético en la elección de sus motivos aldeanos, consultaba mucho más la verdad de su época, que no toleraba ya la ficción de una caballerosidad desmentida por los hechos. Que Neidhart había acertado lo revela el número de sus discípulos y una popularidad que, un siglo más tarde, lo incluye como personaje principal en composiciones paródicas con respecto al ambiente campesino.

Con todo, el arte trovadoresco venía todavía con mucho impulso, y contemporáneos y sucesores de Neidhart, muerto antes de la segunda mitad del siglo XIII, continuaron su cultivo, combinando, hasta el agotamiento, las posibilidades apuntadas por los maestros. Durante casi un siglo se oyen las voces de los epígonos, algunos con talento, como Ulrich von Winterstetten, Burkart von Hohenfels o Gottfried von Neifen, que añadieron a sus versos una erudición naciente, sin negar, por otra parte, la innovación introducida por Neidhart. Por mérito propio destacan algunos poetas, como el caballero Tannhäuser, nacido alrededor de 1200, al que Wagner convirtió en héroe de una de sus óperas más conocidas. Su poesía combina la caballerosidad con los tipos aldeanos, tanto en sus acentos optimistas como en sus motivos de queja. Con una autoconciencia reveladora de alguna de las debilidades del otrora ensalzado "Minnesang", ridiculizó en él el sistemático empleo de términos franceses. Igualmente cabe la mención de un gran señor austriaco, Ulrich von Lichtenstein (*ca.* 1200-1275). En sus dos obras principales, *Frauendienst* (Al servicio de la mujer) y *Frauenbuch* (El libro de la mujer), hay un propósito decidido de revivir el ideal trovadoresco en su forma más exaltada, al punto que algunas de sus prescripciones suenan a ridículo por la evidente contradicción entre el verdadero clima de la época y sus propias aspiraciones irremediablemente pasadas. La técnica de su arte es todavía notable, pero la noble dama y el trovador quejoso se habían desvanecido. Los caballeros dejaban de llevar la voz cantante frente al avance social de la burguesía, y los últimos trovadores, llámense Steinmar von Klingnau (1251-1293) o Johannes Hadlaub (1293-1340), dos suizos que con su rústico tono campesino y un realismo burgués trasladado a lo amoroso, revelan el agotamiento del género. En el siglo siguiente la espléndida tradición lírica pasaría, lamentablemente, a las laboriosas pero torpes manos de los maestros cantores.

Los Hohenstaufen y el brillo de su cultura exquisita y aristocrática eran, al finalizar el siglo XIII, un recuerdo glorioso. Los cambios sociales y políticos, las nuevas creencias y costumbres, habían decretado la desaparición del rectorado literario de la caballería, y otros esquemas culturales reemplazaban a los anteriores.

VIII. EL FINAL DE LA EDAD MEDIA

El periodo comprendido entre los siglos xiv y xv ofrece un panorama donde rasgos uniformes que lo abarcan por entero se cruzan con otros específicos y de lapsos bien determinados. Pero sus raíces se hunden al promediar el siglo xiii, y algunos de sus efectos se prolongan hasta entrado el xvi. El reemplazo de la dirección caballeresca, tanto en la creación individual como en predilecciones formales o en el contenido espiritual, es un fenómeno que conjuga razones políticas, sociales y económicas, de lo que resulta una literatura impregnada de las aspiraciones e ideales de la burguesía. La desaparición de la dinastía Hohenstaufen coincidió con un debilitamiento del poder imperial y de su apoyo natural, los caballeros, y con el surgimiento de la nueva clase urbana, rica e ilustrada. Cuando la burguesía llega a cobrar conciencia de sí misma, sus problemas y concepciones pasan a un plano preponderante por primera vez en la historia de la literatura alemana, y dominará, con exclusividad casi, en el desarrollo de los géneros literarios. Es cierto que no se repiten las grandes figuras de la época stáufica, pero no lo es menos que las novedades que irrumpen fecundarán con su rica variedad el quehacer de las letras, y aun los mismos autores nobles no podrán evitar la perspectiva burguesa. El periodo cortesano-caballeresco había dotado a las letras de un ideal unitario y de una forma cuidada y selecta, susceptible de ser saboreada por unos pocos privilegiados. La literatura de estos siglos, en su descenso de nivel social y de jerarquía artística, busca afanosamente su camino a través de una diversidad de producciones, que habla al mismo tiempo de una poderosa energía espiritual ávida de desparramarse también a través del arte, y de un desasosiego particular. Al desbordar la unilateralidad anterior, revelará su carácter contradictorio por la inseguridad de sus propósitos y la existencia de géneros manifiestamente dispares. Pocas veces se ha dado con tanto dramatismo el espectáculo de la lucha entre los derechos del mundo y los del espíritu entre la afirmación de lo terrenal y la exaltación al reino de los cielos. Este dualismo tenaz, por una parte, y la difusión de la literatura entre la masa, por la otra, que todo lo interpreta y a todo impone su perspectiva de lo concreto, lo útil, lo inmediato y lo real, terminan por definir su carácter. El pueblo tomó entre sus manos el hecho literario, lo difundió y diversificó, y le transmitió al mismo tiempo las oscilaciones de su propia estructura, que apuntaba, alternativa o simultáneamente, al cielo y a la tierra. Numerosas como son las creaciones de esta época, insistentemente prosaica, cabe una clasificación didáctica que comprende la literatura religiosa (sermón, prédica, doctrina), el teatro, la canción popular, la lírica (canción magistral y balada), la sátira y lo exclusivamente edificante que no cabe en las divisiones anteriores.

El siglo XIV vio la espléndida culminación de dos construcciones religiosas que, si bien tienden a la misma finalidad trascendente, divergen en forma radical en el trazado de sus líneas. Por una parte, el pensamiento cristiano erigía la fortaleza escolástica, en la que la alianza de la razón y la fe, de Aristóteles y los padres de la Iglesia, plasmó gracias a los esfuerzos de Alberto Magno (Albert von Bollstaedt), y, sobre todo, de Santo Tomás de Aquino, un edificio armónico capaz de cobijar satisfactoriamente todas las inquietudes y apetencias de la conciencia cristiana cultivada. Pero estos años contienen, además, un sentimiento de angustia y una inseguridad religiosa agudizados por la falta de una relación eficaz entre muchos laicos —a los que la erudición estaba vedada— y la Iglesia. El alma del pueblo no era capaz de beber en los sabios conceptos de la *Summa,* pero exigía una respuesta perentoria a sus temores y sus ansias religiosas. Exigían una comunicación directa y personal con la divinidad, y apareció así un clima de religiosidad laica. Simultáneamente, con la escolástica, surgía por otra parte la gran experiencia mística del medievo, de la que tanto se benefició la prosa alemana. Porque estos místicos, cuyos sermones y prédicas se difundían al poco tiempo entre miles de oyentes —dirigidos originalmente a pequeñas congregaciones— recreados y reformados por tantos destinatarios fundamentaron el nuevo lenguaje de la prosa, hasta entonces sólo cultivado en el ámbito jurídico. Esta prosa renovada alcanzó un alto grado de eficiencia y, en ciertas ocasiones, una jerarquía estética de relieve. La actitud mística, que comienza muy temprano con visiones y éxtasis desordenados, es cultivada al principio por religiosas, como Hildegard von Bingen (1098-1179), la monja Gertrud (1256-1302) y, sobre todo, por Mechthild von Magdeburg (*ca.* 1210-1283), cuya obra *Das fliessende Licht der Gottheit* (La luz fluyente de la divinidad), posee una indudable fuerza idiomática en su visionario apetito por el amor de Cristo. Pero es en la prosa de los místicos varones donde literatura y religión vuelven a celebrar alianza. Los nombres de David von Augsburg (primera mitad del siglo XIII) y de Berthold von Regensburg (m. 1272), señalaron el comienzo de esa serie de grandes personalidades masculinas cuya palabra inspiradora sacudió la conciencia de millares de feligreses. La culminación del misticismo medieval, fecundado por una interpretación aristotélica de ribetes arábigos que deriva de la escolástica, pero que recibió también la influencia de Juan Erígena, resucitador del neoplatonismo de Dionisio el Areopagita, se halla en los escritos de Meister Eckehart (*ca.* 1260-1327). Este dominico, perteneciente a una noble familia de Turingia, era un auténtico erudito, que luego de aprender y enseñar en París ocupó la cátedra en las universidades de Estrasburgo y Colonia. Aunque su enseñanza partía de la escolástica, la originalidad y audacia de su pensamiento —que hizo condenables algunas de sus proposiciones por la Iglesia—, la intensidad de un razonamiento asentado sobre la experiencia de la unión de la divinidad con el alma, el reclamo para despojar el alma humana de todo lo que no fuera ella misma, a fin de poder recibir en su interior la pura presencia de Dios, esa *unio mystica* tan excepcional y tan profundamente vivida, encontró en el maestro Eckehart a uno de sus exponentes más calificados. Un conocimiento tan difícil fue expresado por medio de una sintaxis exacta y de sorprendentes hallazgos verbales, lo que significó para la prosa alemana un progreso de siglos, independientemente de lo que su pensamiento pueda valer en la historia de la teología. Uno de los grandes discípulos místicos de Eckehart fue Heinrich von Seuse (*ca.* 1259-1366), quien reemplazó en su predicación la elaboración racional por el fluir sentimental del corazón, y que al rigor mental de su maestro prefirió el anegamiento del alma en el amor de Cristo a sus criaturas. Místico del corazón y no del entendimiento, según se ha dicho tantas veces, este "trovador del amor divino" es un verdadero músico de la prosa y un autor de inmensa popularidad durante muchas décadas posteriores a su muerte. Johannes Tauler (*ca.* 1300-1361), también dominico y discípulo de Eckehart, es un místico de la voluntad, y sus prédicas, llenas de vigor, muchas de las cuales estaban dedicadas a monjas, buscan mediante el ejercicio de las prácticas religiosas una conducta cristiana más perfecta.

Esta época religiosa, realista y al mismo tiempo ingenua, ávida de espectáculos y deseosa de instruir su mente y edificar su corazón, halló en el teatro un receptáculo apropiado para reflejar su estado de ánimo. Es claro que el teatro medieval es muy anterior en sus orígenes —ya se mencionaron los tropos del monje Tutilo que remontan al siglo IX (véase p. 25)— y que sus líneas generales como su génesis cristiana son comunes a varios países de Europa. Pero las muchas manifestaciones conservadas en alemán medieval, que hacen presumir la pérdida de una mayor cantidad todavía, revelan un gusto y una participación popular que la historia de la literatura ha recogido. En realidad, su valor teatral específico, sobre todo en los muy perfeccionados misterios del siglo XV, vale decir, en el periodo de su apogeo, supera en mucho la calidad literaria de los textos.

De los diálogos desprendidos de la liturgia, dichos en latín por sacerdotes, devino poco a poco una acción teatral rudimentaria delante del altar, como complemento de la palabra de Dios. Algunos clérigos personificaban escenas de la Pasión, por más que en un comienzo la escena se refiriera a, la visita de las tres Marías al ángel que guarda el sepulcro de Nuestro Señor. Pero gradualmente la acción se dilató a otras peripecias de los libros sagrados, y el diálogo latino, entremezclado al poco andar con palabras alemanas, se extendió a escenas de Pascuas y de la Navidad, en una utilización generosa de los libros sagrados. Al propio tiempo, el espacio reducido del altar se sustituyó, por razones prácticas, mediante la representación en el atrio, con la participación de una mayor cantidad de personajes, algunos laicos. El juego medieval adquiere su mayor esplendor a partir del siglo XIV con los "misterios", que toman vastos episodios de ambos Testamentos, quizás con el propósito de revelar así la historia universal. La acción con centenares de personas, clérigos tanto como burgueses, se desarrollaba en la plaza del mercado durante varios días de la semana —el mayor acontecimiento del año en la vida de la ciudad— y contaba con la entusiasta adhesión de los espectadores frente a un decorado realista y simbólico que les exhibía las delicias del paraíso y las torturas del infierno. Este público se sentía ya conmovido por una representación solemne y edificante, como divertido por la intercalación de chanzas más bien groseras a expensas del demonio, o interesado ante el desfile de las distintas clases sociales retratadas con intención satírica.

La línea fundamental del frondoso teatro medieval alemán puede arrancar del auto de Pascua de Muri (Suiza), del siglo XIII, en que toma forma una de las escenas predilectas de los públicos medievales, la de las tres Marías que antes de dirigirse al sepulcro de Jesús acuden al tendero para comprar ungüento. Más tarde se transformó en una escena cómica y mundana, porque aquél (luego médico o farmacéutico), termina por ofrecerles potes y cremas para preservar la hermosura del cuerpo. Ya en el siglo XII había aparecido un drama en latín de concepción grandiosa y de significación política, el *Ludus de Antichristo,* con la presencia de masas y una representación cercana a la ópera, en donde se exaltaba el papel del emperador Federico Barbarroja. De entre los diferentes autos de Pascua conservados (de Viena, siglo XIV; de Tréveris, s. XIII; de Benediktbeuren, siglo XIII), destaca su originalidad el auto de Redentin, del año 1464, cuyo autor intercala, sin prejuicio de una final edificante, las figuras resueltamente cómicas de los distintos demonios en sus esfuerzos por llevar pecadores al infierno, y que resultan a la postre burlados por un sacerdote.

La gracia especial de la Virgen María, como intercesora y receptáculo de la misericordia divina, es el contenido del auto de la papisa Juana (fines del siglo XV), lo mismo que en el popular personaje medieval del monje Teófilo. También abundaron autos de Navidad, como el de Hesse (alrededor de 1450), el de Benediktbeuren, conservado en los *Carmina burana* (véase p. 67), y el de los tres reyes magos de Erlau. En cuanto a los autos de la Pasión, cuya duración excedía por lo común las 48 horas, se destacan el de Francfort (alrededor de 1350), y el de Alsfeld (1501). Párrafo aparte merece el auto de *Las cinco vírgenes prudentes y las cinco vírgenes necias* del siglo XIV, mezcla de himnos latinos y poesía alemana, en donde la Virgen María no encuentra perdón para las vírgenes necias, ni siquiera en su Hijo, y que nos da la imagen de un cristianismo severo, dirigido exclusivamente a la salvación del alma. La tradición refiere que el landgrave Federico de Turingia asistió en 1321 a su representación en Eisenach, y que se levantó indignado por la aparente falta de caridad cristiana, pero fue por ello castigado por un ataque de cuyas resultas falleció poco después.

El elemento terrenal, preferentemente cómico, que invadía las representaciones, al punto de obligar a la acción censoria de la Iglesia, se desarrolló independientemente en los juegos carnavalescos, donde ritos paganos primitivos se anudaban con una tradición realista, popular, lindante con la grosería y la obscenidad. Su objetivo era hacer reír, y ningún medio, por burdo que fuera, se desechó, lo que explica, sin más, su gran popularidad, ya fueran representados en la plaza pública o en el patio interior de las posadas. Los artesanos y los pequeños burgueses daban allí cauce a su vida instintiva y a un espíritu satírico que no perdonaba a la clerecía ni a la nobleza. Uno de sus héroes favoritos era el trovador Neidhart von Reuenthal (véase p. 73), pero no se desdeñaba llevar a escena a campesinos ridiculizados, como ocurre en la farsa de *Rumpolt y Mareth*. La difusión de estas piezas, que entroncaban con el espíritu y la época del Carnaval, se debió en gran medida a los maestros cantores de Nuremberg, como Hans Rosenplüt (m. *ca.* 1460) y Hans Volz (1433-1513), el primero de los cuales continuó la tradición grosera del género. El teatro medieval, en su conjunto, aunque ahogado por la Reforma posterior, no murió del todo, y las representaciones periódicas de Oberammergau conservan todavía el prestigio del pasado.

Un diálogo con un fermento humanístico y un uso deliberadamente estilizado de fórmulas alegóricas, expresiones bíblicas y contenido hondamente dramático, una de las obras maestras indiscutibles de este periodo es *Der Ackermann und der Tod* (El labrador y la muerte). Su autor Johannes von Tepl (1351-1415) fue rector de la escuela latina y secretario del ayuntamiento de

Saaz, y murió en Praga. Este hombre de letras, empapado con las nuevas tendencias humanísticas que irradiaban desde Italia a la corte de Carlos IV, y también influido por la literatura sagrada, publicó, movido por la muerte prematura de su joven esposa, un denso diálogo entre el Hombre, personificado por un labrador, y la Muerte, la criatura poderosa e invencible. Las tiradas acusatorias del primero, llenas de sentimiento contrapuestos de rebeldía, compasión, cólera e ironía, son contestadas con el conocimiento seguro de lo inevitable que es propio de la Muerte. Agotada la argumentación, Dios toma la palabra y otorga honor al labrador, pero da el triunfo a su antagonista. El Hombre, confortado con la palabra divina, se acoge por fin, con resignación, a la voluntad de Dios. Esta auténtica joya, que alcanzara el privilegio de numerosas copias manuscritas, y una impresión en 1460, fue olvidada desde el Renacimiento alemán hasta su feliz redescubrimiento por Gottsched en el siglo XVIII, y tanto el aliño de su rica prosa, como la estructura medieval que le es característica, la señalan entre las escasas obras importantes de este periodo.

Son éstos los siglos de la prosa, el medio natural de la comunicación burguesa. Aquí adquiere su jerarquía y se asienta definitivamente como medio expresivo y como objeto estético, según los casos. La instrucción, que abarca ahora a muy numerosos burgueses, multiplica también otros géneros prosificados, aparte de la mística. De entretenimiento, edificante o satírica, esta prosa se ha ido adueñando del terreno, tanto en creaciones originales como en traducciones. En cuanto al "libro popular", cuyas repetidas impresiones desde comienzos del siglo XVI trascienden este capítulo, tiene su origen en esta época. Los libros populares (Volksbücher), son aquellos en los que el autor, muchas veces desconocido, busca la aceptación de un vasto público lector. Escritos sin preocupaciones de estilo, con el simple propósito de entretener, abarcan varios tópicos. Algunos retoman la línea de la doctrina cristiana y otros se inspiran, a través de traducciones, en la literatura oriental o en la grecolatina, como el *Legendenbuch* (Libro de leyendas) de Hermann von Fritzlar. Otros son traducciones en prosa de novelas francesas realizadas por damas de alcurnia sobre temas cortesanos que el verso realzara. Ejemplo de ello son *Die schöne Melusine* (La bella Melusina), *Die Haimonskinder* (Los niños de Haimon), que retorna un tema del ciclo carolingio, *Tristan,* el *Herzog Ernst* (El duque Ernst), *Octavianus, Magelone* y muchas otras. Lo heroico, lo aventurero, lo poético y lo gracioso son tonalidades ávidamente recibidas por el lector burgués, que se convierte en regocijado destinatario de esta literatura variada y entretenida. Su popularidad es tal, que pocos años después estos mismos textos se llevan a la imprenta y sus efectos perdurarán entre la masa lectora hasta bien entrado el siglo XVIII. Pero los libros populares más apreciados no se inspiraron en modelos franceses, sino en personajes autóctonos, algunos de perfiles risueños o picarescos, como *Till Eulenspiegel* o *Die Schildbürger* (Los vecinos de Schilda), otros de contorno trágico, como el *Doctor Fausto,* de tantas consecuencias en la literatura posterior.

Como pícaro redomado, autor de burlas clásicas luego, a semejanza de las compilaciones del *Pfaffe Amis* del siglo XIII (véase p. 55), aunque sin la forma cortesana de este último, surgió Till Eulenspiegel, del que se cree que pudo nacer alrededor de 1300 en Kneitlingen y que falleció por el año 1350. En cuanto a sus aventuras, aparecieron primero en una versión bajo-alemana. Sus bromas pesadas —que son muchas— de las que resultan víctimas individuos pretendidamente más avisados, nacen de llevar hasta sus últimas consecuencias las palabras y los procedimientos que se le indican y demuestran espontáneamente, sin deliberación previa, la absurdidad de la conducta concreta del hombre. Sus chistes y juegos de palabras, impresos por primera vez en 1515, hicieron de Till un héroe popular por excelencia, utilizado por importantes autores posteriores, como Immermann, Wilhelm Raabe, de Coster, entre otros.

Die Schildbürger, que alude a un conjunto de vecinos de la ciudad imaginaria de Schilda, son unos pequeños burgueses que, para anticiparse a las burlas de los demás y demostrar una cordura superior, digna de sus sabios ascendientes griegos, caen en las locuras y ridiculeces más disparatadas. Escrito con el propósito de burlarse del habitante de las pequeñas ciudades, la acumulación de sus tonterías sirvió para dar escape a la tendencia natural de ridiculizar al vecino. El libro, recogido por la imprenta en 1598, recibió también el nombre de *Lalenbuch*. En él se inspiró Wieland para *Die Abderiten* (Los abderitas), de fines del siglo XIII, y luego Ludwig Tieck, quien recontó estas historias según el gusto del romanticismo. Pero la máxima repercusión del libro popular pertenece al *Doktor Faustus,* editado en 1587 por un teólogo protestante, Johann Spiess, sobre la base de una serie de leyendas cuyo protagonista había sido un tal Jorge o Juan Fausto, de profesión mago o nigromante, hechicero y conjurador del diablo, que condenó eternamente su alma al haber pactado con el adversario de Dios. En la primera mitad del siglo XVI había existido, en realidad, un personaje de inquietudes un poco oscuras, cuyas prácticas extrañas le dieron fama de poseedor de los más negros secretos, por más que el testimonio de algunos humanistas contemporáneos (Tritheim, Melanchton, Mutianus), lo definiera como un vulgar charlatán. Pero su prestigio satánico estaba hecho, y corrieron leyendas acerca de sus aventuras por la Tierra, el cielo y el infierno bajo la conducción de Mefistófeles. Aunque el relato posee escaso valor literario, su sentido ejemplar en una época en que se desencadenaban las fuerzas de un individualismo ávido de saber, y un conflicto religioso que pugnaba por reordenar, ya desde un lado o del otro, la relación del hombre con la divinidad, produjo un impacto cuyo sentido se fue desentrañando con el correr de los siglos. Las ediciones se multiplicaron, Christopher Marlowe adoptó la leyenda y la incorporó en los últimos años de ese siglo, con gran fuerza imaginativa y brillantez formal, al teatro isabelino, y el personaje siguió viviendo en representaciones de títeres y marionetas por todos los pueblos de Alemania. La culminación de este libro popular, con un pie en las últimas estribaciones de una Edad Media agonizante, y el otro en las nuevas concepciones del humanismo, llegó con la tragedia de Goethe. Allí, la condición fáustica del conjurador de las potencias infernales e incansable buscador del saber, la riqueza y el poderío, alcanzó una dimensión humana insuperable y se convirtió, además, en símbolo interior de la compleja conciencia del pueblo alemán. El mito fue remodelado asimismo en época reciente en una de las más subyugadoras novelas de Thomas Mann, el *Doktor Faustus*.

Ya se ha dicho que una característica de estos siglos es la de haber puesto al nivel de la perspectiva burguesa las grandes creaciones de la época stáufica. De ahí que el simple deseo de entretenimiento y la aspiración a un final feliz reemplazaría los destinos trágicos de la gran epopeya anterior, como lo demuestran las versiones que surgen con respecto a los héroes tradicionales, llámense Hildebrando o Sigfrido. La literatura de estos años se coloca también con su nuevo sentido social al lado de los humildes, y los poderosos son objeto de una burla que antes hubiera estado fuera de cuestión, de acuerdo con las páginas que recogen los chistosos lances del *Pfaffe von Kalenberg* (El cura de Kalenberg), de 1470, obra de Philipp Frankfurter, un vienés de espíritu afín al autor del *Pfaffe Amis* (véase p. 55). No obstante el predominio de la realidad mundana y de su vehículo natural, la prosa, la época no descuidó el cultivo de una poesía a la que impregnó de su sentido burgués. La extensión era variable y los temas se acumulaban sin mayor orden, aunque les era común un propósito moralizador de contenido cristiano, según lo revela el temprano testimonio de los casi 25 000 pareados de *Der Renner* (El jinete), de Hugo von Trimberg. Compuesto alrededor de 1300, es una verdadera enciclopedia de su tiempo y un reflejo exacto del espíritu futuro de la pequeña burguesía. La insatisfacción anímica de los hombres de esta época, que todavía no habían podido encauzar su enorme caudal de energías, se vuelca en ciertos géneros como la sátira, en tanto que para la exposición de sus motivos se valieron preferentemente de la alegoría, que había invadido los usos literarios del occidente europeo. Típico ejemplo de esta amalgama es una de las composiciones de más éxito de este momento: *Das Narrenschiff* (La nave de los necios), de Sebastian Brant, impresa en el año 1494, al finalizar el siglo xv. Brant (1457-1521), doctor en ambos derechos, era un alsaciano de ribetes humanistas, que con todo su saber estaba todavía incrustado en la Edad Media. Aprovechó su *Nave* para embarcar en ella a todas las clases sociales, con sus vicios y locuras que le merecían, más que una censura severa, la sátira amarga o el chiste despiadado. A pesar de su técnica monocorde, los contemporáneos saludaron el poema con su entusiasmo y su influencia alcanzó a Thomas Murner, uno de los más encarnizados adversarios de Lutero, como al difundido *Elogio de la locura* de Erasmo de Rotterdam.

Alrededor de 1400 apareció un extenso y singular poema: *Der Ring* (El anillo), de Heinrich Wittenweiler, del que se sabe que residió en Constanza, Suiza. En contraste con el mundo heroico y cortesano que muestran los poemas del periodo stáufico, pleno de ideales elevados y de actitudes sublimes, Wittenweiler describe con humor seguro el ambiente de aldea y la torpe conducta de los campesinos en su imitación de las costumbres caballerescas. La parodia, por otra parte, rebota sobre los mismos caballeros. El gusto por las cosas de este mundo se combina aquí con ironía y saber, y no hay preocupación importante que no esté aludida, por más que el tono alegre predomine. Este "anillo" curioso supo encerrar toda una época dentro de su circunferencia.

La lírica cortesana que se había aburguesado con el suizo Hadlaub (véase p. 74), todavía conservaba a fines del siglo XIII cierta prosaica lozanía, en parte porque se seguía cultivando la "Spruchdichtung", la poesía político-moral tan espléndidamente compuesta por Walther von der Vogelweide. Sus representantes más conspicuos fueron Reinmar von Zweter (*ca.* 1200-1260), el hermano Wernher (1230-1266) y Der Marner (m. 1280). La segunda mitad del siglo XIII conoce también los "debates" de origen provenzal entre los cuales fue célebre el sostenido entre Heinrich von Meissen (1250-1318) y Regenbogen (n. *ca.* 1243) acerca del nombre más digno para la mujer, si era mejor el de "Frau" (señora) o el de "Weib" (mujer, en un sentido genérico). El primero tomó partido por "Frau" y llevó desde entonces, por dicho motivo, el nombre de "Frauenlob" (Elogio de la señora). Por lo demás, estos líricos burgueses adoptaron seudónimos que son a veces su único signo de identificación. Esta poesía superficial reemplazaba su falta de calidad con un lenguaje artificioso, florido y deliberadamente oscuro. Pero todavía no se agotan las posibilidades poéticas del periodo y bien entrado el siglo XV aparecen auténticos caballeros que pretenden continuar el canto trovadoresco de Walther. Por ejemplo, Hugo von Montfort (1357-1423) y Oswald von Wolkenstein (1367-1445). En el primero se hace sentir ya el cambio de los tiempos, porque su poesía trovadoresca contiene la insólita novedad de cantar a la propia esposa. Una personalidad interesante es la de Wolkenstein. Sus versos ofrecen un poco frecuente acento personal y sincero, y una imagen de una vitalidad extraordinaria. Su gusto por la aventura lo llevó a recorrer marcialmente toda Europa, desde España hasta Turquía, y los contactos amorosos, los placeres de la naturaleza y las acciones de los hombres se vierten en versos que desprecian el mero cultivo de la forma. Aceptar la vida tal cual es, aun con su dosis de pecado y arrepentimiento, es el fondo de su mensaje, expresado en una lengua que no desdeña el humor grosero ni el toque dialectal. Este noble cultiva ya una poesía que ha perdido todo aristocratismo y refinamiento, pero que se beneficia, en cambio, con el conocimiento de un hombre de carne y hueso, que goza y padece.

La aprehensión de la realidad ofrecía en Wolkenstein un sentido casi burgués, pero fueron los artesanos quienes llevaron la noble lírica de Walther a su propio nivel. Aunque se daban pomposamente el nombre de "maestros cantores", están a una distancia inconmensurable de su noble patrón Walther, de quien, de acuerdo con la leyenda, invocaban ser los herederos. En realidad, el punto de partida arranca de la obra del ya mencionado Frauenlob, a principios del siglo XIV, y la canción magistral, que fue su consecuencia, se mantuvo en auge hasta el siglo XVI, por más que sus últimas y caducas resonancias llegaron con la escuela de Memmingen hasta el XIX. Sus cultores, artesanos que la organización social-económica medieval agrupaba en corporaciones, llevaron esa misma organización al campo de la poesía. Así, existió una jerarquía en la que el título máximo de "maestro cantor" era otorgado luego del hallazgo de una nueva canción de acuerdo con un molde estrófico ya señalado, todo ello mediante la aplicación de reglas obligatoriamente obedecidas. Tenían el orgullo del saber aprendido y sus cantos, que se basaban comúnmente en la estructura de la oda pindárica, poseían un contenido variado. Temas religiosos o mundanos eran escritos en un estilo artificiosamente complicado, muchas veces alegórico, con el mismo espíritu estrecho y tradicional con que fabricaban los objetos de su artesanado. Estas corporaciones o academias gozaban de prestigio, y sus adherentes experimentaban la superioridad del letrado sobre el ignorante por el conocimiento de las normas poéticas contenidas en la "tabulatura", cuya observancia vigilaba celosamente el "Merker" o anotador. Sus intentos intelectuales se disolvieron en una pedagogía burguesa, y nunca advirtieron el carácter supletorio de la norma dentro de la creación poética. El más famoso de los maestros cantores, quizás el único que merece el título de poeta, fue Hans Sachs. Su obra, desarrollada en el curso del siglo XVI, es materia del capítulo siguiente, pero aunque la poesía de estos maestros es asunto que sólo preocupa a la historia literaria, la bella ópera de Ricardo Wagner ha inmortalizado para siempre a estos honrados obreros del verso.

En este periodo multiforme, desgarrado y prosaico, en que tan pocas veces se emite la nota de la auténtica poesía, una especie lírica mantiene su carácter elevado, su acento fresco y duradero. Se trata de la canción popular, es decir, de las canciones de un autor no identificado adoptadas por la comunidad entera, que modificaba incesantemente el texto o la melodía, y que las hacía suyas porque expresaban los sentimientos inmediatos y naturales de todos sus integrantes. La voz del pueblo se objetiva en su contenido vario y ya se trate de canciones de amor, de sucesos históricos, de descripciones de la naturaleza, de la paz y de la guerra, de los placeres del vino o del fervor religioso, el pueblo acepta, transforma y propaga estas canciones que se contraponen, por su estructura suelta y su falta de pretensiones, a la llamada poesía artística. Pero sus desconocidos autores fueron verdaderos poetas y en sus versos supo encarnar el corazón del pueblo. Anteriores al siglo XV, se multiplican entonces y fueron compiladas e impresas en el siguiente. El romanticismo redescubrió su atractivo, primero en las colecciones de Herder, en la última mitad del siglo XVIII, y, a comienzos del XIX, en la antología "Des Knaben Wunderhorn" (El cuerno maravilloso del zagal), obra de Achim von Arnim y Clemens Brentano. Adheridas al alma alemana, los mismos poetas cultos no desdeñaron componerlas o readaptarlas, como lo muestran los casos de Goethe, Eichendorff, Heine, entre los más ilustres. Simplemente líricas, o en forma de baladas, las canciones populares reflejan a la vez que una vocación lírica de indiscutible valor estético, una atracción poético-musical cuyos efectos están lejos de haberse extinguido. Lo demuestra cabalmente la canción, hecha popular, de Joseph Mohr y Franz Gruber: "Stille Nacht, heilige Nacht" (Noche serena, noche sagrada), compuesta en 1818, y cantada desde entonces por todos los pueblos cristianos la víspera del nacimiento del niño Jesús.

IX. HUMANISMO Y REFORMA

La adhesión del individuo a la comunidad, la fe en la sabiduría superior de la Iglesia, la existencia de una jerarquía "natural" en cuya cúspide se ubicaba a Dios, la visión de un mundo ordenado a pesar de los acontecimientos que aparentaban lo contrario, eran normas que la Edad Media se había fijado a sí misma. Desde la segunda mitad del siglo xv, pero con antecedentes más lejanos aún, se iba incubando desde las capas de la burguesía ilustrada un vasto movimiento cultural que, apoyado en la tradición clásica, intentó una revaloración del hombre. Era el Renacimiento y era, asimismo, una revolución del espíritu. Circunscrito al campo de la literatura con el nombre de Humanismo, brotó en Alemania a mediados del siglo xv. En los fines que lo animaban —el conocimiento de los modelos clásicos de la literatura greco-latina (al principio exclusivamente latina), para extraer de allí una conducta bella y digna al servicio de los ideales superiores de la *humanitas* ciceroniana, y el dominio de los idiomas clásicos para la mejor comprensión de los textos sagrados—, la propagación de las universidades y la reciente invención de la imprenta habían sido poderosos aliados. El humanismo alemán abarca un breve periodo (del año 1450 hasta el de 1520 aproximadamente), que se interrumpe de improviso por la prédica y acción de Lutero. A partir de ese momento el pueblo alemán, que incluye también a sus humanistas, vuelca toda su energía y capacidad en la lucha que la Reforma inicia. Desde un bando o del otro, la Reforma se convierte en eje exclusivo de la existencia, y una teología ardientemente polémica alza su cabeza para reducir toda expresión literaria a literatura religiosa. La consecuencia es fundamental, porque habrá dos siglos de retardo hasta que Alemania retome los hilos de la urdimbre renacentista. Esta violenta toma de posiciones explica el hecho básico de que mientras el Renacimiento genera una espléndida floración en diversas literaturas nacionales (Inglaterra, España, Francia, Italia), las letras alemanas, desviadas hacia un contenido religioso, deberán arrastrar un lastre de general mediocridad, y ello hasta bien entrada la segunda mitad del siglo XVIII.

Los humanistas alemanes, al igual que sus colegas del resto de Europa, tendieron a forjar una sociedad erudita que, sin renegar de la fe, se decidiera a expresar de un modo autónomo, según las luces de su capacidad racional, todo aquello que posibilitara el mejor conocimiento de la naturaleza humana y del mundo en general. Pero sus conquistas literarias fueron de magra calidad, lo que se debe principalmente a dos circunstancias. La primera, que no supieron nada del misterio que encierra la auténtica creación. Segunda, su deslumbramiento ante las manifestaciones mayores de las literaturas clásicas los llevó a despreciar las virtudes y capacidad de la lengua materna. Toda su producción está escrita en latín, porque el idioma de Cicerón era, por su prestigio único, el solo vehículo posible para expresar un pensamiento vuelto hacia una revitalización del hombre antiguo. Creyeron, y éste fue su gran mérito, que el estudio y conocimiento de la época clásica abría un nuevo y espléndido rumbo para el futuro del hombre europeo. Un aire optimista y de tolerancia atravesó sus obras, como lo prueba fehacientemente la personalidad del más grande de los humanistas, Erasmo. El estrecho contacto de los humanistas alemanes produjo, en un trabajo conjunto en defensa de los derechos del conocimiento desinteresado y libre de presiones eclesiásticas, su única obra recordable, las *Epistolae obscurorum virorum*. Estas cartas habían tenido origen en la actitud de Johannes Reuchlin, ilustre humanista y gran conocedor del griego y el hebreo, quien había condenado a la quema, en nombre de la religión verdadera, de todos los escritos hebreos con exclusión de la Biblia. Las *Epistolae* aparecieron en 1515 en un mal latín deliberado, obra de Crotus Rubianus y Ulrich von Hutten, y constituyen una sátira despiadada contra el criterio regresivo de algunos hombres de la Iglesia, cuya falta de autoridad científica supieron poner de manifiesto. El resto de su literatura latina, lo mismo que el hombre latinizado o helenizado de la mayoría de sus componentes,[3] pueden olvidarse sin mayores escrúpulos.

Una vez planteado el gran conflicto del siglo, los propósitos iniciales del humanismo fueron dejados de lado, y sus prosélitos se vieron envueltos en la lucha. Al tomar partido, el territorio alemán fue cubierto por una literatura latina de furioso tono polémico, a veces de una suciedad y grosería excepcionales, que enconaba aún más los ánimos y que reflejaba la exaltación popular. Con razón años antes Sebastian Brant había inventado el santo que la época reclamaba, Sankt Grobianus, vale decir, el patrono de la rudeza y la grosería. Quien mejor representa esta atmósfera general es Ulrich von Hutten (1488-1523), humanista distinguido y temperamento fogoso. Creyó en la cultura, pero también en la acción, y la Reforma lo contó como uno de sus heraldos más arrojados. Aunque saludó jubilosamente la época que le tocaba vivir (prueba de ello sus palabras en latín en carta dirigida en 1518 a otro famoso humanista, Pirkheimer: "¡O saeculum! ¡O itterae! ¡Juvat vivere!"), juzgaba que su deber de caballero y de patriota era combatir, con todas sus fuerzas y todas sus armas, la política de Roma, y para el mejor cumplimiento de esta empresa tuvo el gesto, excepcional entre sus colegas, de dirigirse a su pueblo en alemán.

Toda esta agitación, que arrastró en un remolino de consecuencias imprevisibles a Hutten y al humanismo a reyes y señores, al vulgo, papas y ejércitos, y que interrumpió de un modo definitivo el curso hacia un Renacimiento alemán, es obra del fraile Martín Lutero. Su

---

[3] Conrad Celtis, Eobanus Hesse, Euricius Cordus, Crotus Rubianus, Philipp Melanchton, etcétera.

aparición, por otra parte, marca una nueva época para la literatura. La vida del agustino Martín Lutero (1483-1546) concierne a la historia de Europa más que a la de las letras. Aquí cabe señalar su aporte a éstas, y en tal sentido fue su obra la más trascendente del siglo, porque con su traducción del Nuevo Testamento (1522) y del Viejo (1534) forjó, con un genio idiomático hecho de una exactitud expresiva poco frecuente y de un finísimo sentido de toda la gama de sus posibilidades, una lengua alemana culta común a todo el territorio. La transmisión de su experiencia religiosa y el sentido de la lucha emprendida le exigían una herramienta mediante la cual todo habitante del país estuviera en condiciones de leer la Biblia por cuenta propia, sin intermediarios. Que el éxito acompañó su propósito lo atestiguan los millares de ejemplares repartidos en pocos años por el país entero. Lutero era también humanista y en su labor estuvo asociado a muchos de los más prestigiosos (Philipp Melanchton es un ejemplo de tantos), pero la belleza formal o la mera comprensión de la literatura clásica no eran sus metas. Todos sus escritos, rebosantes de viva energía, de suave intimidad, agresivos o persuasivos, los puso al servicio de su mensaje religioso, y nunca pudo considerar el menester literario como un fin en sí mismo. Esta actitud no la abandonaría la literatura durante todo el siglo XVI. Para la acuñación del alto alemán moderno, su creación inmortal que lo sitúa en el mismo plano que Dante y Chaucer, Lutero se valió del alemán empleado por la cancillería del Imperio y, sobre todo, de la sajona, cuya terminología jurídico-política era accesible a todas las cortes alemanas. Pero a ello agregó, con un buen sentido y un genio del idioma excepcionales, todos los giros y expresiones populares que le parecían más representativos, según los escuchaba de "las mujeres en la casa, de los chicos en las calles, de los hombres en el mercado". El resultado de su esfuerzo, en verdad ímprobo (sus observaciones de traductor nos instruyen suficientemente acerca de las dificultades que tuvo que superar), está todavía a la vista. La cultura alemana adoptó desde entonces sus fórmulas idiomáticas y se hizo verdaderamente, y por primera vez, nacional y popular. Lutero enriqueció también la especie de la canción religiosa. Inspirado en el Salmista o en canciones latinas anteriores, ofreció al canto coral de las comunidades protestantes hermosísimas composiciones, impregnadas de una religiosidad sentida e inmediata que hablaba a los corazones. Sus versos dejaron descendencia y, lo que es más importante, cantos como "Ein' feste Burg ist unser Gott" (Un fuerte castillo es nuestro Dios) se incorporaron al patrimonio de la nación para ser entonados, sin distinción de credos, en los momentos difíciles de la historia alemana, como ha ocurrido con "Aus tiefer Not schrei ich zu dir" (Desde mi profunda pena clamo hacia Ti).

Una sola figura puede contraponerse del lado católico a Lutero y a la literatura polémica protestante. Se trata del franciscano Thomas Murner (1475-1537), cuyas preocupaciones religiosas y exigencias para la implantación de un verdadero cristianismo lo habían colocado, una vez, junto a su futuro gran adversario. Murner cultivó una poesía satírica de gran violencia y bastante ingenio, y, aunque ya en 1512, inspirado por Brant (véase p. 86), había escrito una *Narrenbeschwörung* (Conjuración de los necios), alcanzó gran nombradía en su momento con *Von dem grossen lutherischen Narren* (El gran necio luterano), 1522. Este poema alegórico, rudo y de intención moral, es una sátira despiadada y su mejor obra, pero también demostración del antagonismo espiritual que destruía al pueblo alemán.

La época desencadenó también una poderosa actividad teatral, que se concentró primero en Suiza y en la Alemania protestante. Lo mismo que el resto de los hombres de letras, los dramaturgos protestantes se pusieron al servicio de la edificación religiosa. Una rica producción cuantitativa se desarrolló en alemán y latín, y temas bíblicos o clásicos, inspirados en la técnica de Séneca o Terencio o en la variedad del teatro medieval, fueron tratados con talento original por Thomas Naegeorgus (1511-1563). Paralelamente, los humanistas habían desarrollado un drama escolar en latín basado en modelos clásicos, y, como réplica al teatro protestante, los jesuitas forjaron en las últimas décadas del siglo un teatro de inspiración católica y combativa que nada agregaba a la historia del teatro alemán. Una evidente finalidad de propaganda alejaba a estas obras de todo sentido auténticamente dramático, por más que se utilizara ya una división en actos y existiera un intento de presentar la acción de acuerdo con lo preceptuado por la retórica renacentista. Los nombres de los principales dramaturgos de la época son Niklas Manuel (1484-1530), Pamphilius Gengenbach (1470-1524), Burkard Waldis (*ca.* 1490-*ca.* 1556) y Paul Rebhuhn (m. 1546). Pero las únicas conquistas valiosas del género fueron el teatro popular de Hans Sachs y las giras de los "comediantes ingleses".

El maestro zapatero Hans Sachs (1494-1576) había nacido en Nuremberg, donde residió durante casi toda su larga vida. Es el más prolífico de los autores alemanes y también fue, en su siglo, la figura literaria que el pueblo más quiso y admiró. Su increíble laboriosidad se sintetiza en las seis mil obras que escribió con el criterio honrado, realista y superficial del buen burgués al que se dirige. Creyó que su misión era la de verter en versos siempre uniformes (el pareado rimado de cuatro elevaciones de la poesía cortesana) todo aquello que se hubiera escrito alguna vez, y de ahí el número fabuloso de sus realizaciones. La antigüedad clásica, las historias bíblicas, las literaturas extranjeras o la de su propio país están representadas en sus versos machacones, pero gracias a los cuales su público lector pudo enterarse de las manifestaciones literarias de otros países. No tuvo inconveniente en transformar el mismo asunto en parábola, chiste, fábula, alegoría, canto magistral o pieza de teatro, porque el objetivo de Sachs era entretener, y, en cierto sentido, moralizar. Los problemas religiosos que desgarraban al pueblo no perturbaron su tarea cotidiana, aunque fue un protestante convencido y una de sus escasas poesías de valor tiene como sujeto a Lutero, al que saludó como "ruiseñor". La época lo vio ante todo como maestro cantor y fue considerado el arquetipo del género, pero sus cantos magistrales no superan a los de otros artesanos. Es en el chiste, en la farsa carnavalesca y sobre todo en la comedia, donde asoman un humor sano, la perspectiva honesta del burgués, la percepción simpática del color local, y el dibujo de caracteres humanos auténticos. Algunas de sus comedias, como *Der Teufel mit dem alten Weib* (El demonio con la vieja), *Die ungleichen Kinder Evae* (Los hijos desiguales de Eva) o *Der fahrende Schüler im Paradeis* (El escolar errante en el paraíso), conservan una gracia y un manejo tan diestro de sus personajes, que no han podido desaparecer de la escena alemana. Sachs fue el típico representante de la burguesía cultivada de la época, y la limpieza de su quehacer artístico, nunca extraordinario, como su consustanciación con el habitante común de la ciudad, hicieron de él una figura nacional. Aunque los humanistas lo ignoraron (no sabía idiomas clásicos ni había hecho estudios superiores), la posteridad lo identificó con lo más duradero y representativo del siglo XVI. No en balde Goethe lo amó, al punto de escribir casi toda la primera parte de su *Fausto* en los versos de Sachs, y, en el siglo pasado, "Los maestros cantores" de Wagner contribuyeron en forma definitiva a erigir una estatua gloriosa para el poeta zapatero.

En las últimas décadas del siglo XVI hacen su aparición en Alemania, por medio de giras que se prolongan y renuevan en las principales ciudades del país, los llamados "comediantes ingleses". Eran actores profesionales que representan en inglés las piezas del repertorio isabelino, tanto en la urbe como en las cortes, y se hacían entender mucho más por el empleo de una mímica expresiva que por la explicación anticipada de la obra ofrecida. Su teatro no respondía con fidelidad al texto exacto de las piezas de Shakespeare o de Marlowe —ni siquiera en Inglaterra existía fijeza al respecto— y junto a un argumento arreglado de *Hamlet* se intercalaban interludios musicales, juegos de destreza, bailes, o el clown (el "Pickelhäring" alemán) divertía al auditorio con sus gracias a menudo obscenas. Pero, en una época en que el teatro recitado en latín era un pálido remedo de la antigüedad clásica o un arma de combate en manos de ambas iglesias cristianas, una epidérmica narración con diálogo popular en Sachs, o un exponente de mediocridad y aburrimiento en las obras del duque Julius von Braunschweig (1560-1605), o del burgués Jakob Ayrer (1543-1605), los comediantes ingleses constituyeron un acontecimiento importante. Traían un repertorio en el que los personajes estaban diseñados según perfiles psicológicos profundamente diferenciados, y en donde la acción era tensa o entretenida, pero siempre animada, y la pasión, febril, con un lenguaje pleno de imágenes brillantes que hablaban a la fantasía y al corazón de los espectadores. Las guerras de religión, que comenzaron en 1618, interrumpieron en parte estas exhibiciones dramáticas, pero los comediantes ingleses enseñaron las virtudes del teatro clásico de su país y sembraron la simiente para un futuro teatro alemán. Su recuerdo, que se alarga en toda la extensión del siglo XVII, se transformó en acción en los últimos años del siglo siguiente, en los umbrales del clasicismo alemán.

Este siglo de fuertes individualidades, aunque no de genios creadores, ofrece junto a las *Memorias* del extraordinario pintor y grabador Albrecht Dürer, y las del caballero Götz von Berlichingen (1480-1562), que inspiraría más tarde a Goethe, con sus vivas pinturas del ambiente, no desfiguradas por el artificio literario, los nombres de Theophrastus von Hohenheim (1493-1541) y de Sebastian Franck (1499-1542). El primero, más conocido como Paracelso, cultivó una prosa personal y torturada, en la que una intensa preocupación religiosa se unía a un apetito audaz de conocimiento. En cuanto a Franck, fue una víctima más de las luchas religiosas de su tiempo. Incómodo tanto en el catolicismo como en el dogma luterano, predicaba excepcionalmente paz y tolerancia. Cristiano no confesional, místico fervoroso, su prosa es de una fuerza de estilo comparable a la de Lutero. Tradujo el *Elogio de la locura* de Erasmo y buscó a Dios en la naturaleza y en la historia con una *Geschichtsbibel* (Biblia de la historia) de 1531, y en su *Weltbuch* (Libro del mundo), editado en 1534, trazó una interpretación de la historia universal.

La literatura de entretenimiento no carecía de fieles lectores, y en la multiplicación de libros populares de distinto origen (véase p. 82), apareció con un éxito de público extraordinario la traducción de una versión francesa del *Amadís de Gaula* (1569-1595). La célebre novela de caballería readaptada por el español Garci-Rodríguez de Montalbo, cuya versión definitiva es de 1508, facilitaba el espíritu de evasión de los lectores con su mezcla de aventuras fabulosas, amor inquebrantable, caballerosidad sin mácula y heroínas perfectas. Pero la más destacada prosa narrativa llega por intermedio de Jörg Wickram (*ca.* 1520-1562) y de Johannes Fischart (1546-1590). Las colecciones de fábulas y de chistes eran lectura difundida y solicitada. Las primeras contenían su correspondiente moraleja para beneficio de las conciencias afectadas, y las últimas derivaban por lo común de las celebradas picardías de Till. Wickram, un laborioso escritor profesional que había nacido en Alsacia, reunió los más celebrados chistes en un volumen que tituló *Rollwagenbüchlein* (Librito para la diligencia) (1555), con el propósito de distraer a la gente durante sus viajes en los coches de la época. Pero Wickram es además un precursor, y en algunas de sus novelas como *Galmy* (1539); *Gabriotto* (1551); *Knabenspiegel* (Espejo de muchachos) (1554), y *Von guten und bösen*

Nachbarn (De los buenos y malos vecinos), se encuentra una sucesión de acontecimientos que hablan por sí mismos, crítica social, enfrentamiento de ricos y pobres, de nobles y burgueses, y un amor que sabe conciliar lo dividido por la convención. Surge aquí, por vez primera, la novela de desarrollo de caracteres, por más que la indagación psicológica esté todavía ausente.

La afirmación de las posibilidades del individuo —el gran aporte del Renacimiento— significó en la práctica un crecimiento desmesurado de la vitalidad, de la alegría de vivir, un ansia de expresarse y dar escape a todas las potencialidades encerradas en el ser humano. El literato alemán supo abrirse también a las nuevas fuerzas e influencias, y quien mejor lo demuestra es el alsaciano Johannes Fischart (*ca.* 1546-1590). Con él se restablece, después de largo paréntesis, el contacto con la literatura francesa, y su lenguaje desmesurado constituye uno de los fenómenos más típicos de este siglo dinámico. Escritor profesional y doctor en derecho, su inmensa producción habla de su necesidad de ganarse la vida con sus escritos. Los furibundos y graciosos ataques contra los católicos (especialmente los jesuitas), poseen valor sólo circunstancial. Viajes a los Países Bajos, Francia e Inglaterra lo habían familiarizado con toda clase de géneros literarios y de su pluma nacen, infatigablemente, con un constante ánimo satírico y polémico, *Das Podagrammisch Trostbüchlein* (El librito de consuelo podagramático) en 1577; *Das Ehezuchtbüchlein* (El librito de la conducta matrimonial) en 1578; *Das Jesuiterhütlein* (El sombrerillo jesuita) en 1580, y canciones, sonetos y alegorías sin cuenta. Su poema más logrado, *Das glückhaft Schiff von Zürich* (La venturosa nave de Zúrich), de 1576, es una feliz realización de tono burgués y sano patriotismo. En versos bien construidos describe el viaje por el Rin de unos burgueses que se dirigen desde Zúrich a Estrasburgo con una papilla que ofrecen a estos últimos, como prueba de la posibilidad de una ayuda mutua en caso de apuro. No obstante, aquello que lo caracteriza al máximo es su traducción del *Gargantúa* de Rabelais, y aunque su propósito fuera una traducción íntegra no alcanzó a pasar del primer libro. Ello, porque a medida que avanzaba en su trabajo, un genio irresistible del lenguaje lo impulsó —a Rabelais le ocurre otro tanto aunque en mucho menor medida— a tomar posesión del mundo de las palabras y a crear, incesantemente, nuevos términos, con una exuberancia y desmesura verbal totalmente barrocas, jamás superadas en la historia de la literatura alemana. Un dominio tan sorprendente del idioma, una capacidad de acuñar neologismos ocurrentes y oportunos en tantas ocasiones, son señales de un ingenio despierto, pero también de una lectura fatigosa o sencillamente imposible. Fischart mostró posibilidades extraordinarias para la lengua alemana, pero la exageración de su capacidad inventiva lo ha convertido hoy en nada más que una curiosidad notable. Sólo espíritus literarios afines, como Jean Paul en pleno auge del romanticismo, pudieron sentirse sus herederos.

X. EL SIGLO DEL BARROCO

La literatura barroca, que se extiende a través de toda Europa como expresión de una actitud del espíritu, en parte desgarrado como consecuencia de las guerras de religión que devastaron durante treinta años el suelo de Alemania y podaron su población en sus dos terceras partes, ofrece también elementos heredados del siglo anterior. Aunque el barroco abarcó otras manifestaciones artísticas (plástica, música, arquitectura) y se asocia a los conceptos formales de exageración, retorcimiento y contraste, las letras alemanas del siglo XVII presentan características rectoras diferentes. Sus creadores miraron desembozadamente las novedades de las literaturas extranjeras y esta tendencia, iniciada ya por Fischart en el siglo anterior, significó una imitación, a veces servil, de autores oriundos de Francia, Italia, España, Inglaterra y Holanda. En la certidumbre de que las fuentes nacionales estaban agotadas, los escritores alemanes introdujeron en el suelo patrio el alejandrino y el soneto, la novela picaresca y la pastoril. Como herencia humanista continúa actuando también el respeto por la erudición, por la norma retórica y por el convencimiento de que la poesía es algo que puede aprenderse mediante la aplicación de las reglas adecuadas. Renace asimismo una concepción aristocrática del arte, el cual sólo crece en la práctica bajo la protección de mecenas principescos. Los literatos de renombre, en contacto entre sí algunas veces, escriben en y para una sociedad de noble cuna y de nobles ideales, la única capaz de apreciar la sabiduría con que se aplican las normas del clasicismo. La participación burguesa, que es predominante, se vuelca más al género de la canción, sobre todo religiosa, según el incitante ejemplo de Lutero, y a una búsqueda por vías difíciles o intrincadas, de las verdades eternas, o más simplemente, de una existencia conforme con los preceptos divinos. Y como telón de fondo se despliega sobre todos los autores, eminentes o no, el hecho de la guerra (1618-1648) que enfrenta a menudo, en escisión violenta, la vida mundanal con el más allá. En cuanto a la afirmación vital que el barroco significa, fue ahogada en Alemania por la presencia de la degradación humana como secuela de la guerra, y quizás lo más típico del barroco alemán sea el acento de desesperación que se percibe a lo largo de sus más calificados exponentes.

Casi a la entrada del siglo se constituye en Weimar, en 1617, sobre el modelo de la "Accademia della Crusca" de Florencia, una sociedad lingüística, la "Sociedad fructuosa", como consecuencia de los esfuerzos del príncipe Ludwig von Anhalt-Köthen para mantener puro y limpio el idioma alemán del gran número de vocablos y giros extranjeros que lo enturbiaban. A esta sociedad pertenecieron grandes señores y también literatos de mérito, y su afán en regular el idioma y limpiar su caudal revela algunos de los elementos del primer barroco. Por más que su contribución práctica fue una traducción de la *Jerusalén libertada* de Tasso, y una *Gramática alemana,* obra de Schottel, mostró una seria preocupación por evitar que junto a la influencia innegable de Ronsard y de los poetas de la Pléyade, se colara también un afrancesamiento pernicioso. Que su existencia no fue meramente un capricho principesco lo dice a las claras la multiplicación de sociedades calcadas sobre ese modelo, a las que se adhirieron los autores más representativos, como la "Aufrichtige Gesellschaft" (Sociedad honrada) de Estrasburgo, 1633, la "Deutsch gesinnte Genossenschaft" (Sociedad de orientación alemana) de Hamburgo, 1642, etcétera.

Depositario de este propósito de limpieza idiomática y legislador omnipotente en materia de poesía, fue el silesiano Martin Opitz (1597-1639). En contraposición a la exuberancia renacentista y al desorden vital y poético, estatuyó con severidad de retórico erudito las normas según las cuales se movió sumisamente la poesía alemana durante casi un siglo y medio. Su conocimiento de otras lenguas y países, y el espectáculo estéril a que había llegado, según su parecer, la literatura alemana, lo habían impulsado a escribir, en 1624, su *Buch von der teutschen Poeterey* (Libro de la poética alemana). Bajo la influencia directa de Ronsard, y la indirecta de Aristóteles y Horacio, exigió una literatura conscientemente elaborada sobre reglas que recomendaban claridad y una forma inflexible. Sensible a la poesía francesa contemporánea y deslumbrado por los logros de la Pléyade, introdujo en su patria el verso alejandrino, que se constituyó, durante más de una centuria, en exclusivo para la poesía alemana. Por más que los ejemplos dados por su propio esfuerzo están muy lejos de servir como modelos de inspiración, su palabra fue tan respetada que consiguió desterrar la rima impura y definió, para siempre, los principios de la métrica alemana, que se basa en la combinación de los acentos silábicos. Así como Opitz pudo señalar desde un punto de vista externo lo que debía entenderse como poesía, introdujo también, gracias a su visión abierta, géneros hasta entonces desconocidos en Alemania: la novela pastoril con *Von der Nimfen Hercinia* (La ninfa Hercinia), 1630, calcada del texto de la *Arcadia* del inglés Philip Sidney y el texto de *Dafne,* la primera ópera alemana. Tradujo asimismo para sus compatriotas la *Antigona* sofoclea y *Las troyanas* de Séneca. La alta conciencia de su misión le permitió colocarse al margen de la lucha contemporánea que destruía a su país, y con el prestigio indiscutido de sus escritos conquistó a los autores de su época y a sus sucesores inmediatos en una medida que hoy parece increíble.

La mentalidad clara, racionalista y ordenadora de Opitz había sofocado el barroquismo naciente, con su gusto por el contraste, las antítesis, los colores violentos y la exaltación de las pasiones. Pero un género como la lírica, expresión del subjetivismo más directo, no podía obedecer ciegamente a las directivas que emanaban, en último término, de Ronsard o Malherbe. A través de sus diversas manifestaciones exhibió una variedad de tonos que definen, con una mayor justeza, el sentido del barroco. Es cierto que los grandes líricos se confiaban deudores devotos de Opitz, quien les había enseñado en verdad a medir los versos de acuerdo con la índole propia de la lengua alemana, pero no lo es menos que en algunos de ellos suenan los más altos acentos de la literatura alemana del siglo. Las canciones se habían multiplicado y junto a cantores de segundo orden como Martin Rinkart (1586-1649), Michael Schirmer (1606-1673), Joachim Neander (1650-1680), Johann Rist (1607-1667) o Simon Dach (1605-1659), se alinean poemas de carácter profano o religioso que son obra de auténticos creadores. Paul Fleming (1609-1640) fue, durante el curso de su corta vida, uno de estos últimos. Sus canciones mundanas, llenas de gracia o de una indagación del sentimiento algo superficial, descubren una personalidad que sabe expresar con propiedad una experiencia íntima. Contemporáneo suyo, y dentro del campo del protestantismo, Paul Gerhardt (1607-1676) aparece como el legítimo heredero y gran continuador de la canción religiosa luterana. No en balde se valió Bach de algunos de sus textos, porque manifestaban, más allá del desastre de la guerra, una fe firme en la voluntad divina con palabras inflamadas por el amor de un alma recta y piadosa. Tampoco es de extrañar que en este florecimiento lírico participaran, con un sentimiento poético similar, líricos católicos. El jesuita Friedrich von Spee (1591-1635) mostró su amor a Cristo a través de un lenguaje tierno y dulzón, al par que hacía de la naturaleza el símbolo de la gloria de Dios. El sentimiento religioso, que se hacía más insistente mientras más se prolongaban las miserias de la guerra, adquiere asimismo una fase mística por encima de las comunidades eclesiásticas. Hay individuos que aspiran de nuevo, dentro de la convulsión del siglo, o por eso mismo, a un contacto directo con la presencia divina.

La versión de sus experiencias ha sido recogida por la historia de la literatura, particularmente en los casos de Jakob Böhme o Johannes Scheffler. El primero (1575-1624), un zapatero de Görlitz, expuso en sus libros *Aurora* (1612), *Von den drei Prinzipien* (De los tres principios) (1618), y *Vom dreifachen Leben* (De la vida triple), los resultados de sus meditaciones arduas y alejadas de la ortodoxia oficial. Las autoridades eclesiásticas le prohibieron escribir, porque en su prosa visionaria, poco accesible y a menudo inventada, sostenía la existencia de Dios en todos los objetos, el cual era percibido como resultado de un proceso en el que contendían las fuerzas del bien y del mal. Sus lecciones se difundieron entre las clases populares e incidió tanto sobre el inminente pietismo como sobre los románticos ingleses y alemanes del siglo XIX. Novalis, como admirador de su oscuridad y mensaje esotérico, es el mejor ejemplo en tal sentido. Scheffler (1624-1677), más conocido con el nombre de Angelus Silesius, dejó con sus epigramas en pareados alejandrinos un legado místico perdurable. El acontecimiento más importante de su vida había sido su conversión al catolicismo (1653), consecuencia de una profunda preocupación religiosa. Pero en Scheffler, bajo la influencia de Böhme, Weigel y Daniel von Czepko, asumió un carácter no confesional, un misticismo en el que la personalidad humana se anega y funde con la esencia divina. Sus pareados, reunidos bajo el título de *Cherubinischer Wandersmann* (1657) (El caminante querubínico), plenos de agudeza, claridad y elegancia, exponen una filosofía y una religiosidad que, con su gusto por la antítesis, bordean un anticipado panteísmo spinoziano. No obstante, sus canciones religiosas eran testimonio de un cristianismo fervoroso y nada objetable desde el punto de vista del dogma.

En el centro del barroco se halla la obra del silesiano Andreas Gryphius (1616-1664), depositario de influencias variadas y autor de la mayor importancia para su siglo. La guerra, a la que debe parte de su tono, lo indujo a dejar muy temprano la patria. Así, viajes por Holanda, Francia e Italia enriquecieron su saber y ampliaron sus perspectivas, más en el teatro —es el mejor dramaturgo de la época— que en la lírica. Con todo, sus odas y sonetos son aún hoy conmovedores por el hondo sentimiento de angustia y desolación que surge ante el espectáculo de la patria devastada e irremediablemente dividida. Pero a pesar de la perfección formal de sus alejandrinos y la fuerza desusada con que impone su pasión dolorosa, la elaboración de un teatro de época es su verdadero aporte a la historia literaria. Alemania estaba lejos de contar con teatros y un público ejercitado, al revés de lo que ocurría en ciudades como Londres, Madrid o París, y Gryphius se creyó entonces en la misión de proporcionarle un teatro legítimo a su país. Había ya una tradición inmediata, las representaciones de los comediantes ingleses y el teatro escolar de los jesuitas, este último de intención edificante y raíz clásica, que dio nombre a un género que la época llamaba las "Haupt-und Staatsaktionen" (Acciones principales y de estado). Gryphius se propuso mostrar a través de sus piezas en alejandrinos, divididas rigurosamente en cinco actos y con la intervención de coros a la manera de Séneca, el destino implacable reservado al hombre fiel a sus convicciones profundas. Y aun cuando parecía víctima de la maldad, la miseria y la vanidad, triunfaba en la verdadera vida por la fuerza de su carácter, porque su obra estaba asentada sobre un fundamento vital estoico-cristiano al que se mantuvo fiel. A esto hay que añadir lo que el gusto del periodo exigía y que los dramaturgos isabelinos, por ejemplo, no habían escatimado, es decir, el empleo de recursos truculentos, de apariciones fantasmales y un derramamiento copioso de sangre sobre la escena. Sus tragedias *Leo Arminius* (1646), *Catharina von Georgien* (1657), *Carolus Stuardus* (1649) (que se refiere a la decapitación de un casi contemporáneo, Carlos I de Inglaterra), o *Papinianus* (1659), el jurisconsulto romano muerto en tiempos de Caracalla, fueron expresión de sus concepciones dramáticas. Una subversión a las normas dictadas por el infalible Opitz resultó la tragedia *Cardenio und Celinde* (Cardenio y Celinda), donde los protagonistas eran burgueses, a pesar de que la preceptiva ordenaba personajes de gran jerarquía para el género. Superior a la producción dramática de su siglo, y, en cierto sentido, iniciador de un teatro clásico, Gryphius empañó sus dotes indiscutibles con acciones y un lenguaje en gran medida desorbitados, seguramente por presión del gusto dominante. Exageración y patetismo grandilocuente son aquí las notas distintivas. También cultivó Gryphius la comedia con el intermedio *Die geliebte Dornrose* (La amada rosa silvestre), 1660, *Horribilicribrifax* (1663) y *Peter Squentz* (1663). La primera es, sin duda, la más lograda. Dejando esta vez a un lado su conocimiento de otras literaturas y el respeto por las reglas, Gryphius narró aquí con frescura, vivacidad y acertada psicología, las andanzas de dos campesinos que compiten por la mano de una hermosa muchacha. El ambiente rústico y el idioma —emplea novedosamente el dialecto silesiano, ejemplo que siguió mucho después Gerhart Hauptmann— están tratados con mano segura y gracia perdurable. En cuanto a *Horribilicribrifax,* es una mediocre reminiscencia del teatro plautino con el tipo del soldado fanfarrón que la guerra de treinta años había hecho prosperar, y donde un efecto cómico reside en un habla formada por distintos idiomas. *Peter Squentz* tiene puntos de contacto con la parodia de *Príamo y Tisbe* intercalada en el *Sueño de una noche de verano* de Shakespeare.

Gryphius se expresó en sus poemas con mayor vigor que la mayoría de sus contemporáneos, y sin negar la exageración que acompaña a sus piezas teatrales, es responsable de haber renovado la especie dramática con un contenido y forma de noble intención. Algunas de sus obras son todavía legibles, y esto no cabe extenderlo a ningún otro dramaturgo del barroco, tal su continuador Daniel Kasper von Lohenstein (1635-1683). Este último, que también se había dedicado a la poesía y la novela, compuso tragedias inspiradas en la antigüedad clásica, como *Sofonisba* (1658) y *Cleopatra* (1661), tan enfáticamente pomposas y exageradas. Su hinchazón retórica es tan palpable y sus fuentes e imágenes son tan acentuadamente librescas, que estamos en el límite de la caricaturización de la tragedia.

La novela del barroco es un producto de la segunda mitad del siglo. Las incitaciones parten aquí de Martin Opitz, quien había introducido la novela pastoril y la de carácter político, y más lejanamente, de la novelística francesa y española. La tendencia a las dimensiones vastas, a la acumulación de incidentes, a la visión dinámica del hombre y de la historia, al cambio violento y a un interés mayor por la exploración de los vericuetos psicológicos del individuo, son sus detalles comunes. También, en cuanto a la forma, el gusto general por la antítesis, la pompa lingüística y la pesadez de una retórica del adorno. Por una parte hubo una novelística pastoril y otra predominantemente política, teñida esta última de historia y erotismo bajo el nombre de "Staats- Liebes- und Heldengeschichte" (Historia política, amorosa y heroica). En este tipo de novela hay una orientación cortesano-idealista permanente y sus personajes y destinatarios, encandilados por la novela francesa contemporánea (Mme. de Lafayette, Mlle. Scudéry, etc.), pertenecen a la aristocracia.

El éxito internacional del *Amadís,* con su mundo de doncellas y de caballeros rendidos, sirvió de base, conjuntamente con la *Arcadia* de Opitz, a Philipp von Zesen (1619-1689) para publicar, en 1645, la *Adriatische Rosemund* (Rosamunda adriática). Contenía una novedad, porque por primera vez pasaba a un primer plano en la prosa alemana la exposición de un sentimiento amoroso apasionado y personal. En 1670 Zesen terminaba *Assenat,* que respondía al gusto dominante de las novelas político-heroico-galantes ya mencionadas, cuyos representantes más conspicuos fueron Andreas Heinrich Buchholtz (1607-1671), Anselm von Zigler (1663-1696), el duque Anton Ulrich von Braunschweig (1633-1714) y el ya citado Lohenstein (véase p. 109). Buchholtz es autor de una novela de intención moral, *Herkules und Valiska* (1659). Más característica era *Asiatische Banise, oder blutiges doch mutiges Pegu* (La Banise asiática o el sangriento pero valiente Pegu), de Zigler, en la que el héroe, movido por su amor a la princesa Banise, lleva a cabo, en medio de regiones exóticas y lejanas, hazañas extraordinarias. El duque von Braunschweig reflejó en sus voluminosas novelas un mundo cortesano, pero real e intensamente politizado, que este gran señor conocía bien de cerca. *Römische Oktavia* (La Octavia romana), de 1677, y *Die durchlauchtige Syrerin Aramena* (La serenísima siria Aramena, de 1669), entretejen, en un pretérito remoto, razones de Estado y motivos amorosos, y el lenguaje, barrocamente trabajado, apunta de modo transparente, a través de miles de páginas, hacia hechos rigurosamente contemporáneos. El duque ensayó también la lírica religiosa y el teatro, pero es en la novela donde reside su importancia literaria. Inferior desde todo punto de vista, no obstante un encomiable patriotismo que la guerra había robustecido, es la novela *Arminius und Thusnelda*, 1689, en la que Lohenstein se remonta al primitivo pasado germánico, a pesar de que sus personajes actúan sobre un fondo netamente barroco. Una erudición pasmosa se desparrama aquí a través de las proporciones desmesuradas de la obra, que excede de las cuatro mil páginas.

El principal aporte de España a este siglo abierto a las corrientes europeas de mayor repercusión, fue la novela picaresca, en tanto que significaba una perspectiva realista y popular, donde el tono satírico constante recordaba la fealdad y estrecheces de la vida a través del penoso trajinar de sus protagonistas. Traducciones directas o a través de versiones francesas, desde Cervantes a Quevedo, pasando por Mateo Alemán, circularon y fueron ampliamente leídas en Alemania. La serie la inauguró un abogado, Johann Michael Moscherosch, cuya novela *Wunderliche und warhafftige Gesichte Philanders von Sittewald* (Visiones curiosas y verídicas de Philander von Sittewald), 1642, contienen un ataque contra las modas extranjeras que han extraviado la naturaleza auténtica del alemán. Hay un desfile de vicios a la manera de los *Sueños* de Quevedo, en los que se inspiró, donde denuncia las condiciones en que sus compatriotas desenvolvían sus vidas. En un capítulo famoso supo describir con tanto realismo la ferocidad de la guerra, personalmente padecida, que superó todo cuanto su siglo había señalado con horror en tal sentido. Su criterio cristiano, burgués y patriota, y un sano sentido común, se levantan sublevados ante tanta estupidez y tanta energía inútilmente derrochada.

La época ofrece también una acusada modalidad satírica de muy diverso matiz. El principal atributo de los millares de epigramas compuestos por Friedrich von Logau (1604-1655) es la sátira amplia, ingeniosa, y un fondo moral serio evidenciado a través de la circunstancia cotidiana, reflejo a su vez de los puntos de vista de la burguesía. Su mentalidad sana y tranquila, una concepción de la tolerancia, excepcional para la época, y su sencillez fueron elogiadas en el siglo siguiente por Lessing. Un predicador de la corte vienesa Abraham a Santa Clara (Ulrich Megerle, 1644-1709), utilizó la sátira para la edificación religiosa de sus ingenuos oyentes. En sus escritos hay un lenguaje popular no exento de rudeza, empleo de la alegoría y juego de palabras caros a cierto barroquismo, en los que el chiste y el ingenio se ponen al servicio de la verdad católica. La lectura de sus sermones difícilmente puede ser reemplazada por la palabra viva y dinámica con que este monje capuchino conquistó a las multitudes vienesas.

Satírico también en parte, pero simultáneamente el más grande novelista del barroco alemán, en rigor el único de aliento perdurable que presenta el siglo: Johann Jakob Christoffel von Grimmelshausen (*ca.* 1622-1676). Más allá del mero entretenimiento, de la sucesión de aventuras exteriores escritas con colorido y vigor en un lenguaje accesible, que no desdeña el uso de las locuciones dialectales, el héroe de la principal y más famosa novela de Grimmelshausen, *Der abenteuerliche Simplizius Simplizissimus* (El aventurero Simplicius Simplizissimus), que comenzó a aparecer en 1668 es el mejor testimonio de la posguerra que sigue a la paz de Münster (1648), y, al mismo tiempo, de la situación anímica del hombre del barroco alemán. Grimmelshausen configuró en su obra una historia externa, fácil de precisar y una aventura de alma. Cuenta el desarrollo espiritual de su héroe (un antihéroe, en realidad), al que convierte en víctima propiciatoria de las locuras del siglo, pero al que otorga, al final, el temple necesario para aferrarse a lo trascendente. En la novela, articulada en varios libros según cierto canon de la novela picaresca, hay, ciertamente, elementos autobiográficos que, si asumen importancia, es porque constituyen la trayectoria de muchos sobrevivientes de la guerra. La historia trata de un niño campesino, Simplicius, totalmente ignorante de la tormenta que se levanta a su alrededor, hasta que llega una partida de soldados que cumple el inevitable rito de crímenes y saqueos. En su ignorancia excepcional, el niño atina a huir, y aprende de un ermitaño el conocimiento de Dios y de las cosas más elementales. En circunstancias en que está por enterrar al ermitaño irrumpe otro grupo de soldados, quienes lo incorporan, por la fuerza, a la vida militar. Arrebatado por las turbulencias de la vida soldadesca, se convierte en un aventurero, se casa, su mujer fallece con el hijo, hace vida de eremita, adopta el catolicismo, viaja a París y al centro de la Tierra, hasta que termina de solitario Robinson en una isla desierta, de la que nadie será capaz de sustraerlo. Ha encontrado la paz del alma, el sentido de lo permanente, luego de un tráfago vital intenso y de haber conocido los placeres y las exigencias de este mundo. Afirmación y negación, gusto barroco por lo descriptivo, y una antítesis en lo vital y en lo estilístico hacen de esta novela el mejor cuadro de la época, y, en su aspiración a la trascendencia, una de las más hondas de la literatura alemana. El héroe, sabio al final en su rechazo de este mundo, ha sido justamente considerado como un segundo Parsifal, con una diferencia en favor del último. Parsifal, tonto como es, conoce cierta ordenación social y anímica. Por el contrario, Simplicius es arrojado a un mundo en el que todo freno, todo límite, están abolidos, y debe partir de sus propias experiencias para construir una imagen válida del mundo y de la vida. El éxito de la obra lo llevó a continuarla en los llamados "escritos simplicianos". El más importante de éstos es *Landstörtzerin Courage* (La vivandera Courage), 1670, que muestra en el trasfondo de la guerra, el drama de una vivandera que sigue al ejército en un contacto promiscuo y degradante, pero cuya vitalidad sobrevive a las situaciones más apuradas. El personaje sedujo hace unas pocas décadas a Bertolt Brecht, cuya *Madre Coraje,* políticamente tendenciosa, desciende escasamente de la diseñada por Grimmelshausen. Pueden mencionarse también *Der seltsame Springinsfeld* (El curioso mozalbete), descripción de la miserable vida del campesinado durante la guerra, y *Das wunderbarliche Vogelnest* (El nido maravilloso), 1672, una imitación del *Diablo cojuelo* de Vélez de Guevara, en todos los cuales se corporiza una finalidad moralizadora. La vida de Grimmelshausen ofrece la movilidad de sus novelas. Había nacido en Gelnhausen y, raptado, al parecer, por soldados croatas, sirvió a las órdenes del general imperial Goetz. En 1640 actuó como funcionario militar. Más tarde fue administrador de tierras y posadero, y murió en calidad de alcalde del pueblo de Renchen. Una vida que es tan típicamente barroca como su obra, cuya vitalidad y fuerza posee, aun hoy, una atracción que está muy lejos de haber decaído.

En un plano inferior aparece, al finalizar el siglo y dentro de una tendencia satírica manifestada ya en la lírica como en el epigrama, *Schelmuffsky* (1696), novela de Christian Reuter (1665-1710), como parodia de las exageraciones de la novela barroca de aventuras. Sus héroes viajeros y mentirosos llegan a una burla grotesca, lo que marca un retorno a la razón y a lo razonable, tan dejados de lado por los prosistas del siglo. Este requerimiento de una literatura más verdadera, lejos de todo lo excesivo e impregnada de un sentimiento más proclive a la aceptación de lo natural y de la perspectiva burguesa, se afirmó en la lírica de Friedrich von Canitz (1654-1699), y, ante todo, en la múltiple producción de Christian Weise (1642-1708). Aquí hay ya una réplica al barroco, a su énfasis retórico y a sus círculos seleccionados. Weise quiere, a través de sus libros, una humanidad educada para la vida útil, para la actitud práctica y sensata. Nada más lejos de la tensión barroca de la lírica desbordante, de Christian Hofmann von Hofmannswaldau (1617-1679), por ejemplo. Efectos rebuscados para el ornato sonoro o visual del verso, imágenes extrañas, comparaciones afectadas, y lo que la época denomina "Schwulst", que es un equivalente del culteranismo español dejaron su huella visible en el estilo de este autor. Desde este punto de vista, su obra va de la mano con la de su compatriota silesiano Lohenstein, ya poetice como gentilhombre galante, ya escriba versos teñidos de un arrepentimiento sincero, ya redacte cartas artificiosas entre héroes y heroínas consagrados por la historia.

Pero el balance lírico del siglo es, a la postre, favorable, con la poesía del prematuramente malogrado Christian Günther (1695-1723). Su personalidad se alza, aislada y descollante, en un momento desdichado para la verdadera poesía. Una vida de excesos juveniles, de incomprensión paterna, de amores frustrados, llevó la precocidad poética de Günther a un rápido fin. Hasta llegar a la lírica del joven Goethe, quien le juzgó acertadamente, no se hace oír ninguna otra voz de la que emane una angustia dolorosa tan personalmente expresada. Junto a versos circunstanciales que podían haber sido escritos por muchos otros, aparece el infortunio personalmente padecido, que su arte convierte en poesía perenne. Versificaba con facilidad, pero sus mejores poemas, los que contienen la confesión de su ánimo atormentado, preanuncian, como tantas veces se ha dicho, la voz inconfundible del autor del *Wilhelm Meister*. Quizás no sea casual que estos años tan tensos se cierren, en la historia de la literatura, con una aparición tan insólita y original como la de Günther, experto para desgarrar su espíritu, inepto para sobrevivir.

XI. LA ILUSTRACIÓN

EL SIGLO XVIII es un complejo ideológico de difícil captación unitaria. La enumeración de sus varios elementos, algunos todavía actuantes, hacen de éste un momento culminante para la cultura, y si bien el hallazgo de una fórmula omnicomprensiva es tarea harto difícil, gran parte de su producción coincide con el rótulo de Ilustración o Siglo de las Luces, la "Aufklärung" alemana. Dentro de lo literario, la actitud de sus escritores, firmemente europea, sólo puede comprenderse mediante la enunciación de su fundamento filosófico. El pensamiento de la filosofía dominante, que, luego de la gran herencia cartesiana y spinoziana del siglo XVII, se centra en el universalismo asombroso de Gottfried Wilhelm Leibniz (1646-1716), acuña con su sello particular las artes literarias. Para Alemania, ello significa el término de su subordinación a la teología, que el barroco había continuado, y, lo que es más importante, la prolongación de un humanismo interrumpido a causa del surgimiento imponente de la Reforma. La Ilustración alza con orgullo la bandera de la razón humana y hace del racionalismo, aplicado a veces sin tasa ni medida, el eje de su explicación del mundo y del hombre, de lo que resulta, entre otras cosas, la reanudación de la libre especulación científica. El hombre se hace razonable y todo el aparato de la superstición y el milagrerío cede y permite fundar las relaciones humanas sobre una base más comprensiva y tolerante. Esta razón humana se enlaza con una razón divina, que trabaja según un espíritu de armonía y perfección para el establecimiento del mejor de los mundos, uno de cuyos últimos portavoces será el ridiculizado doctor Pangloss volteriano. Sin embargo, hay aquí un esfuerzo gigantesco en donde luce el genio enciclopédico de Leibniz y del que derivan los pilares maestros del siglo: el doble descubrimiento del yo y de la naturaleza, como imágenes de la creación divina, pero autónomos y objeto de un tratamiento literario que desemboca, paradójicamente, en otra de las eminencias del siglo, el ginebrino Jean Jacques Rousseau (1712-1778); sus enseñanzas, teñidas de irracionalismo, contribuyen decisivamente a destruir el edificio erigido por sus ilustrados predecesores.

La Ilustración no fue atea ni anárquica, pues presuponía la existencia de una inteligencia divina ordenadora, pero predicó tenazmente una moralidad de contenido y límites burgueses —su ideología es fundamentalmente burguesa— que proveía a la conducta de normas "razonables". Teorías y explicaciones, fundadas en la razón, proliferan para el arte como para la vida. Se resucita a Boileau y a la norma racional y soberana, y, en un intento honroso, se procura extender el beneficio de la cultura a todas las clases, sin excluir a las hasta entonces postergadas mujeres. En Alemania, todavía a la zaga de los países adelantados, se difunden, a imitación de lo ocurrido en Inglaterra, semanarios y revistas redactados por los escritores más calificados. Se tratan allí, con altura, graves asuntos para asegurar la felicidad de los seres humanos sobre una base razonable, proporcionando así al siglo esa propensión didáctica que es uno de sus rasgos centrales. Tanto es así, que la fábula. llega a convertirse en uno de los géneros literarios más considerados.

Un lenguaje dirigido al entendimiento acuña en Alemania nuevos términos de un mundo puramente objetivo, en lo que sobresale la infatigable labor divulgadora que del pensamiento de Leibniz realizara Christian Wolf (1679-1754), por más que empequeñeció con su acentuación de lo útil y lo práctico las vastas enseñanzas de su maestro. Sin embargo, la primera mitad del siglo XVIII, con todo su rechazo sistemático de la emoción y el sentimiento, no pudo impedir la aparición, en suelo alemán, de un movimiento espiritual, el pietismo. Si bien pertenece a la esfera religiosa más que a la literaria, no sólo reivindicó el pietismo la necesidad de un nexo religioso, buscado con fervor y pureza de corazón dentro de cada individuo, sino que dotó a estos años de una actitud francamente irracionalista, aunque limitada al contacto entre Dios y su criatura, y que se prolongó en la obra de escritores por otra parte identificados con los móviles de la Ilustración. El pietismo arraigó profundamente en el espíritu alemán y sus figuras dominantes mejor situadas en una historia de la cultura que en una literaria, son Philipp Jakob Spener (1635-1705), Ludwig von Zinzendorf (1700-1760), y J. Gottfried Arnold (1666-1714).

Las primeras décadas de este siglo, en el que nacieron los nombres más ilustres de la literatura alemana, no hacían presagiar, excepción hecha de la obra aislada y personal de Johann Christian Günther, ninguna grandeza. Efectivamente, pocos periodos de la literatura alemana implican una mayor chatedad y pobreza iniciales. Ya Weise y Canitz (véase p. 114), eran indicios de una tendencia que el siglo amplió, y la obra de Barthold Heinrich Brockes (1680-1747) muestra, a pesar de su falta de relieve, aspectos significativos que empalman con la gran tradición que la filosofía de Leibniz inauguró. En la naturaleza halla Brockes bastante barroquizado aún, el motivo de su inspiración poética y el reflejo de la grandeza de Dios, y celebra al Creador tanto en la observación de la bóveda celeste como en la de las más minúsculas de sus criaturas. Su optimismo, a pesar de una visión predominantemente práctica, se une a un culto de lo natural y preanuncia lo que Rousseau llevó más tarde a consecuencias insospechadas.

Junto a Brockes, uno de los primeros autores en mostrar interés por la literatura inglesa, debe nombrarse al suizo Albrecht von Haller (1708-1777) y al alemán Friedrich von Hagedorn (1708-1754). En el primero, que dedicó la mayoría de sus años a la investigación científica de la naturaleza, se explota también la veta de lo natural y su canto minucioso, aunque aburrido, a esa maravilla divina que son los Alpes, lo comprueba. Una grave actitud filosófica proporciona a sus alejandrinos un pensamiento denso y altamente moral. Hagedorn, rico comerciante hamburgués, aportó a la poesía alemana la gracia y elegancia de un rococó imitado del francés, propio de los salones de una burguesía cultivada en el ingenio fácil y en una concepción amable de la sociedad, que se recoge en versos inspirados en una anacreóntica a la francesa. Celebra el amor, el vino, la alegría de vivir, con el fondo de un Horacio burlón y amante del placer, que estos anacreónticos alemanes no pueden divorciar de una esencia moralizadora. Dentro de esta anacreóntica alemana, y escasamente interesante, cabe la cita de Johann Peter Uz (1720-1796) y Johann W. L. Gleim (1719-1803). Este último, contemporáneo benévolo de grandes escritores, halló junto a ese falso mundo pastoril del rococó acentos para una poesía patriótica sincera, que se vincula a Ewald von Kleist (1715-1759), oficial prusiano muerto en la batalla de Kunersdorf, poeta idílico y también heroico en *Cissides y Paches* (1758), cuyo poema "Der Frühling" (La Primavera) había recogido una naturaleza bella y armónica. El suizo Salomon Gessner (1730-1788), además de haber vertido al alemán por razones de afinidad espiritual el *Daphnis* de Longo, evocó dulcemente la pretérita edad de oro de la humanidad, esa época "natural" de la prédica contemporánea del suizo Rousseau.

Pero uno de los más característicos autores de la primera mitad del siglo se llama Christian Fürchtegott Gellert (1715-1769). Fue, lo mismo que la mayoría de sus celebrados colegas, profesor universitario, pero sus fábulas y narraciones, morales, ligeras y graciosas, su conformidad con el pensamiento de la clase media, lo convirtieron en el gran favorito del público lector. Bajo la influencia del pietismo escribió canciones religiosas llenas de sentimiento sincero, pero fue su maestría de fabulista lo que le conquistó una posición de eminencia. Gellert no era, sin embargo, un espíritu simple, y la existencia de la pasión y la bajeza humanas no le resultaba desconocida. Bajo influencias de la *Clarissa* del inglés Richardson (1689-1761), escribió una novela, *Das Leben der schwedischen Gräfin von G.* (La vida de la condesa sueca de G.), que enfrenta el ideal tranquilo y elegante del siglo con una conducta reprochable desde el punto de vista de la moral convencional que Gellert había siempre predicado.

En cuanto a las novelas de la época, cuyo atractivo ensanchó la labor de novelistas ingleses y franceses, tanto por su lenguaje como por su contenido carecen de interés actual. Realidad humana y realidad social sólo tenían sentido si estaban orientadas por una finalidad pedagógico-moral, mientras que el tipo de novela de entretenimiento seguía los moldes del *Robinson Crusoe*. Defoe había puesto en movimiento a imitadores, entre los que puede citarse a Johann Gottfried Schnabel (1690-1750), autor de *Die wunderliche Fata einiger Seefahrer* (1743) (Hechos maravillosos de algunos navegantes), de fuertes rasgos moralizadores y utópicos, y el ya citado Haller, con obras como *Usong* y *Fabius y Cato,* donde no faltan consideraciones políticas que las vincula con las extensas novelas políticas del barroco.

El mejor ejemplo de ese entendimiento humano razonable, de sus finalidades útiles y del didactismo predominante lo encarna Johann Christoph Gottsched (1700-1766). Hoy se lo juzga una pieza de arqueología literaria, pero la primera mitad del siglo lo consideró el legislador poético de su época y su crítico más agudo. Lo que ahora nos parece pedantería y mal gusto, era para su tiempo cumbre de la sabiduría literaria más infalible. Esta generación está curiosamente integrada por profesores de literatura que dictan cátedra y enseñan poesía y el modo de elaborarla. El ansia vehemente para la aparición de la obra maestra sólo alcanzaba al plano de la enseñanza. Reglas emitidas ex cátedra se inspiraban en los versos de la *Poética* de Boileau, en un regreso a la retórica clásica que el barroco había distorsionado y hecho trizas. Un afán de orden, de limpieza en el idioma y la literatura, de someter la creación artística a las prescripciones de la sana razón, constituyen los motivos centrales de la obra de Gottsched. Gottsched, que trabajó infatigablemente por levantar el nivel de la literatura de su patria, creyó que el remedio consistía en la imitación lisa y llana de la literatura francesa. La imitación se convertía así en regla de buen gobierno y Gottsched predicó con el ejemplo. Dirigió su espíritu normativo a todos los dominios de lo literario, principalmente al teatro, espejo de costumbres y educador de gran estilo según criterio del siglo, pero antes preparó el terreno con *Kritische Dichtkunst* (1799) (Poética crítica), que en sus sucesivas ediciones se convirtió en el libro sagrado de la retórica contemporánea. Además de Boileau, respaldaba sus aforismos en Horacio y Quintiliano y sus preceptos, de finalidad moralizadora, descartaban todo aquello que no fuera comprensible ni razonable. Definió los distintos géneros literarios, entre los que la fábula ocupaba lugar de privilegio, y para el teatro recomendó, de acuerdo con el ilustre ejemplo de la gran tragedia francesa, la celosa aplicación de las tres unidades. Sus tentativas por forjar un gran teatro alemán tienen, no obstante, un aspecto positivo. En un tiempo en que según la tradición dejada por los actores ingleses del siglo XVII era señor de la escena el "clown", con sus desmanes verbales y físicos, en que los actores hacían un caso muy relativo al texto y se entregaban a la improvisación, Gottsched inspiró seriedad y obediencia con respecto a la obra representada. Estos abusos no volvieron y la dignidad escénica, que incluía asimismo el vestuario prestado de la tragedia francesa, fue desde entonces un hecho en el teatro alemán. El sentido educador del teatro, que Gottsched sentía profundamente, fue facilitado por su asociación con una ex actora y directora del teatro de Leipzig, Carolina Neuber (1697-1760), que lo ayudó a poner en práctica sus concepciones. Escritor laborioso, lo mismo que su mujer, a la que abrumó con traducciones, Gottsched compuso varias piezas que, pese a sus intenciones, son muestra, desde el punto de vista teatral, de un talento muy mediocre, como *Der sterbende Cato* (1732) (Catón moribundo), su tragedia más difundida. Pero su preocupación por la escena tuvo otro aspecto afirmativo. Sacó a luz muchas obras olvidadas de los siglos anteriores y escribió una historia del teatro alemán. Atraído también por el periodismo, tal como la época lo entendía, publicó *Die vernünftigen Tadlerinnen* (1725-1726) (Las censoras sensatas), para el público femenino. Además, en el deseo de manejar un alemán puro, en medio de un afrancesamiento idiomático extraordinario, cuyo ejemplo venía del habla de las cortes y de la alta burguesía, dio a conocer un *Arte del lenguaje* (1748).

El acatamiento general a la palabra rectora de Gottsched tuvo, sin embargo, sus excepciones. Así, desde Suiza otros profesores de literatura le llevaban una guerra implacable para imponer puntos de vista propios. Sus adversarios, que trabajaron en estrecha colaboración, se llamaban Johann Jakob Bodmer (1698-1783) y Johann Jakob Breitinger (1701-1776), ambos nacidos en Zurich. Aunque coincidían con Gottsched en considerar a la literatura como imitación de la naturaleza y señalaban su utilidad para la persecución de una vida virtuosa, graves diferencias separaban los respectivos puntos de vista en cuanto a la crítica. Tanto en *Abhandlung von dem Wunderbaren in der Poesie* (Tratado de lo maravilloso en la poesía), como en *Kritische Dichtkunst* (1740) (Poética crítica), los autores suizos recalcaban la inclusión de lo maravilloso, y el imperio de la fantasía y la imaginación como necesidades para la creación poética. Para ello, encontraron un ejemplo vivo en la poesía de Milton principalmente, y de otros poetas ingleses, como Butler y Pope, que hicieron conocer en Alemania. Pero la aptitud crítica no le sirvió a Bodmer para sus propias creaciones inspiradas en temas bíblicos, como *Noah* (1750), hoy ilegibles. La rivalidad entre Gottsched y los críticos suizos, que alcanzó tono vehemente, fue útil para remover el ambiente y para demostrar con la inminente aparición de Klopstock, una vez más, que el genio crea sus propias reglas. Con todo, puede anotarse en el haber de ambos zuriquenses su encomio de Shakespeare (que escribieron "Saspar"), su resurrección de la época heroica y del canto trovadoresco medievales, y su entusiasta comprensión de los versos del primero en el tiempo, entre los fundadores del clasicismo alemán, el poeta Friedrich Gottlieb Klopstock (1724-1803).

Los estudios secundarios en Schulpforta otorgaron a Klopstock una sólida base clásica que los hexámetros del *Mesías* comprobaron luego, y cuando ingresó a la universidad llevaba ya, dentro de sí, el fuego poético que iluminó a toda Alemania con motivo de la publicación en *Colaboraciones de Bremen,* uno de los más calificados periódicos de la época, de los tres primeros cantos de su gran poema épico-lírico sobre el Redentor. Provenía de un hogar severo y religioso, impregnado del pietismo que tanto pesa en sus versos. A una fama repentina sucedieron los honores. Bodmer, que había comprendido entre los primeros la grandeza de esta poesía nueva, lo invitó a Zurich, y hasta el soberano de Dinamarca, Federico V, extendió su brazo protector sobre Klopstock. Posesionado del papel de sumo pontífice de la poesía alemana, Klopstock iba acumulando a lo largo de una existencia larga y virtuosa gran cantidad de versos y el homenaje de Alemania, y su fallecimiento se convirtió en una especie de duelo nacional.

La obra de Klopstock implica el surgimiento de una nueva oleada irracionalista en el corazón de la Edad de las Luces. Frente a las enseñanzas de Gottsched y al claro y agudo entendimiento de su coetáneo Lessing, el joven Klopstock, en una actitud unitaria y coherente, produjo una poesía que manaba del sentimiento y rechazaba toda cerebración preconcebida, aun al servicio del mejoramiento de las costumbres. De la extensa obra se salvan, para el gusto actual, algunos fragmentos del *Mesías* y las *Odas*. El resto, principalmente sus intentos dramáticos, no resiste ya, no obstante su sincera inspiración patriótica, la prueba de una lectura. Ídolo de una juventud entusiasta y moral, su principal aporte consistió en el nuevo lenguaje empleado. Mediante su aplicación, Klopstock, siempre igual a sí mismo, se distanció de todos los iluministas. En sus versos fluye libre y vigorosamente el sentimiento, al que dotó de una tensión y una fuerza verbal interior como de una musicalidad y énfasis hasta entonces inauditos, del que mucho más tarde ni siquiera Schiller consiguió librarse del todo. La consecuencia de este énfasis es el llamado "pathos", en oposición al lenguaje seco, objetivo y exacto de los ilustrados racionalistas. Esa sentimentalidad fluida, sin límites precisos y primer avance de un irracionalismo que llegó mucho más lejos, esa emoción indefinida, están ya presentes en el poema heroico y sagrado que le otorgó fama temprana: el *Mesías*.

Comenzado en 1748, el vigésimo y último canto es de 1773. En esta epopeya religiosa, que remoza la historia sobrenatural de Cristo, Klopstock había tenido muy presente el ejemplo del *Paraíso perdido* miltoniano. A pesar de la sinceridad del sentimiento religioso, de su dominio del ritmo y de la musicalidad del lenguaje, del éxtasis y arrobo presentes, del júbilo sublime del final y de las visiones de ángeles y demonios que pueblan cielo, Tierra e infierno, el acento libresco es demasiado evidente. La hipérbole y la efusión lírica desbordan allí de un modo tan vago e incontrolado a través de los 20 000 hexámetros, que el sacrificio de Cristo adquiere contorno algo desfigurado, y los reproches de Schiller, en el sentido de que a la obra le faltaba la acción que lo epopéyico exige, no han perdido vigencia.

La capacidad poética de Klopstock es de naturaleza lírica. Sus diversos estados emocionales, hondamente sentidos, su idioma nuevo, distinto, personal, se perciben mucho mejor en las *Odas*. De los clásicos grecolatinos recibió sólo inspiración formal, el resto es suyo. Un temperamento extático y reflexiones generalizadoras, poco concretas, se derraman en estas composiciones nacidas de un lirismo auténtico que cantaba la gloria de Dios, el amor humano, el vínculo de la amistad, la belleza de la naturaleza y el honor de la patria. Estas odas, compuestas a lo largo de su extensa carrera poética, entre las que algunas son antológicas, como "Frühlingsfeier" (Celebración de la primavera), "Der Zürcher See" (El lago de Zúrich), "Der Eislauf" (El patinaje), "Frühe Gräber" (Tumbas tempranas), "Sommernacht" (Noche de verano), y tantas otras, llevaban también en su métrica, lejos de las prescripciones clásicas, el germen fecundo de los ritmos libres.

El amor a la patria lo volcó en dramas que glorificaban, mediante auxilios de una mitología y una historia poco fieles, a la antigua Germania. Había intentado, sin éxito, dramas bíblicos, pero fue alrededor de la figura del antiguo héroe germano Hermann, que escribió un conjunto de obras, sin acción ni interés dramático. También se propuso recrear la pretendida poesía germánica primitiva de cantos corales, la de los "cantos de bardos" que la filología más autorizada no ha podido hallar.

El autor del *Mesías* se había constituido en autor nacional. Era el primero, después de varios siglos, que había traspuesto por la gravitación de su poesía las fronteras patrias. También como primer representante en su siglo de los derechos del sentimiento y de los valores irracionales, integró, junto con Lessing y Wieland, el grupo de los fundadores del gran periodo clásico de la literatura alemana.

Bien entrado el siglo se desenvuelve la agitada existencia de Gotthold Ephraim Lessing (1729-1781). Es más que el portavoz supremo de la Ilustración alemana. La gran Ilustración —la pequeña gira en torno a Gottsched— lleva el nombre de Lessing. Este espíritu omnicomprensivo, agudísimo, dotado de una valentía intelectual pocas veces alcanzada, es uno de los más nobles blasones para el aprecio de la literatura alemana. Lessing hizo de la razón no una finalidad, sino el instrumento de la alta crítica y de la aptitud dialéctica para llegar a la única meta posible, la verdad. Esclarecer, en el sentido más puro, conducir por medio de la verdad y hacerla servir a las necesidades de una vida limpia y cristalina, ésta fue la tarea de Lessing. Educador de gran estilo, allí donde enderezó su inteligencia —y pocas cosas relacionadas con el hombre le fueron ajenas— aclaró conceptos, disipó prejuicios y abrió nuevos caminos. Intelecto amplísimo y profundo, no sólo de su siglo, Lessing llevó la Ilustración a sus límites más atendibles, justamente cuando ascendía el sentimentalismo de Klopstock y se preparaba el prerromanticismo alemán. Con el ejemplo de una existencia trabajosa y dura, mostró además el temple de una voluntad férrea y de una conducta sostenida en defensa del pensamiento libre.

Hijo de un pastor protestante, al igual que muchos otros grandes escritores de ese siglo y del siguiente, había nacido en Kamenz, Sajonia. Luego de estudios secundarios en el colegio ducal de Meissen, ingresó a la Universidad de Leipzig, porque su padre lo quería teólogo. Pero al joven Lessing le faltaba vocación, y además, el contacto con la compañía teatral de Carolina Neuber, la colaboradora de Gottsched, lo apartó, en el disfrute de una juventud alegre, de sus estudios. Volvió a inscribirse en medicina, pero un interés creciente por el teatro, sumado al apremio de sus acreedores, lo obligaron a dejar la Universidad. Se dirigió a Berlín, que, capital de una Prusia que amanecía como gran potencia, era ya ciudad de relieve, para vivir de su talento de escritor. Ya había publicado algunas comedias ligeras y era conocido como autor de fábulas y epigramas pero ahora sería la crítica literaria su terreno. Conoció a Voltaire, mas a raíz de un entredicho con el autor de *Zaira,* se granjeó, para siempre, la antipatía de Federico II. Graduado ahora en Wittemberg, los años siguientes, entre los que se encuentra el estreno de su primera pieza importante. *Miss Sara Sampson* (1755), oscilaron entre Berlín y Leipzig. Entre tanto había estrechado vínculos con los círculos iluministas de Berlín, donde sobresalían el librero Friedrich Nicolai (1733-1811), inspirador de la influyente "Allgemeine deutsche Bibliothek" (Biblioteca Universal Alemana), expositora de la ideología iluminista, y Moses Mendelssohn, sabio filósofo judío y modelo del futuro *Nathan.* Abrumado por deudas, abandonó temporalmente una labor intelectual que le absorbía todas sus energías, para ocupar en Breslau, en plena guerra de los Siete Años, el cargo de secretario del general von Tauentzien, y de este contacto con el mundo soldadesco extrajo el material para su inmortal *Minna von Barnhelm.* Terminado el conflicto, no fue designado bibliotecario de la Biblioteca Real de Berlín debido a la negativa de Federico el Grande, por más que Lessing era ya un autor de primera fila que toda Alemania respetaba. En 1767 se fundó el Teatro Nacional de Hamburgo, y como dramaturgo y crítico Lessing acudió a cimentar sus realizaciones. Casi dos años más tarde todo había terminado, pero en ese término estrenó, allí mismo, su *Minna* y compuso las críticas teatrales que forman la invalorable *Dramaturgia hamburguesa.* A los cuarenta años de edad, no obstante un trabajo ejercido con rigor y ánimo denodado, carecía de toda seguridad y económicamente se hallaba como al principio de su carrera literaria. En 1770 aceptó ser bibliotecario en la Biblioteca Ducal de Wolfenbüttel, residencia oscura y solitaria para tanto brillo intelectual. En 1776 contrajo matrimonio, pero dos años más tarde quedaba viudo. Con el ánimo quebrado, pero con un dominio varonil de sus emociones, continuó su trabajo. De este último periodo nacen, fruto de una polémica con el pastor Goeze, *Nathan el sabio* (1779) y *Erziehung des Menschengeschlechts* (1780) (Educación del género humano). Agotado por una continua sucesión de fracasos materiales, Lessing dejó de existir a los cincuenta y dos años de edad.

A pesar de la prodigalidad de su genio, que abordaba por igual problemas de crítica literaria, estética, religión, pedagogía o filosofía, el teatro fue su género predilecto. Consciente de la necesidad de un teatro digno de ese nombre, colaboró al respecto desde sus *Briefe die neueste Literatur betreffend* (1759-1765) (Cartas acerca de la literatura actual) y en la fundamental *Hamburgische Dramaturgie* (Dramaturgia hamburguesa), de 1767-1769, en donde recomendaba un teatro desligado de los modelos franceses, hasta entonces ciegamente imitados por la prédica de Gottsched. Destruyó sus enseñanzas mediante una argumentación aguda y definitiva, y preconizó, en cambio, otros ejemplos, Sófocles en especial, donde hallaba la esencia de lo trágico, y Shakespeare, el genio que reproducía sin normas previas el enigma de la existencia humana. Pero hizo más. Compuso obras teatrales para demostrar lo que proponía teóricamente, aunque es justo consignar que las intrigas de sus dramas, desenvueltas con rigor lógico, se encuentran tan lejos de Shakespeare como próximas a los combatidos Corneille y Voltaire.

Muy temprano comienzan los ensayos escénicos. En Leipzig, todavía estudiante, estrenaba en 1748 *Der junge Gelehrte* (El joven erudito), una comedia bastante afrancesada en la que Lessing se burlaba de sí mismo. En la pieza juvenil que le sigue, *Die Juden* (1749) (Los judíos), mostraba ya su adhesión a la tolerancia religiosa. Pero todo esto era tanteo. Hay que llegar a *Miss Sara Sampson* para apreciar su contribución seria a un teatro que estaba en ciernes. Bajo la influencia del inglés John Lillo (1693-1739), surge por primera vez una tragedia escrita en alemán donde los personajes no son más personajes encumbrados, según las normas de la preceptiva clásica, sino burgueses. Sin embargo, la ruptura con la tradición no podía ser demasiado brusca, y Lessing buscó nombres y atmósfera ingleses. Un libertino oscila entre el amor a dos mujeres, y al final la antigua amante envenena a su joven rival, que da el nombre a la obra en tanto que aquél, horrorizado, se suicida. Según el gusto de la época era una tragedia lacrimosa de hondo efecto emocional, pero la prosa del diálogo (otra innovación para el género, que exigía obligatoriamente el uso del verso) es muy seca y demasiado dialécticamente ordenada como para suscitar la repercusión trágica pretendida.

La creación de la comedia alemana de gran estilo también le pertenece. *Minna von Barnhelm,* estrenada en Hamburgo en 1767, es mucho más que una consecuencia de experiencias de la guerra de los Siete Años, y sus personajes y ambiente, ahora puramente alemanes, conservan aún hoy la frescura primitiva. El héroe, el mayor von Tellheim, es un oficial prusiano que durante la guerra se ha comprometido con una señorita sajona, Minna von Barnhelm, en la misma localidad donde había prestado servicios y adelantado de su bolsillo una apreciable suma para no perjudicar los intereses locales. Llegada la paz, el mayor, ahora pobre y físicamente disminuido, solicita en Berlín el reintegro de ese adelanto, sin resultado, porque media la acusación de que ha sido sobornado por aquellos a los que había favorecido. Va a la posada donde se aloja arriba la novia, y dada su situación, von Tellheim requiere ser desligado de su palabra. Minna se opone y toda la obra es el conflicto entre el sentido del deber y de la caballerosidad de un oficial prusiano, que linda con lo quijotesco, y la firmeza de un amor femenino que sabe lo que quiere y está encarnado por una mujer superior en el ingenio y la calidad del sentimiento. La obra, que bordea lo trágico, abunda en escenas de gracia auténtica y limpia, y termina felizmente porque el soberano interviene a tiempo y Tellheim puede volver, sin preocupaciones, a los brazos de su amada. Esta comedia no ha perdido vigencia, no sólo por el desarrollo maestro de la intriga y la perfecta caracterización psicológica de sus personajes, sino por el hecho de la verdad vital de una pareja noble y valiente.

El estreno siguiente fue el de *Emilia Galotti* (1772), una tragedia que maduraba desde muchos años atrás, inspirada primitivamente en la figura de la heroína romana Virginia, según la leyenda contada por Tito Livio. Sin embargo, Lessing prefirió ubicarla en una corte italiana del siglo XVIII, cuyo ambiente se parecía sospechosamente al de algunas alemanas. Desde el punto de vista formal no hay otra obra de Lessing tan simétrica y proporcionada. Lo paradójico es que justamente aquí apareció la imitación del teatro clásico francés del siglo anterior, contra el que tanto había escrito el mismo Lessing. Aunque el juego de las pasiones no se adecúa a un lenguaje apropiado —el diálogo es predominantemente lógico— hay dos aspectos importantes que le dan actualidad. Uno, su crítica de la conducta de los pequeños déspotas, cuyo instinto no obedece a ningún freno. En la época de Lessing las alusiones políticas poseían un carácter sólo indirecto, pero muchos contemporáneos podían reconocerse en la corte de Guastalla. El segundo se refiere a la reacción de la heroína, Emilia Galotti, que asediada por su soberano solicita a su padre, en defensa de su virtud amenazada, que la mate. Pero detrás del mundo dialéctico de Lessing, había un buceo exitoso en la intimidad de un alma y la intuición de la secreta inclinación de la heroína por su perverso seductor, lo que si bien estaba en pugna con las prescripciones de la moral, era una realidad que el teatro podía recoger. La muerte de Emilia hace viable una tragedia que termina por serlo en un entendimiento oscuramente conturbado, bien lejos del lógico entendimiento que el iluminismo propiciara.

Los últimos años de Lessing habían sido dedicados,

en gran parte, a polémicas de carácter religioso. Para exponer sus convicciones por la vía más amplia, en las que se jugaba la libertad del conocimiento y del pensamiento, bastiones del iluminismo, Lessing escribió el drama *Nathan el sabio,* que no alcanzó a ver representado. La obra apareció escrita en verso blanco de pie yámbico, el verso del teatro alemán clásico futuro, pero lo esencial reside en la interpretación del cuento del judío Melquisedec que aparece en el *Decamerón* de Boccaccio. Allí, con motivo de la parábola de los tres anillos que representan las tres confesiones más extendidas de la civilización (cristianismo, islamismo y judaísmo), Lessing dio el ejemplo de la tolerancia y el respeto por el pensamiento y las convicciones ajenos. Tanto el templario y el patriarca, del lado cristiano, como el sultán Saladino, del musulmán, aprenden la verdadera sabiduría del judío Nathan. Pero Nathan es algo más y allí está el valor de la obra, floja desde el punto de vista estrictamente teatral. Nathan es el prototipo de una humanidad esclarecida, que se mueve por la nobleza de un pensamiento tendiente a unir a los hombres por encima de diferencias circunstanciales de credo, en una creencia universal que tiene por meta la moralidad superior, el amor a Dios y a los hombres. Era, en verdad, el credo propio del deísta Lessing, situado más allá de todo dogma, puesto de relieve en su último trabajo importante, la *Educación del género humano,* de 1780. En esta obra se torna evidente la influencia de Spinoza y la creencia en una transmigración del alma en un ulterior proceso perfectivo, además de su afirmación de que la conducta humana buena se basa en la libre disposición de la conciencia más que en el temor o la esperanza.

La aptitud múltiple de Lessing se desplegó también en la crítica, donde su talento se sentía a sus anchas, al punto de preferir la designación de crítico a la de poeta. Un saber inmenso, una capacidad de asimilación prodigiosa, un interés palpitante por las cosas del espíritu, y una inteligencia honda y clara, aguda y noblemente orientada en la búsqueda de la verdad, respaldaban esta preferencia. De su crítica teatral algo se ha dicho ya. Volvió a definir el concepto de lo trágico de Aristóteles, que encauzó para dar a la catarsis un sentido de "práctica de la virtud" dentro de un marco burgués. El efecto de la purificación, moral en sus fines, sólo podía ser realizado a través del temor y la compasión que la acción dramática suscitaba. Recomendó la unidad de acción y de caracteres, la continuidad y verosimilitud de los sucesos, y una imitación del arte de Shakespeare y los clásicos griegos. Precisamente, en la famosa carta núm. 17 de sus "Cartas", junto a un ataque frontal contra Gottsched, en un fragmento de un *Fausto* ejemplificó con un diálogo veloz y condensado, la propia concepción del lenguaje teatral.

La misión de esclarecimiento que Lessing se había impuesto lo condujo a la crítica del arte y a la estética, donde la última palabra la había pronunciado, de una manera genial, Johann Joachim Winckelmann (1717-1768), con su *Historia del arte de la antigüedad* (1764), autor de aquella celebérrima fórmula de la "noble sencillez y serena grandeza" para definir el arte y el ser griegos. Winckelmann había sentado reglas al parecer inconmovibles, pero quedaba mucho terreno por desbrozar, tarea que Lessing acometió en *Laokoon oder über die Grenzen der Malerei und Poesie* (1769) (Laocoonte o los límites entre la pintura y la poesía). La célebre escultura del periodo helenístico sirvió a Lessing para dar un paso en las definiciones estéticas. Mediante su proposición de que las artes plásticas representaban un momento fijo de los cuerpos por medio de figuras y colores en el espacio o en el plano, y la poesía acciones en la sucesión del tiempo, asestó un golpe definitivo a las pretensiones de una pintura "poética" y de una poesía "pictórica", porque sólo a través de una acción que deviene puede la poesía describir lo corporal. Para fundar sus aserciones, que la estética posterior aceptó por muchos años, se valió de ejemplos tomados de la antigüedad clásica que convalidaban una erudición extraordinaria. Simultáneamente, ponía en claro para siempre que cada arte posee medios de expresión propios.

Aquí, como en todo lo que se propuso, fue iluminador más que iluminista. Pero si la obra ha caducado en parte —y su teatro está lejos de haberse marchitado en *Minna von Barnhelm*— queda siempre, junto a la claridad clásica de su lenguaje, la virtud de una humanidad superior, de una ilimitada honradez intelectual, de una hombría de bien que seduce y alecciona porque es un auténtico liberador quien la encarna.

El gran ciclo del iluminismo se cierra con la mención del singular Georg Christoph Lichtenberg (1742-1799), profesor de física, astronomía y ciencias naturales en la Universidad de Gotinga. Original y reflexivo, lleno de ingenio, humor, sabiduría y ausencia de prejuicios, sus *Aforismos,* editados póstumamente, son una ampliación en los límites y reacciones del conocimiento humano, con lo que continúa la tradición de los grandes moralistas franceses del siglo XVII, en estilo claro y preciso. Hebbel y Nietzsche admiraron su capacidad crítica y su modo personal de llegar un poco más allá en el camino de la verdad humana.

Esa riqueza asombrosa que hace vivir simultáneamente en la segunda mitad de este siglo XVIII la sentimentalidad klopstockiana y el racionalismo de Lessing, se integra también con quien ha sido señalado como el tercero de los fundadores del clasicismo alemán: Christoph Martin Wieland (1733-1813). Dentro de una concepción más superficial de lo literario, que responde a su propio temperamento, no sólo hay en Wieland una mayor adaptabilidad a las modas, sino que, por la gracia y fluidez de su expresión incita al público alemán, hasta entonces volcado a la literatura francesa, a retornar a los autores nativos. Es, dentro de Alemania, el representante por excelencia del rococó, al que llegó con un arte grato, irónico, ameno y apegado a una existencia contemplada desde el lado de la vida placentera y la satisfacción de los sentidos. Pero este epicureísmo, excepcional en autores alemanes, se templa con la aceptación de los ideales de la Ilustración, que formaba asimismo parte de su credo vital. Sin embargo, la suya no es la Ilustración enérgica y polémica llevada valientemente a sus últimas consecuencias por Lessing, sino una Ilustración más blanda que, de acuerdo con las inclinaciones pedagógicas que le son inherentes, busca una conducta guiada por la mesura, el buen sentido y la sana aceptación de las cosas de esta vida. La amplia cultura de Wieland, por otra parte, se derramó más allá de las letras patrias. Para forjarse su visión humana y artística, tan pulida y amable, fue —dada la escasez de su inspiración original— a buscar inspiración en los autores de la antigüedad, Luciano y Anacreonte, con preferencia. Pero asimismo abrevó en las novelas de caballería españolas y francesas, en los épicos italianos del Renacimiento, en los iluministas franceses, y también en Shakespeare, aunque el dramaturgo isabelino era más mencionado que leído. Se debe a Wieland, precisamente, tan distinto del arte hondo y universal de Shakespeare, el mérito de haberlo dado a conocer al público alemán mediante una traducción en prosa, no siempre fiel, de sus principales piezas, hecho de consecuencias importantes en la evolución de la literatura alemana. Wieland, responsable también de una publicación tan fecunda para las letras alemanas como *Der deutsche Merkur* (1773-1789) (El Mercurio alemán), señalador intelectual de su época, había nacido en el seno de una familia piadosa entregada a un pietismo efusivo y severo que absorbió durante sus primeros años. Su primer ideal poético se llamó Klopstock, y un cristianismo soñador y entusiasta aparece en sus primeros escritos, lo que le valió una invitación de Bodmer en 1752. *Empfindungen eines Christen* (1756) (Sentimientos de un cristiano), obra difusa y entusiasta, fue su mayor éxito en esta línea. De vuelta a la patria ocupó un cargo en la pequeña localidad de Biberach, y allí, un encuentro con el conde Stadion, un hombre de mundo, cambió el curso de su obra, pues este noble escéptico puso delante de Wieland el modelo más adecuado a su temperamento de escritor. Lo apartó de sus ensoñaciones piadosas y lo introdujo en el ambiente grácil, elegante e irónico del rococó, y le enseñó a considerar la vida como una bendición y no como un tránsito doloroso hacia el más allá. Así nació *Die Abenteuer des don Sylvio von Rosalva* (1764) (Las aventuras de don Silvio de Rosalva), una novela paródica con influencia cervantina. También es de esta época otra novela, *Agathon* (1766), donde la educación de un carácter por medio de la vida se anuda con el *Simplicius* y es antecedente del *Wilhelm Meister* goetheano. A pesar de su ubicación en la Grecia clásica, el héroe padece el mismo proceso del propio Wieland, que va desde el exaltado entusiasmo y la especulación platónica hasta la formación del individuo sabio por su reconocimiento de los valores de este mundo y por el equilibrio con que nivela la vida del cuerpo y del alma. Aquí, además de una gracia idiomática no común, respira el tipo humano amplio y armónico alejado del anhelo cristiano, que el clasicismo alemán contribuyó a exaltar más tarde. En 1769 enseñaba Wieland filosofía en Erfurt cuando una novela política, *Der goldene Spiegel* (El espejo dorado), que exponía las normas de buen gobierno del soberano ilustrado, lo llevó a Weimar como preceptor de los hijos de la duquesa viuda Ana Amalia. Vivió allí hasta su muerte, como patriarca de las letras alemanas y como testigo de las más intensas transformaciones literarias, sin contar su gravitación en ese grupo excepcional que incluía a Herder, Goethe y Schiller. Poco antes, los versos de *Musarion* (1768), habían dado idéntica versión de una antigüedad clásica en la que el pensamiento filosófico, mantenido en la superficie, se anudaba con la anécdota del goce legítimo del amor terrenal y con la aceptación de la belleza y la alegría de vivir. A través de esta poesía fácil, tersa, y excepcionalmente suelta para el oído alemán, Goethe creyó percibir el eco de la antigüedad griega, aunque este clasicismo poseía un aroma demasiado galicado para ser tenido como auténticamente helénico. La prodigiosa fecundidad de Wieland, su facilidad de adaptador y las situaciones entretenidas o picarescas que abundan en su obra, se aprecian hoy en unos pocos títulos, como su versión de la leyenda celta en *Geron der Adlige* (El noble Geron), y, sobre todo, *Geschichte der Abderiten* (1774) (Historia de los abderitas). Ésta es una sátira contra la humanidad de las pequeñas ciudades, contra el provincialismo y su estrechez mental que ahora se llama Abdera, así como en los libros populares se había llamado Schilda. Demócrito de Abdera, su héroe, era el mismo Wieland que había vivido en Biberach y observado allí la ridiculez de sus compatriotas. Graciosa y chispeante, esta novela pertenece a un Wieland estimable. Pero la culminación de su estilo y de su popularidad descansa en *Oberon* (1780), una epopeya escrita en versos de una fluidez asombrosa. Para su redacción, Wieland buceó en Shakespeare, y, ante todo, en una novela de caballería francesa, *Huon de Bordeaux*. Aventuras fantásticas y un humor siempre presente, ya tierno, ya paródico, acompaña la trayectoria del animoso héroe, que llega hasta el Oriente. Sus contemporáneos, y esto incluye a Lessing y a Goethe, quedaron encantados con *Oberon*. Cuento de hadas, realidad e historia se unían con ligereza y alegría en una versificación tejida con mano maestra. Wieland trajo a la literatura alemana algunas de las mejores cualidades del espíritu francés: gracia, claridad, elegancia, ironía, mesura, y de este modo enriqueció las letras de la propia patria. Pero fue también un talento abierto a todo talento, y éste no es su mérito menor, como lo prueba su apreciación entusiasta de la obra, hasta entonces desconocida o rechazada, de Heinrich von Kleist.

El siglo estaba lejos de haber concluido. Entre la sexta y la novena década, junto a los gigantes, Goethe y Schiller, se levanta, con un ímpetu hasta entonces no visto, una oleada de excepcional violencia, el "Sturm und Drang", que tampoco agota la riqueza poética del siglo.

XII. "STURM UND DRANG"

Entre 1770 y 1785, parte de la más joven generación literaria volcó, en movimiento de repulsa contra la razonadora ilustración y su mundo del buen sentido, la fuerza creadora de lo que se ha dado en llamar "Sturm und Drang". Expresión en realidad intraducible, significa algo así como "ímpetu y ataque", que concretaba una rebelión contra todo lo institucionalmente establecido (leyes, sociedad, civilización, autoridad), y, desde el lado opuesto, abría cauce al sentimiento que la Ilustración había refrenado. Todo esto irrumpía ahora bajo el lema de la libertad absoluta, la abolición de toda traba. Sus jóvenes iniciadores son, para hacerles justicia, precursores del romanticismo, por más que la escuela romántica aparezca como tal treinta años más tarde. Esta generación cuyos contemporáneos, no coetáneos, se llaman Klopstock, Lessing, Wieland, se nutrió de ciertos autores en los que encontraban sus propias inclinaciones y coincidencias. Idolatraron a Shakespeare como prototipo del genio que había sabido expresar la naturaleza auténtica y desnuda del hombre mediante un arte que huía de toda regla, ello cuando el mundo ilustrado juzgaba a Shakespeare como una fuerza bárbara e ininteligible para el arte. Esta concepción de lo genial también se la atribuyeron a sí mismos, sin falsa modestia, por más que ninguno de sus estrepitosos representantes era mayor de veinticinco años. Con envidiable buena fe creían ser genios auténticos, titanes, seres originales guiados exclusivamente por el instinto de su propia naturaleza. Su otro antecedente necesario fue Rousseau, el primero que había sabido disolver y exaltar el sentimiento por el sentimiento mismo —a lo que también contribuyó, dentro de Alemania, la atmósfera religiosa creada por el pietismo— y el primero que había valorado la virtud de una naturaleza pura, incontaminada todavía por el contacto con la civilización del hombre. Precisamente, el hombre y lo humano, vueltos naturaleza, era artículo de fe dentro del credo del "Sturm und Drang". Esta generación de rebeldes sentía en realidad una atracción ilimitada por lo vital, y en la obra, bastante menguada en lo que a calidad se refiere, intentó mostrar, por sobre todas las cosas, la vida, sin detenerse en sus aspectos más crudos (infanticidios, incestos, asesinatos, etc.), lo que también vale para calificarlos como precursores del naturalismo. Dentro de los géneros literarios hallaron que el teatro era, por su naturaleza, el más apto para sus reivindicaciones y proclamas vitalistas.

Entre los propios compatriotas consideraron como los maestros más cercanos a aquellos que habían sabido traducir teóricamente sus ansias, es decir, a Johann Georg Hamann (1730-1788) y a Johann Gottfried Herder (1744-1803). Hamann era oriundo de Königsberg, como Kant, su ilustre coprovinciano y contemporáneo, pero difícilmente se encuentran posiciones más antagónicas que las sostenidas por ambos. Porque Hamann era esencialmente asistemático y enemigo de todo intento de analizar, de modo parcial o fragmentario, al hombre o al mundo. A la razón opuso las fuerzas del alma, la aptitud totalizadora, la unidad fundamental de las cosas, las potencias escondidas de la vida y la comprensión del hombre como un ente absoluto. Para ello se basaba en una honda experiencia religiosa, en una valoración de la Biblia, Homero y Shakespeare, y en una nueva concepción del lenguaje y la poesía. Hamann, cuyos escritos originales e incitantes son de una rara calidad sibilina que se avenía con su personalidad enigmática, había dicho en uno de sus aforismos que la poesía era "la lengua materna del género humano". Ello significaba considerar al lenguaje como una aptitud simbólica y creadora, una condición excelsa y congénita al hombre primitivo, del mismo carácter que la creación divina. Su poderosa irradiación personal alcanzó, en primer término, a Herder.

Discípulo y continuador de aquél, Herder se convirtió a su vez en fuente generosa de nuevas ideas que, altamente valiosas como han sido, interesan más en una historia general de las ideas que para la literatura alemana. Aun así, Herder fue un fecundo incitador, un agitador en el mejor de los sentidos y el guía de una generación a cuya cabeza se encontraba el joven Goethe. Prusiano oriental como Hamann, luego de duros sacrificios ingresó Herder a la Universidad de Königsberg, donde estudió la carrera de teología. En un comienzo enseñó y predicó en Riga, entonces una isla cultural alemana en suelo ruso. Allí aparecieron, de un modo anónimo, sus primeros trabajos, que se referían a la nueva literatura, como *Ueber die neuere deutsche Literatur* (Acerca de la literatura alemana moderna) de 1767-1768 y *Kritische Wälder* (Bosques críticos) de 1769. Lessing quedó favorablemente impresionado y Winckelmann, atento a la novedad de su estilo, lo saludó como a un "nuevo Píndaro". Un viaje a París, reducto universal de la Ilustración, reafirmó sus puntos de vista opuestos. De regreso, se encontró en Estrasburgo con Goethe, en lo que se ha dado en llamar el "encuentro secular". Herder, cinco años mayor (tenía en ese entonces veintiséis años), había madurado ya su pensamiento, en el que el entusiasmo y el sentimiento se sobreponían a todo, y arrastró al veinteañero Goethe a un mundo hondamente afectivo, que al rechazar al mundo de la razón era capaz de penetrarlo con mayor profundidad. Así, *Götz von Berlichingen* hizo de Goethe el primero de los dramaturgos del "Sturm und Drang", pero de Herder su indiscutido conductor. En Estrasburgo absorbió Goethe la exaltación por Shakespeare y el aprecio por el arte del gótico.

Idea favorita de Herder fue la de concebir la naturaleza como un devenir constante y al hombre como la culminación de una naturaleza históricamente dada, pero explicable no mediante una razón analítica, sino como una unidad en el seno de un pueblo y una raza.

La valoración de la obra colectiva, como definición del genio intuitivo y espontáneo de la comunidad, lo llevó asimismo a la estimación de la canción popular que colocó al nivel de Shakespeare y la Biblia. Incitado por el ejemplo de las baladas recogidas por el obispo Percy y por la poesía nórdica que Macpherson había inventado en parte, espigó incansablemente las expresiones de la canción popular de diversas épocas y civilizaciones en una versión alemana, *Stimmen der Völker in Liedern* (1779) (Voces de los pueblos en sus canciones), según el título que apareció más tarde, y exaltó su peculiaridad melódica y su sentimiento vivo, desprovisto de artificio. Por esta época se encontraba ya en Weimar, a donde Goethe lo había llamado como predicador de la corte, pero su carácter desagradable ahuyentaba toda forma de felicidad, y las relaciones con el amigo de entonces y ahora protector llegaron a una molesta tensión.

La comprensión de lo histórico, como forma única de valor y justificación autónomos, se debe también al genio de Herder. Con ella suprimió, dentro del arte, la actitud de imitación a todo modelo y a toda ley que no emanara de la intimidad de la obra de arte, y prescribió una crítica basada desde el sentimiento, y no desde la razón. Su obra fundamental *Ideen zur Philosophie der Geschichte der Menschheit* (1784-1791) (Ideas para la filosofía de la historia de la humanidad), recalcaba la unidad de hombre y naturaleza, pero al mismo tiempo desvinculaba al hombre del seno de lo natural y lo situaba dentro del desenvolvimiento del espíritu. Analizó así las condiciones del progreso de la humanidad y llegó en sus consideraciones hasta el medievo. Pero no obstante su esfuerzo para comprender cada particularidad étnica o individual, sus conclusiones confluyen a un humanitarismo clásico como etapa final en la evolución del hombre, colocado bajo la égida de Dios, coincidente en esto con la filosofía de su adversario ideológico Lessing y con el clasicismo de Goethe y Schiller, que tanto había combatido.

Con todas sus contradicciones, Herder fue un verdadero y genial sembrador de ideas. Literatura y estética, historia y filosofía se beneficiaron con sus intuiciones ricas y originales, pero al término de su vida este inspirador de altos entusiasmos contaba un solo admirador eminente, Jean Paul. Tampoco le fue dado, a pesar de su amplísima cultura y su comprensión de la naturaleza de lo artístico, dejar una obra de arte acabada. No le había sido concedido plasmar sus emociones en el gran poema, y la ardiente oscuridad de su estilo lo alejaba de la obra en prosa de proporciones, cuya única excepción está dada por el estilo, aun grato, de la *Filosofía de la historia.* Hasta su versión póstuma del *Romancero del Cid,* que tanto influyó sobre el romanticismo alemán, carece hoy de atractivo. Mucho se ha hablado de la influencia emanada de su personalidad, semejante en esto a su maestro Hamann, al punto que puede haber servido de modelo para el personaje de Fausto en el drama de Goethe. Sería, en verdad, un homenaje merecido a quien tanto trabajó para la elevación de la cultura.

Meteoros espectaculares en el firmamento literario trazado por Herder fueron los miembros de la joven generación que el "Sturm und Drang" agrupa. Estos "genios", según la expresión que años antes había acuñado Hamann, que a su vez había tomado del inglés Young, hicieron del teatro, ya se ha dicho, su medio de expresión natural. Las traducciones en prosa de Shakespeare realizadas por Wieland fueron responsables de una prosa enfática, en la que una exaltación excepcional del sentimiento tropezaba con un idioma de una sequedad manifiesta. Lo teatral se había dado en ellos, no sólo para asombrar al mundo con sus tremendas aspiraciones y argumentos, sino para mostrar hasta qué punto violaban normas respetadas, como la de las unidades dramáticas. En su aproximación hacia la vida espontánea, imitaron el habla cotidiana con su sintaxis defectuosa, sus anacolutos, abreviaturas y dialectalismos. Pero, no obstante el ruido que hicieron, ninguno de ellos dejó la obra genial que descontaban, y la historia de la literatura, sin dejar de reconocer la agitación que sus intenciones revolucionarias y su crítica social produjeron, ha recogido pocos nombres y muy escasas obras de mérito. Hubo precursores como Gerstenberg, actores principales como Klinger, Lenz, Müller, Heinse, Schubart, Leisewitz, Wagner, pero sólo dos autores de genio verdadero, que fueron Goethe y Schiller.

Heinrich Wilhelm von Gerstenberg (1737-1823) había contribuido con Klopstock a esa resurrección de la pretendida poesía bárdica. En su drama *Ugolino* retomó el tema dantesco del conde Ugolino condenado a morir de hambre junto con sus descendientes. Lo patético del asunto, crudamente tratado, llevó una nueva emoción al ánimo de los espectadores. De los demás, sobresalen Friedrich Maximilian Klinger (1752-1831) y Jakob Michael Reinhold Lenz (1751-1792).

El primero presenta un destino singular. Oriundo de Fráncfort, al igual que Goethe, pudo costearse gracias a este último estudios superiores. Después de un pintoresco peregrinaje por Alemania, Klinger emigró a Rusia, donde alcanzó posiciones eminentes en el campo militar y en la educación. Una de sus obras más características es la pieza *Sturm und Drang* (1777), que justamente dio nombre a toda esta corriente. Con un lenguaje de una exaltación casi increíble, trata allí el choque de dos jóvenes ingleses en medio de la naturaleza salvaje de América, separados por odios familiares y por el mismo brío de hacer grandes cosas. Un sentimiento análogo, que se expresa con una violencia verbal pocas veces vista, aflora en sus demás dramas. Así en *Simone Grisaldo* (1776), *Das leidende Weib* (1778) (La mujer que sufre) y *Die Zwillinge* (1777) (Los mellizos), tema favorito de la época con el odio mortal entre dos hermanos y al que poco antes se había referido Johann Anton Leisewitz (1752-1806) en *Julius von Tarent* (1776), y que sirvió de punto de partida para

Los bandidos de Schiller. En Rusia escribió Klinger novelas de corte filosófico-político, pero la más conocida es su versión de Fausto en *Fausts Leben, Taten und Höllenfahrt* (1791) (Vida, obras y viaje al infierno de Fausto). Los héroes, brutalmente incontrolados, del teatro de Klinger, sólo podían hablar, pero sus palabras difícilmente alcanzaban a convertirse en emoción.

Más valiosa es la obra de Lenz, un báltico alemán cuya carrera fue una continua sucesión de fracasos originados, en gran parte, por el desequilibrio de su temperamento. En 1771 se había encontrado con Goethe en Estrasburgo, y su desgracia consistió en tratar de emularlo en todos los planos, en el literario como en el personal. Después de una corta y desdichada estada en Weimar, abandonó, perdida casi la razón, el país, para ir a morir en forma lamentable a Rusia. Un episodio de esta vida angustiada y enferma fue magistralmente recreado en el *Lenz* de Georg Büchner. Sin embargo, Lenz había sido el más dotado de todos estos autores. Tenía, a diferencia del resto, una estimable aptitud lírica, poseía talento para la farsa, como lo demuestra *Pandömonium Germanicum* (1775), y la novela *Der Waldbruder* (1774) (El hermano del bosque) no es totalmente desdeñable. De sus obras dramáticas, *Der Hofmeister* (1772) (El preceptor) y *Die Soldaten* (1776) (Los soldados), ostentan mérito propio. La primera, que llevaba el irónico subtítulo de "Ventajas de la educación particular", presenta una intriga descabellada, con seducciones, autocastraciones y matrimonios conciliatorios. Sin embargo, hay una acertada psicología en el tratamiento de los personajes, y una crítica social que el "Sturm und Drang" había desenvuelto y que se hace más aguda en *Los soldados*. En esta obra, una muchacha de modesta condición es seducida por un oficial que la abandona luego. Ella se vuelve prostituta y el seductor, como un novio que nunca había dejado de amarla, muere trágicamente. La moraleja, que nunca escasea en Lenz, muestra una veta de la realidad humana incapaz de resistir la fuerza de instintos incontrolados.

En cuanto a Heinrich Leopold Wagner (1747-1779), su contacto con Goethe le dio seguramente el impulso para la inserción del filicidio que figura en el *Fausto* y en *Die Kindermörderin* (1776) (La infanticida) de que es autor. No obstante, las diferencias entre la tragedia de Margarita y la de la Eva de Wagner son muy evidentes. Wagner era dueño de un seguro sentido del teatro que la obra conserva. Friedrich Müller (1749-1825), conocido también como el "pintor" Müller por su dedicación a la pintura, se sintió asimismo atraído por el tema de Fausto, por las posibilidades de esta especie de superhombre, de titán que a esta generación tanto agradaba evocar. Quedó en fragmento (1778), muy por debajo de la versión de Wagner. Lo mejor de Müller son los idilios, lejos de la falseada naturaleza de lo pastoril que había puesto de moda Salomon Gessner. Müller crea personajes verdaderos que hablan un lenguaje real y emotivo. Una personalidad que no pertenece al círculo de Goethe, centrado en Estrasburgo, es la del suabo Christian Daniel Schubart (1739-1791). En escritos y canciones denunció con indignación el despotismo y la falta de humanidad de príncipes como su soberano Carlos Eugenio de Würtemberg, al punto que su lucha contra la venta de soldados que algunos príncipes alemanes propiciaban, le valió una reclusión de diez años. Desde el poema o el artículo periodístico, Schubart había creado una atmósfera desfavorable al abuso del poder, y en este sentido es un "Stürmer" más. Schiller lo admiraba y le es deudor de la anécdota de *Los bandidos*.

Dentro de las menguadas novelas de estos años, basadas en imitaciones de la *Clarissa* de Richardson, de la ligereza epicúrea de Wieland, o de la sentimentalmente agitada *Nueva Eloísa* de Rousseau, y, excepción hecha del *Werther,* el único creador original que encaja, en parte, en el movimiento, fue Johann Jakob Wilhelm Heinse (1746-1803). Discípulo de Wieland en un comienzo, buscó su propio camino en *Ardinghello und die glückseligen Inseln* (1787) (Ardinghello y las islas afortunadas). Exaltó allí al individuo obediente a sus sentidos y prefiguró un héroe byroniano entre aventuras romancescas y consideraciones sobre el arte. No es de extrañar que este desorden y la apelación al mundo de los sentidos disgustaran a Goethe, que volvía de Italia con una estética clásica. Pero además, hay en *Ardinghello* un utopismo avanzado que recomienda, entre otras cosas, una libertad sexual desacostumbrada. El otro lugar lo ocupa Johann Martin Miller (1750-1814) con su novela *Siegwart* (1776), que cuenta floja y lacrimosamente una historia de amores frustrados. El libro, que respondía al gusto de un público preparado ya por *Werther*, alcanzó gran difusión porque se adecuaba a una sensibilidad existente.

Contemporáneamente a los violentos "Stürmer" unos estudiantes de la Universidad de Gotinga daban muestra de un temperamento diferente. En 1772, bajo las encinas de un bosquecillo cercano a la Universidad, los jóvenes Hölty, ambos Miller, Voss, Hahn y Wehrs, se juraban eterna amistad, amor por Alemania y la libertad, y se colocaban bajo el patronazgo de Klopstock y los ideales desencadenados por el sentimentalismo de la *Nueva Eloísa* y la poesía ossianesca de Macpherson. El elogio del canto limpio de Klopstock y de su lírica religiosa significaba un repudio por la Ilustración y por el arte ligero, escasamente moral, de Wieland. Se reunieron en torno a una publicación, el *Almanaque de las musas de Gotinga* (1769-1802), que recogió la poesía del grupo, pero que también se abrió a la lírica de otros autores, como Bürger y Claudius, y aun Herder y el mismo Goethe. El "Göttinger Hainbund" (Liga del bosque de Gotinga), que es el nombre de este círculo, duró poco tiempo, de 1772 a 1774, y si bien sus integrantes más activos poco significan para la literatura alemana, trajeron el aliento de una juventud pura, religiosa, entusiasta por lo noble y elevado, hicieron del sentimiento la clave de conducta y poesía y revalorizaron la lírica —a diferencia del "Sturm und Drang" que dedicó sus afanes al teatro— mediante los aportes de algunos de sus simpatizantes.

Al lado del fundador Heinrich Christian Boie (1744-1806) y de Johann M. Miller, el autor de *Siegwart,* puede citarse a Ludwig Christoph Hölty (1748-1776), quizás el mejor por la ternura y sensibilidad de un lirismo que preveía su triste y temprano fin, mientras que los hermanos Stolber, Friedrich Leopold (1750-1819) y Christian (1748-1821) son más famosos por su amistad con Goethe y por sus gritos teóricos contra los príncipes tiranos que por la autenticidad de sus sátiras y baladas. En cuanto a Johann Heinrich Voss (1751-1826), a pesar de la fama de sus idilios, como, *Luise* (1795), debe agradecérsele más bien su versión alemana de los poemas homéricos. *Luise* es una epopeya en hexámetros que reproduce, a veces demasiado vulgarmente, la vida burguesa alemana, con un realismo prosaico, a ras del suelo, inclusive con acusaciones sociales desusadas, y se constituyó en el antecedente de *Hermann y Dorotea* de Goethe. Su traducción del poema homérico es, en cambio, una adquisición para la cultura alemana, semejante en sus efectos a la versión de Shakespeare realizada por Wilhelm August Schlegel.

Matthias Claudius (1740-1815), que tiene afinidades con el grupo, pero que no perteneció directamente al mismo, es una de las figuras más simpáticas de la literatura alemana. Su vida virtuosa y cristalina es un ejemplo distinto entre el vértigo del "Sturm und Drang". Este poeta que también fue periodista —dirigió durante largos años en Hamburgo el *Wandsbeker Bote,* una publicación en la que colaboraron Lessing, Klopstock, Herder y Goethe— estaba consustanciado en gran parte con los ideales del "Bosque de Gotinga" y muchas de sus poesías aparecieron en el *Almanaque.* Los títulos de la gloria de Claudius residen en sus canciones serias o humorísticas, llenas de un sentimiento sincero y directo, de una expresión tierna y poética. Con justicia algunos de sus versos se incluyen en toda antología, y es, indiscutiblemente, el mejor lírico alemán del siglo, con excepción de Goethe. Poseía un vivo sentimiento de la naturaleza y esa melodía que sólo los líricos privilegiados son capaces de dar.

El último autor de relieve vinculado también a la "Liga de Gotinga" es Gottfried August Bürger (1747-1794), cuya existencia, desgarrada por amores desgraciados y poco convencionales, es una sucesión de fracasos. Con talento poético, disminuido en ocasiones por el mal gusto o la vulgaridad, introdujo en la poesía culta el género de la balada, puesta de moda en la tantas veces mencionada colección del obispo Percy. Allí volcó un sentimiento vigoroso, sentido del ritmo, tensión, angustia y una rica fantasía. De las variadas emociones que circulan por baladas como "Der wilde Jäger" (1778) (El cazador furioso) o "Das Lied vom braven Mann" (1778) (Canción del hombre valeroso), la mezcla de amor y muerte de "Lenore", publicada en el *Almanaque* de Gotinga, alcanzó una popularidad inmensa. Posibilitó la composición de las grandes baladas de Goethe y Schiller, mejor elaboradas desde el punto de vista artístico, pero también desprovistas del sabor popular que Bürger había sabido conservarles. En cuanto a sus canciones, entre las cuales figuran las dedicadas a "Molly", su amor culpable, contienen un sentimiento torturado desconocido para la época. También se le debe una versión de las historias fantásticas del muy mentiroso barón de Münchhausen (1720-1797), que se convirtió en un libro popular y en un héroe del folklore alemán. La muerte de Bürger fue quizás acelerada por la crítica severísima con que Schiller juzgó, en 1791, su labor poética.

Se ha dejado fuera de este capítulo los dos nombres indispensables en una consideración del "Sturm und Drang", y ello porque exceden, con mucho, su tratamiento. Porque son nada menos que Goethe y Schiller quienes marcan el comienzo y el final, respectivamente, del "Sturm und Drang". El primero con su drama histórico *Götz von Berlichingen* (1771) y la novela *Werther* (1774), se convirtió en el jefe indudable de los "Stürmer" y le dio su tonalidad más típica. En cuanto a Schiller, lo epilogó brillantemente con *Intriga y amor,* en 1784. La magnitud de estos autores, sin embargo, obliga a dedicarles capítulos separados.

XIII. CLASICISMO (GOETHE)

Aunque el término clasicismo ofrece diversas acepciones, la época clásica de la literatura alemana contiene los nombres de Goethe y Schiller, y, algo más atrás, a Hölderlin, Kleist y Jean Paul. Clasicismo significa aquí más que una escuela literaria con ideales bien recortados, o una ubicación en una época pretérita. Quiere decir más bien cierto grado de perfección y de madurez ejemplares y no repetidos, una culminación de la capacidad poética. Y el más grande de sus clásicos es, sin ninguna duda, Johann Wolfgang von Goethe (1749-1832). Si para los alemanes es símbolo de su mejor esencia, la vida y la obra de este autor, íntimamente compenetradas, integran el patrimonio de los escasos conductores de toda la humanidad. Por esto, por la increíble riqueza de sus disposiciones, por la excepcional vocación para encarnar y trascender todas las formas de lo humano, cualquier fórmula que intente delimitarlo será siempre rebasada. Poseer a Goethe es el gran orgullo justificado de los alemanes, y no sólo de ellos. En Goethe encontramos al intérprete de su época, al clásico anheloso de la medida helénica y al romántico pletórico de sentimiento y ansias de infinito, la impaciencia juvenil y la experiencia fecunda de los años, el amor al mundo de las cosas y el cultivo de toda la gama emocional, la compenetración con la naturaleza y el ejercicio de la cortesanía más exquisita, la afirmación de una cultura superior y el reconocimiento de un mundo demoniaco, la capacidad de ser uno mismo y la adaptación a la circunstancia, el goce de los sentidos y del intelecto puro, la mirada comprensiva hacia el pasado y la predicción de un futuro hecho presente, la meditación gustosa y su transmutación en obra, la aptitud del hombre de ciencia y la actitud más desnudamente lírica, la presencia de lo particular y la vivencia de lo universal. ¿Cómo es posible, entonces, apresarlo en una definición? A esto cabe añadir lo prolongado de su existencia y la montaña, prácticamente inaccesible, de testimonios que lo circunda, de lo que resulta que el juicio sobre Goethe será, quizás para siempre, de tipo problemático. Lo que no es problema, sino certeza, es el hecho de que en Goethe se da, limpiamente, la meta que se propuso, el alma hermosa.

Goethe nació un 28 de agosto en Francfort del Meno, ciudad imperial y cruce de culturas, en el seno de una rica familia de la burguesía. El padre, de orígenes modestos, era hombre letrado y severo, mientras que la madre, descendiente del patriciado de la ciudad, poseía una inextinguible animación espiritual que se unía a una fantasía viva y agradable. Los primeros años transcurrieron sin preocupaciones materiales, y una enorme curiosidad por todas las manifestaciones de lo vital iba abriéndole nuevas perspectivas, entre las que pueden señalarse las representaciones teatrales que lo familiarizaron desde temprano con el repertorio clásico francés. Elegida la abogacía como profesión, el joven Goethe se trasladó en 1765 a Leipzig, un París galante en miniatura, donde recibió las primeras influencias del rococó, la anacreóntica y el amor, a todo lo cual se entregó con entusiasmo. A Gottsched y Gellert, profesores imponentes y aburridos, Goethe prefirió la modalidad de Wieland, que se manifiesta en sus primeros versos y en una comedia pastoril escrita a la francesa, en alejandrinos, *Die Laune des Verliebten* (1767) (El humor del enamorado), de rasgos autobiográficos. Junto a una intensa vida social, estudiaba dibujo con Oeser, amigo de Winckelmann, y componía poemas, los *Neue Lieder* (Nuevos cantos), que aparecieron anónimamente y en cuyo anacreontismo se advertía ya un vigor desacostumbrado. Una hemorragia lo obliga en 1768 a regresar a Francfort y en una convalecencia larga recibe la influencia del pietismo a través de la pureza del alma de Susanne von Klettenberg. Otra comedia anterior, *Die Mitschuldigen* (1769)

(*Los cómplices*), mostraba las huellas de su paso por Leipzig.

Curado, reinicia sus estudios, esta vez en Estrasburgo, donde su encuentro con Herder marca una etapa decisiva. Bajo la influencia de este último se vuelve contra el rococó y el neoclasicismo y absorbe ávidamente las enseñanzas de la poesía popular, el culto al gran arte alemán del medievo, a Homero, Ossian y Shakespeare. Su alma se ensancha en todo sentido, como lo atestiguan sus cantos de amor a Friederike Brion. El sentimiento amoroso que acompaña todo el curso de su existencia se le transformará siempre en obra, y en estos poemas surge una nueva lírica, donde el yo, inflamado de amor, se infunde en las cosas del mundo. Sin embargo, según una reacción que le fue habitual, la misma intensidad de la pasión lo induce a la retirada, no sin antes haber sido absorbida en poesía.

El entusiasmo herderiano por pueblo e historia y la revelación de Shakespeare se proyectan, de vuelta a Fráncfort con su título de licenciado en derecho, en la historia del caballero de la mano de hierro, aquel Gottfried von Berlichingen que había dejado una colorida autobiografía (véase p. 98), y en 1773 aparece, como drama, *Götz von Berlichingen*. Goethe marcha con su época, y compone la pieza "genial" que el "Sturm und Drang" aclama como su máxima realización. En una imitación consciente de Shakespeare, repudia toda norma convencional y presenta a un héroe alemán hasta la médula, caballero de la justicia y de los desvalidos en una lucha inútil contra tiempos nuevos, impersonales. La incursión en la vieja historia patria señala un nuevo camino que el romanticismo explotó más tarde hasta el cansancio. Obra de la libertad política y la libertad del sentimiento, proporciona a la joven generación un espíritu revolucionario y una ética del valor y la justicia, pero donde también aparece el conflicto del personaje que huye de la mujer amada en un gesto que el propio Goethe conoce demasiado bien.

El éxito de *Götz* lo movió a proyectar un *César,* un *Prometeo,* un *Mahoma,* prototipos de las dimensiones titánicas del hombre, cuyo sentimiento desmesurado llega a ahogarse en su contacto con la común mediocridad. Es un periodo febrilmente poético, y sentir y hacer se le identifican. El himno de "Ganymed" y "Wanderers Sturmlied" (Canto del peregrino a la tempestad) señalan el comienzo de una lírica apasionada con intervención de las fuerzas del cosmos que adopta formas y ritmos desusados y parte de una intensidad vital hasta entonces intraducible. En este momento de su creación se incluye también su monólogo de *Fausto* (1773), donde hace aparecer por primera vez en Goethe el personaje del libro popular y de las representaciones de títeres, y que, por la vastedad de sus apetitos y ambiciones, es alguien que el autor conoce bien de cerca.

Desde 1772 estaba en Wetzlar, ciudad en la que venía ejerciendo a desgano una profesión que pronto abandonó del todo, y donde se enamoró de Charlotte Buff, la novia de otro. Desgarrado por un sentimiento que le parece de consumación imposible, decide una vez más la huida y este acontecimiento se constituye en la raíz de su novela más famosa, *Die Leiden des jungen Werthers* (1774) (Las cuitas del joven Werther). Al trasladar los sufrimientos del propio corazón a esta novela epistolar, cuyo antecedente era la *Nueva Eloísa* de Rousseau, hacia algo más que canalizar sentimientos personales. Expresaba, incomparablemente, el tono espiritual de su generación, la sensibilidad exagerada y enfermiza del individuo que se pierde en su propio sentimiento y carece de la fuerza necesaria para vencerlo. Melancolía, lágrimas, suicidio, reflejaban toda una época que Goethe plasma con arte, y una etapa de la que sabe liberarse. El amor lo ha llevado cerca del abismo, pero la creación artística lo cura definitivamente.

Werther dejó larga descendencia. Además de *Waldbruder* de Lenz y *Siegwart* de J. Miller (véanse pp. 144

y 146), la novela recobra, gracias a esta obra de Goethe, nueva vida. Karl Philipp Moritz (1757-1793) deja en *Anton Reiser* (1785) el análisis de lo que ahora se denominaría complejo de inferioridad, mientras que Friedrich Jacobi (1743-1819) rendía homenaje a la naturaleza titánica en *Allwill* (1775) y *Woldemar*. Junto a Gottlieb von Hippel (1741-1796), autor de *Lebensläufe nach aufsteigender Linie* (1778) (Vida en línea ascendente), llena de humor y melancolía, está *Heinrich Stillings Jugend* (1777) (La juventud de Heinrich Stilling), una novela piadosa y sencilla de Heinrich Jung (1740-1817). Quizás el mejor dotado de estos escritores fue Johann Karl Wezel (1747-1819), cuya novela *Hermann und Ulrike* (1780) muestra, a veces cómicamente, el choque del mundo de la Ilustración con el del sentimiento y que debe recordarse, por la humanidad de sus personajes, extraídos de la realidad, como precedente de las novelas de Jean Paul.

Ese mismo año de 1774 el demonio interior que lo impulsaba a la acción en un estado de permanente desasosiego se manifiesta diversamente. En parte se vuelve al teatro y los frutos son *Clavigo* y *Stella,* dos obras fuertemente autobiográficas en las que el héroe fluctúa en un amor que se convierte en huida y abandono, y que aparecen escritas con mayor sobriedad que el aclamado *Götz*. Las mujeres de estas obras evocan a Friederike Brion, pero también a la condesa de Stolberg y a la graciosa Lili Schönemann, hija de un rico banquero con la que Goethe se había llegado a comprometer. Una farsa, *Götter, Helden und Wieland* (Dioses, héroes y Wieland), es recibida por el aludido en último término con una benevolencia que le hace honor. Al mismo tiempo se pone en contacto con la filosofía de Spinoza, cuya enseñanza panteísta incorpora definitivamente a su pensamiento. La visión e identificación de Dios en la naturaleza es algo a lo que su espíritu se adapta muy bien, porque él mismo se siente igualmente divino y natural. A los veinticinco años cumplidos es hombre famoso y asombroso y las visitas y relaciones nuevas son prueba de su notoriedad. El mayor von Knebel, acompañante del duque Carlos Augusto de Weimar, conoce en Fráncfort al poeta, y en 1775 lo invita a Weimar, en nombre de su soberano. El compromiso con Lili Schönemann había llegado a un punto delicado y esta invitación es un pretexto para liberarse de todo lastre sentimental y para encauzar una intranquilidad en aumento.

Lo que nadie podía prever era que Goethe haría de Weimar el centro de toda su vida futura, y que esa pequeña ciudad sobre el Ilm se convertiría por muchos años, gracias a su presencia, en la capital espiritual de Alemania. En un principio compañero de las correrías ducales, algunas demasiado osadas para la imaginación pacata de sus súbditos, Goethe va introduciéndose poco a poco en el mecanismo político-administrativo del pequeño ducado. El compinche se transforma en funcionario, en ministro inclusive. Desde la hacienda hasta la guerra, desde la policía hasta la explotación de las minas y las representaciones teatrales, en todo interviene. Esta tarea agotadora restringe por el momento su capacidad de creador, pero enriquece paralelamente su experiencia y su interés por todos los campos de la actividad humana. Desde este momento Goethe, ennoblecido por el emperador José II en 1782, encuentra en la responsabilidad de la acción uno de los grandes móviles de la existencia humana y va calmando, gracias a esa misma acción que no deja de alabar, aquel desasosiego sin finalidad.

De los proyectos de la desordenada época anterior, algunos pudieron concretarse en Weimar, como *Egmont,* por más que la conclusión del drama pertenece al momento de su estada italiana de 1787. La redacción en prosa, como las escenas populares y el contenido histórico revelan su estrecho parentesco con *Götz,* es decir, con la atmósfera de Shakespeare. El conde Egmont es un héroe confiado en la superioridad de su fuerza y en los derechos tradicionales de su pueblo, pero obediente a su sino más íntimo termina por sucumbir a manos del duque de Alba. El pueblo de Bruselas se personifica en la graciosa y abnegada Klärchen, pero también aparecen concepciones políticas que revelan al hombre de gobierno que ha ido desarrollándose dentro de la múltiple capacidad de su autor. *Egmont* es todavía, aunque atemperado, "Sturm und Drang", pero la última redacción en verso denota ya la influencia clásica que el viaje a Italia ha resucitado.

En 1887 fue descubierta una redacción primitiva del *Fausto,* el *Urfaust.* Ya ha germinado el héroe titánico, ávido de conocimiento y poder, y de esta primera conformación surgen algunos de los grandes monólogos posteriores, como la conjuración del espíritu de la tierra, las escenas estudiantiles y la tragedia de Gretchen, cuyo destino es similar, en su sacrificio, al de algunas víctimas reales de los poderes de seducción de su autor. Sin embargo, faltaba toda una vida para que este Fausto se concretara artísticamente.

A pesar de tanta agitación externa, le quedaba tiempo para ocuparse de los planes de estudio de la Universidad de Jena y para encararse con la naturaleza. Mineralogía, botánica, paleontología, anatomía, vale decir, naturaleza, en una conciliación y explicación de la obra y existencia de Dios, son sus nuevos tópicos y estudios. Goethe va intuitivamente hacia la naturaleza, en actitud más estética que científica, pero en 1784 descubría el "os intermaxiliare", un huesillo de la mandíbula mediante el cual vincula al hombre con los demás vertebrados en su evolución orgánica. También había sitio para la amistad, pero no son Herder ni Wieland, allí presentes, los que dan un vuelco a su vida, sino una dama casada, siete años mayor, Charlotte von Stein (1742-1827). En una amistad cuya intimidad dura una década, Goethe halló por fin la calma y la purificación de sus tensiones gracias al contacto con un alma pura, serena, inclinada a la bondad y la comprensión. Precisamente, lo más valioso de lo elaborado en esos intensos años de trabajo, casi lo único, son los poemas inspirados por la presencia de esta mujer. Su lírica adquiere aquí una nueva dimensión de ritmo y contenido, y una paz interior, en lo individual como en lo universal. Así lo testimonian poemas como "An den Mond" (A la Luna), "Über allen Gipfeln ist Ruth" (Sobre todas las cumbres hay calma), "Grenzen der Menschheit" (Límites de la humanidad), "Das Göttliche" (Lo divino), etcétera.

Junto con *Egmont*, Goethe había traído de Italia otro drama comenzado en Weimar bajo la influencia de Mme. von Stein. Es *Iphigenia* (1786), vertido finalmente en versos yámbicos, donde se alían el helenismo entonces reconocido y triunfante, de acuerdo con la interpretación de Winckelmann, con los ideales de la Ilustración y del cristianismo. La fuente, la *Ifigenia* de Eurípides, posee la furia elemental y la pasión arrebatadora que Kleist atribuyó más tarde a sus personajes, mientras que en Goethe aparece, encarnado en una mujer, el símbolo de la más pura humanidad, capaz de curar el padecimiento del alma con su sola presencia. La sacerdotisa de Diana obtiene el perdón y el renunciamiento, apacigua toda tormenta del alma, y, en una acción puramente interior, afirma el poder del ser humano para dirigir su destino a través de los más elevados ideales.

También a este periodo, y terminado en Weimar en 1789, pertenece *Torquato Tasso*. Es la tragedia del creador arrastrado por sus sentidos, que no puede reconocer ni admitir los derechos de la realidad y que vive dentro de sí mismo el conflicto irreductible entre la vida y el artista. Corresponde también, y en gran medida, a las experiencias cortesanas de Goethe, aun cuando la acción se sitúa en la corte de Ferrara. Se ha dicho, con razón, que Tasso es un "Werther aumentado". También él sucumbe porque su vida es nada más que un canto originado en potencias oscuras, indomeñables, reacias a toda organización.

Se ha mencionado varias veces el viaje a Italia. Es el acontecimiento decisivo para el cambio de rumbo en la obra de Goethe. El punto de partida había surgido de un antiguo anhelo, en el cansancio provocado por una agotadora tarea oficial y por la delicada situación de su amistad con Mme. von Stein. En el otoño de 1786 Goethe huía ocultamente de Weimar. Pasó por Suiza y permaneció en ese sur luminoso y atrayente que era Italia hasta mediados de 1788, en que regresó a Weimar. Su estada en Nápoles, Sicilia y Roma significa algo más que la terminación de *Tasso, Egmont* e *Ifigenia*. Determina un vuelco estético y ético que, ahora sí, puede denominarse, con toda propiedad, "clasicismo". No se trata solamente de desechar y repudiar elementos anteriores, sobre todo los que la fórmula "Sturm und Drang" caracteriza —y que jamás desaparecieron del todo— sino la de construir la nueva visión sobre otras bases. En Italia aprende Goethe a gozar abiertamente de las manifestaciones de la vida. Naturaleza y arte se le revelan a través de los grandes monumentos, de las ruinas seculares, de pintores y escultores, y su curiosidad se extiende en un plano de totalidad y serenidad que antes no había conocido, aunque el sentimiento de plenitud que Roma le infunde rara vez volverá a encontrarse.

Ya en 1789 había expuesto que la misión del artista consiste en descubrir, más allá de la particularidad del objeto, lo típico en él, lo necesario y eterno al mismo tiempo, y por ello, verdadero. El ideario clásico está ya formulado, y muy pronto, concretado. Pero también retorna con poesía. En *Römische Elegien* (1790) (Elegías romanas) se testimonia su vuelta al espíritu de los elegiacos de la Antigüedad clásica, su apetencia de formas cuidadas en la alusión de sucesos, principalmente de carácter erótico, vinculados con su estada italiana. También su vida particular experimenta un cambio importante cuando se une en un "matrimonio de conciencia", escandaloso a ojos de muchos, a una muchacha sencilla, Christiane Vulpius, en la que encuentra una compañera fiel y a la madre de su único hijo, August (1789-1830). Esta unión es el motivo inspirador de *Venezianische Epigramme* (1790) (Epigramas venecianos), luego de un segundo breve viaje a Italia. Contrajo matrimonio legal sólo en 1806, después de la batalla de Jena, donde gracias a la presencia de ánimo de Christiane se salvó del pillaje posterior de los soldados franceses.

Este regreso a la patria marca asimismo el comienzo de una soledad, porque admiradores y amigos no comprenden aún la profundidad del cambio y porque el gusto dominante, subrayado a través del éxito de *Los bandidos* de Schiller y del *Ardinghello* de Heinse, demuestran de qué manera se ha adelantado a su época. Así se comprende también su actitud negativa frente a tales éxitos.

El gran acontecimiento político de estos años, la Revolución francesa, no escapa a su atención, y al lado de varias obras de menor importancia aparece, en 1796, una epopeya idílica, *Hermann und Dorothea* (Hermann y Dorotea), cuyo antecedente fue la *Luise* de Voss (véase p. 147). Sobre el telón de fondo de la Revolución, el poema, donde las fórmulas homéricas son continuamente rememoradas, sitúa en un primer plano, a través de las peripecias de un grupo de refugiados, la sólida virtud de la burguesía alemana y los caracteres nobles y elevados de sus protagonistas. La dignidad y belleza de estos hexámetros, elogiados con entusiasmo por Schiller, unen el acontecimiento contemporáneo, hondamente sentido, con una forma severa, clásica y permanente. Su otra importante contribución a este agitado periodo es *Die natürliche Tochter* (1803) (La hija natural), primera y única parte de una trilogía proyectada. Es quizás la culminación de su concepción clasicista. Sobre el destino de una dama de la nobleza francesa, víctima de los sucesos revolucionarios, intenta un teatro absolutamente desvinculado de toda circunstancia individual y sin localización de tiempo y lugar. A pesar del lenguaje majestuoso, la excesiva espiritualización y desrealización congela toda emoción y aliento vital. La obra fue mal recibida, y Goethe no insistió.

Algunos años antes, en 1787, en lucha con un destino duro, Schiller, famoso y pobre, había fijado también su residencia en Weimar, pero hubo que llegar a un encuentro casual, siete años más tarde, para que ambos poetas, entre los que había existido antes una animadversión manifiesta, anudaran una amistad ejemplar y fecunda que sólo la muerte de Schiller pudo interrumpir. Precisamente, lo antitético de sus personalidades, el idealismo abstracto de Schiller, el predominio de lo objetivo concreto de Goethe, fueron capaces de complementar y armonizar en un programa común eso que se ha dado en llamar la época clásica de Weimar. Los puntos de vista diferentes, que respondían a temperamentos también distintos, en donde lo ideal y la vida desempeñaban papeles bien determinados, favorecieron en verdad una obra común e impulsaron la poesía alemana hacia los más altos niveles. La naturaleza más enérgica de Schiller obró sobre Goethe estimulando su capacidad de creación. Los propósitos conjuntos de realizar un arte de contornos clásicos, donde la palabra clásico significaba nobleza, dignidad, contención y permanencia, se hicieron explícitos en los dísticos de *Xennien* de 1797, una crítica epigramática del panorama literario contemporáneo. Pero más todavía en obras de Goethe ya citadas, como *Hermann y Dorotea* y *La hija natural,* en la novela *Wilhelm Meisters Lehrjahre* (1796) (Los años de aprendizaje de Wilhelm Meister), y, sobre todo, en las baladas aparecidas en el *Almanaque de las musas* de 1798.

La especie de la balada, ganada para la poesía culta por Bürger (véase p. 148), permitió a Goethe aferrarse a la tradición nacional y explayarse en los tonos más profundos. Los temas, extraídos de motivos populares, narran sucesos fantásticos o legendarios sobre un fondo épico-lírico. Entre las más populares escritas por Goethe, parte del más acrisolado tesoro de la poesía alemana de todos los tiempos, figuran "Die Braut von Korinth" (La novia de Corinto), "Erlkönig" (El rey de los alisos), "Der König in Thule" (El rey en Tule), "Der Zauberlehrling" (El aprendiz de hechicero) y "Der Gott und die Bajadere" (El dios y la bayadera). Este trabajo en colaboración se extendió también al teatro, desde que Goethe había retomado el cargo de director del teatro de Weimar en 1791, y a consideraciones de carácter estético. La temprana muerte de Schiller quebró la noble amistad de estos genios y dejó a Goethe más aislado que nunca. Los magníficos versos con motivo de la muerte del amigo son la mejor prueba de lo que había significado esta relación.

De las obras maestras del periodo se destaca con relieve propio el *Wilhelm Meister.* Desde sus primeros años en Weimar, Goethe había concebido una novela en la que el héroe actuaba en un medio determinado por el teatro. Se trataba de *Wilhelm Meisters theatralische Sendung* (Misión teatral de Wilhelm Meister) cuyo texto, abandonado por Goethe en 1786, se halló en 1910. Allí, un joven vinculado al teatro desde su niñez, concibe el propósito de constituir un teatro nacional como medio de dar una unidad al cuerpo de la nación. Recuerdos autobiográficos y la aparición de personajes que habían existido otorgaban al fragmento un carácter realista poco habitual, que *Los años de aprendizaje* no conservan. La novela alcanzó una repercusión extraordinaria y merecida, pero disolvió la realidad del fragmento anterior por una idealización consciente y una finalidad didáctica expresa. Se trata, como tantas veces en la novelística alemana, de una novela de educación del carácter de un hombre a través de las experiencias vitales. El teatro es reconocido como fase importante de esta evolución, pero Wilhelm Meister aprende a actuar en la vida, y no meramente sobre las tablas. Diversos ambientes culturales, sociales y estéticos, van enriqueciendo su alma hasta que llega a conformar una existencia hecha de acción, al servicio de la comunidad. Una espiritualización y fantasía bien románticas, donde confluyen los destinos trágicos de Mignon y el arpista, además de un lírico sentimiento de infinito, preanuncian al romanticismo de 1800 y colocan a Goethe como figura conductora del inminente movimiento. Las novelas románticas de Novalis, Mörike e Immermann deben su existencia al clima que *Wilhelm Meister* les había preparado.

La soledad en que la muerte de Schiller lo había dejado se agrava con los sucesos de la guerra. En *Pandora,* drama inconcluso, retoma el mito griego para dar alegóricamente, en las figuras de Prometeo y Epimeteo, su esperanza de una conciliación final, mediante una resurrección a través de la muerte. Su pensamiento se plasma en símbolos que asen lo permanente con sentido de totalidad, pero el corazón sigue latiendo como siempre y un nuevo y breve amor, inspirado esta vez por Minna Herzlieb, lleva a los románticos *Sonette* (Sonetos) de 1808.

Goethe pisaba ya el umbral de la vejez y su arte, lejos del tumulto de los años mozos, se iba depurando en una serenidad suprapersonal. Pero sus casi sesenta años están muy lejos de llamarlo al descanso, y a partir de este momento su obra es enumeración de obras maestras. Por ejemplo, la novela *Die Wahlverwandschaften* (1809) (Las afinidades electivas). El título está tomado de las ciencias naturales, y es ciencia de la observación del alma durante el proceso matrimonial. Una pareja casada desde hace muchos años y de futuro previsto, es, de improviso, atraída por el amor a otras dos personas, y estos nuevos sentimientos arrasan dos vidas de orden y normalidad. La experiencia, que describe reacciones oscuras de los sentimientos con una prosa clásica y despojada de elementos innecesarios, está observada con espíritu científico, y el trágico final señala el orden superior de la vida matrimonial.

A pesar de su intento atractivo, tardó mucho en imponerse como una de las más grandes novelas alemanas.

A esta altura de su vida, desde la cima de su aislamiento, Goethe era punto de referencia obligado de todo acontecer intelectual. Los jóvenes románticos, por ejemplo, a pesar de sus múltiples diferencias con quien años atrás había marcado el nuevo rumbo, pujaban por colocarse bajo su égida. Goethe sabía que su vida, cuyo control le había costado durísimos esfuerzos, podía poseer valor educativo. La objetivación de su proceso vital, el crecimiento orgánico de sus aptitudes, el reconocimiento de fuerzas oscuras, demoniacas, como gustaba decir, se habían combinado en una entidad humana que podía ser portavoz de una época y símbolo de una alta conciencia de la vida. De esta manera es conveniente entender su numerosa producción autobiográfica, de la que se destaca el significativo título de *Dichtung und Wahrheit* (1811-1832) (Poesía y verdad), y que se continúan en varios otros trabajos que concluyen, a su muerte, con los recuerdos del fiel amigo Eckermann.

El alzamiento nacional de 1813 no contó con su aprobación ilimitada. Goethe sentía que el mundo y la naturaleza eran su auténtica patria. No es de extrañar, entonces, que este ciudadano del mundo postulara una literatura universal, más allá de toda frontera, y que ansiara constantemente la ampliación de su perspectiva, que incluía, por supuesto, la del propio país, como se demuestra en el remozamiento y renovado interés por el medievo alemán. Pero un verdadero descubrimiento lo constituyó la literatura del Oriente, sobre toda a través del poeta persa Hafis (1300-1389), que le proporcionó parte del material para sus poemas del *Westöstlicher Diwan* (1819) (Diván occidental-oriental). En el lírico persa halló Goethe una confirmación de su propia sabiduría de anciano, en donde la vida fluía bajo distintos nombres y en distintas épocas, en un eterno curso de muerte y resurrección. El otro estímulo fue, como tantas veces, un nuevo amor, esta vez por Marianne von Willemer (1784-1860), a la que renunció en versos impregnados del más fervoroso sentimiento. En este volumen, cuya excepcional calidad lírica ha sido sólo recuperada por nuestro siglo, se halla el fruto de la más depurada sabiduría, que se distancia de lo contingente y lo meramente terreno en un lenguaje de alta poesía. Abría así Goethe otra ruta para la literatura alemana, y el Oriente aparecía, poco más tarde, en las composiciones de Rückert, Heine, Platen y Chamisso.

La persona de Goethe era ya meta de peregrinaciones y definiciones. Su ancianidad lo alejaba de los hombres pero lo acercaba más a la humanidad, y su actitud apuntaba ya a lo supratemporal. No obstante, no perdía interés en los hechos y un corazón, asombrosamente joven, iba a latir, a los setenta y cuatro años, por Ulrica von Levetzow, una joven de dieciocho. A ella están dedicados los versos amorosos de "Marienbader Elegie" (1823) (Elegía de Marienbad), rebosantes de pasión, belleza y renunciamiento.

Wilhelm Meister era un personaje caro a su corazón y él podía volcar las propias preocupaciones. A los *Años de aprendizaje* hizo seguir, en lenta elaboración *Wilhelm Meisters Wanderjahre* (Los años de peregrinaje de Wilhelm Meister), cuya versión definitiva es de 1829. Los problemas individuales pasan aquí a segundo término y con visión profética Goethe anticipa un futuro que pertenece a la masa, a la comunidad, que debe ser educada en el culto a los valores eternos y que lo lleva a la utopía de su "provincia pedagógica". La obra es impersonal, y su construcción carece de unidad. Hay muchas intercalaciones y referencias a cosas muy diversas, pero ese reemplazo del hombre cultivado, con finalidad en sí mismo, por un hombre colectivo y activo, moviéndose entre las cosas y aceptando su realidad, justifica el otro título de la novela, *Die Entsagenden* (Los resignados), vale decir, los representantes de la generación egoístamente ilustrada en su adaptación a las nuevas condiciones de una colectividad que en nuestro siglo se ha hecho real.

En 1831 había concluido la segunda parte de *Faust,* que se dio a conocer después de su muerte, y la obra goetheana estaba consumada, porque Fausto refleja el curso simbólico de su propia vida. Luego del *Fragmento* de 1790, las excepcionales posibilidades del personaje del libro popular, del que ya se habían ocupado el isabelino Christopher Marlowe y, mucho después, Lessing (véase p. 131), tentaron la continuación. La primera parte apareció en 1808 y la atraviesa la desmesura titánica del "Sturm und Drang", a través del ropaje gótico y los versos a lo Hans Sachs, o del rejuvenecido doctor a quien Mefistófeles ofrece románticamente juventud, poderío y riqueza. Esa extensión de todas sus potencias, aún pasando sobre la tragedia de Margarita, esa persecución de sus sentidos y aspiraciones terrenales, son el germen de su culpabilidad. El colorido y la presentación de esta parte hicieron necesaria una continuación que la misma vida de Goethe iba exigiendo. La segunda parte es más densa y reflexiva, y su significación simbólica trasciende el caso particular. Fausto, en su apetencia sin límite ni regla, se enfrenta con el mundo clásico de la belleza y el orden, que ahora se encarna en Helena, pero la unión entre los principios que cada uno representaba fracasa, y Helena desaparece. Fausto, en el sucesivo enriquecimiento de su experiencia, se entrega a la acción en gran estilo, a una vida de gran industria, grandes ambientes y grandes crímenes, que es otra anticipación que debemos al anciano visionario. Pero la acción también concluye en una condena si no está sustentada por el amor. Y finalmente Fausto es salvado porque su alma ha sido tocada por la gracia y por un amor que el principio femenino ha personificado en Margarita, Helena y la Madre de Dios. El drama toma, esencialmente, la forma de un misterio, en donde el esfuerzo y la gracia otorgan el don de la última salvación. Como en un vasto fresco, Goethe ha sabido exhibir la totalidad de la existencia humana y la ha encerrado en el mundo de la imagen poética.

El 22 de marzo de 1832 muere plácidamente en Weimar, a los ochenta y dos años de edad. Dio nombre a su época y se constituyó en figura irremplazable, no sólo de la literatura alemana, sino del espíritu universal. Su comprensión implica la comprensión, sin adjetivos, de todo lo que es humano, y en ese complejo indisoluble de vida y obra advertimos, al final, el toque de los más grandes poetas, Dante, Shakespeare, Cervantes, cuya última poesía trae el mensaje de la armonía superior y de la serena inmortalidad.

XIV. CLASICISMO (SCHILLER, HÖLDERLIN, KLEIST, JEAN PAUL)

Aunque Goethe es el primero de los clásicos, durante el siglo xix los alemanes sintieron por Johann Christoph Friedrich Schiller (1759-1805) una veneración de la que es testimonio el recuerdo casi religioso de sus grandes poemas y frases dramáticas. Ello se explica. Schiller está más cerca del hombre, aunque de un hombre al que exigió las más altas virtudes, y en tal carácter se constituyó en el intérprete por excelencia de los ideales y aspiraciones de su pueblo. Bien entendido que en este caso se trata de ideales superiores, cuya llave maestra es el sentimiento de una libertad que atraviesa todos los órdenes y que para Schiller es, asimismo, meta última de la historia del mundo. Portavoz de las capas ilustradas de su país, fue al mismo tiempo, y en esto su naturaleza difiere de la de Goethe, un luchador incansable cuyo campo de batalla inicial era su propio interior.

Su obra, especialmente la no dramática, ha caducado ya en cierta medida, pero ese impulso de superación por alcanzar ideales cada vez más libres y hermosos en ese eterno pujar de naturaleza y razón, lo ubica con justicia junto a Goethe. En este último se da una suerte de armonioso crecimiento orgánico. Schiller procede, en cambio, por la exhibición del contraste de fuerzas polarizadas a las que da voz con diálogo magistral. Por ello, de los dos, Schiller es mucho mejor dramaturgo, y, en verdad, su visión del mundo es esencialmente dramática y dialéctica. Su gesto no pierde, casi nunca, cierto dejo teatral, hecho de énfasis y declamación, que hoy nos gustaría apartar, pero que le asigna el privilegio de haber creado el gran teatro alemán de todos los tiempos. Más aún. Mostró como nadie, y aquí es el gran heredero de la Ilustración, la necesidad de una ética basada en el esfuerzo y la aspiración al puro ideal, y esto lo convierte en el más noble de los clásicos alemanes.

Nació en Marbach en el seno de una familia modesta, ya que el padre, hombre de inquietudes intelectuales, era cirujano militar en Württemberg. Las disposiciones piadosas del niño fueron bruscamente cortadas por la orden del duque Carlos Eugenio, prototipo del déspota ilustrado, para que se lo educara en la Academia Militar por él fundada. Desde 1775 reemplazó en Stuttgart, en un ambiente que sentía opresivo y martirizador, la jurisprudencia por la medicina. Luego de siete años de estudios, calificados por Schiller como embrutecedores, es nombrado médico militar en un regimiento sin importancia. Una enorme avidez intelectual, facilitada por la enseñanza de buenos profesores, lo hizo conocer y admirar a Shakespeare, Rousseau, Klopstock, Goethe y la estética del "Sturm und Drang". Desinteresado de su profesión, escribe, sin embargo, en 1780, una reveladora tesis sobre "la relación entre la naturaleza animal y la espiritual en el hombre".

Entusiasmo y un naturalismo casi cínico son los polos de su espíritu juvenil, y el ánimo de hacer grandes cosas se concreta en una obra de teatro, *Die Räuber* (Los bandidos), que se publica en 1781. El punto de partida, una narración de Schubart (véase p. 145), se espesa con la temática del odio entre hermanos, favorito de los "Stürmer", y, en general, con la más exaltada expresión que el movimiento había sido capaz de ofrecer y que allí encuentra su culminación. Al representarse en 1782, en el teatro de Mannheim, el entusiasmo del público no conoció límites. La pasión sin freno, los caracteres dialécticamente antagónicos y extremados en su virtud o en su vicio, la crudeza de la prosa, la teatralidad de las escenas y la genial inverosimilitud de sus enfáticos personajes, se dan junto con la reminiscencia de Shakespeare, imitado en el movimiento exterior. La historia del buen hermano, Karl von Moor, y del hermano malo, Franz, el primero de los cuales resuelve hacerse justicia por su propia mano y para ello capitanea una banda de malhechores, pero que termina por entregarse después de haber satisfecho su venganza, porque nunca ha dejado de reconocer la existencia de una ley superior, revelan al predicador que hay en Schiller con la denuncia estridente de una sociedad que permite la posibilidad de tales hechos. La segunda edición de la pieza llevaba ya el epígrafe revelador "In tyrannos".

Un año decisivo en su carrera es 1782. Había publicado versos altisonantes y pretenciosos, donde los grandes temas se trataban en una escala aumentada y poéticamente insincera, pero, a pesar de ello, encontraban admiración. Ello no impidió que el duque Carlos Eugenio le prohibiera seguir escribiendo, disgustado por el viaje sin permiso de Schiller a Mannheim y por las alusiones, bien transparentes, de *Los bandidos*. Schiller, con el temor de que en él se repitiera el destino de Schubart, resolvió la huida. Había pensado que Dalberg, el intendente del teatro de Mannheim, lo apoyaría después del éxito de *Los bandidos* y le ofreció, inútilmente, una segunda pieza, el *Fiesco,* que ya tenía concluida. Sin recursos, el joven poeta se refugia en Bauerbach, donde comenzaron a germinar *Luise Millerin* y *Don Carlos*. La primera de estas obras, rebautizada como *Kabale und Liebe* (Intriga y amor), fue aceptada por Dalberg, quien lo llamó en 1873 a Mannheim, en carácter de dramaturgo. Allí se estrenó poco después, en 1784, *Die Verschwörung des Fiesco zu Genua* (La conjuración de Fiesco en Génova), donde ya se atempera la exageración de su primera pieza. La libertad política es el fondo de acciones de contextura casi operística. El duque de Lavagna, Fiesco, conspira contra el dux Andrea Doria para devolver a Génova su libertad, aunque al final resulta que lo que lo mueve es la ambición de poder, mientras que el auténtico republicano, Verrina, se ve obligado a matar a la propia hija.

El entusiasmo subrayó el estreno de *Intriga y amor*. En forma conmovedora presenta Schiller una acusación de corte político-social, porque precisamente la ideología dominante y la desigualdad de clases impiden que el puro amor entre Ferdinand von Walter, hijo de un alto magistrado, y Luise, cuyo padre es un pobre músico pueda llegar a feliz término. La muerte de ambos amantes es otro grito en favor de una libertad que atraviesa las convenciones sociales y que esta tragedia burguesa, semejante a la *Emilia Gallotti* de Lessing, pero emplazada esta vez en Alemania, resuelve de acuerdo con una atmósfera realista y con la misma moraleja explícita de sus piezas anteriores. Pero el "Sturm und Drang", que debe a esta primera etapa de Schiller sus acentos más pronunciados, termina con esta obra, y el periodo "genial" es seguido por una superación de intenciones y realidades.

Los dramaturgos de moda, costumbristas lacrimógenos y circunstanciales, como Wilhelm Iffland (1759-1814) y August von Kotzebue (1761-1819), ocupaban los escenarios, aun el de Weimar, en tanto que a Schiller la residencia en Mannheim se le había vuelto insoportable. Los ingresos disminuían, y el apoyo definitivo no aparecía. A pesar de una publicación literaria que había fundado, *Rheinische Thalia* (Talía renana) y de la amistad que lo unió a una mujer de excepción, Charlotte von Kalb, a la que también se acercaron Jean Paul y Hölderlin, como de un título honorífico que le había otorgado el duque Karl August de Weimar, llegó muy oportunamente la invitación de un admirador, el jurisconsulto Christian Gottfried Körner (1756-1831). En las residencias de este último, en Leipzig y Dresde, Schiller pasó cerca de dos de los más felices años de su vida, y el célebre "Himno a la alegría" de la sinfonía coral de Beethoven tiene su origen en la hospitalidad cordial y la amistad desinteresada que allí experimentó.

En este periodo escribe asimismo *Don Carlos*. Este drama es, por una parte, un rechazo de su estética anterior con el culto desenfrenado a lo real y lo "natural". Por otra, el intento para una conformación dramática que hiciera resaltar los aspectos ideales y permanentes de sus personajes, y, en el fondo, una mezcla genial de su primer estilo, ya superado, y del segundo, el clásico, que aparecerá definitivamente formado algo más tarde. Se ha aducido que la larga elaboración perjudicó el desarrollo de la obra. Comenzada en prosa como "una tragedia familiar en una casa real" al estilo "Sturm und Drang", se transformó en su versión definitiva, con el trazado del marqués de Posa, en el exponente de una humanidad noble e ideal, que la Ilustración había plasmado ya en *Nathan* e *Ifigenia*. En este drama Schiller llamó a la historia en su auxilio, pero no en el sentido incidental del *Fiesco*, sino como un acontecer que, en última instancia, está al servicio de la libertad. Apartado de la rigurosa verdad histórica, pone en escena el conflicto entre el infante don Carlos, que ama a su madrastra, y su padre, el rey Felipe II, pero lo que pasa al primer plano es la discusión y el reclamo de la libertad humana, según lo explica en la obra el en varios sentidos portavoz de Schiller, marqués de Posa. Aunque éste sucumbe, el ideal ha hecho pie y queda como único triunfador sobre la escena. Los personajes, no obstante estar mejor caracterizados que en las piezas anteriores, se mueven en una trama compleja y algo confusa, y hablan en un verso yámbico de un vigor dramático y una belleza expresiva antes no oídos en el teatro alemán. Con *Don Carlos,* estrenado en 1787, Schiller funda el drama histórico alemán de gran estilo, da vida a personajes nobilísimos, discurre con ciencia por el mundo de la gran política (la escena entre Felipe II, dignamente presentado, y el Gran Inquisidor), y señala la vía hacia un clasicismo más depurado.

La irradiación que Weimar ejercía atrajo también a Schiller, aunque sus primeros años allí resultaron infructuosos. No obstante, establece una fecunda postergación para su producción dramática, que ahora ya no le satisface. Así, ofrece el ejemplo inusitado del autor célebre que abandona la senda de sus éxitos para lanzarse a la investigación de la historia y la filosofía, en busca de una sustentación teórica de lo que, aún no formulado, siente bullir en su interior. Por mediación de Goethe, que no muestra ningún deseo de conocerlo personalmente porque lo conceptúa un "Stürmer" más, se lo nombra, en 1789, profesor de historia en la vecina Universidad de Jena, lo que le permite contraer matrimonio con Charlotte von Lengefeld. De sus estudios históricos son fruto la *Geschichte des Abfalls der vereinigten Niederlande* (1788) (Historia de la insurrección de los Países Bajos) y *Geschichte des Dreissigjährigen Krieges* (1793) (Historia de la guerra de los Treinta Años), en donde traza un amplio cuadro que coloca la decisión de los hombres bajo la invocación de la libertad, y que le da renombre de historiador durante muchas décadas.

Por esta época se produce su viraje decisivo hacia el clasicismo, que coincide con el de Goethe y está preparado por la siembra de las traducciones de Voss, los estudios de Winckelmann y Lessing, y las incursiones superficiales de Wieland, todo lo cual lo conduce a la exaltación de los ideales griegos según los entendía su propio tiempo. A todo antepone el concepto de la belleza, llave maestra para entender la cultura griega, y la enfrenta con los acontecires contemporáneos, que halla sombríos, inarmónicos y desarticulados. Poemas como "Die Götter Griechenlands" (1768) (Los dioses de Grecia) contienen el entusiasmo de un credo hacia una Grecia saturada de belleza y alegría, aunque haya allí más retórica que poesía auténtica. El modo de vida y del arte griegos no sólo lo impulsaron por intereses profesionales a la traducción de la *Ifigenia* y *Las fenicias* de Eurípides, sino a la forja de un horizonte helenizado, nostálgico y perfecto, en donde naturaleza y espíritu venían a significar la misma cosa. Simultáneamente, en su revista *Thalia* publicaba, en medio de una precaria situación económica, crítica, estudios históricos y narraciones, entre las que sobresale una novela inconclusa, *Der Geisterseher* (1789) (El vidente), de índole policial, llena de misterio e intriga, atmósfera que no está ausente de algunos de sus grandes dramas.

A raíz de una dolencia grave le llegó importante ayuda pecuniaria del príncipe danés Friedrich Christian von Schleswig-Holstein. Se había arrojado ya al estudio de la filosofía de Kant, cuya *Crítica del juicio* apareció en 1790. El resultado de estos estudios lo constituyen sus escritos estéticos. El primero, *Über Anmut und Würde* (1793) (De la gracia y la dignidad), traza una moral que no está supeditada al riguroso imperativo categórico, sino que depende de la existencia del "alma hermosa", y que concilia, dentro de un idealismo puro, placer y deber dentro del mundo clásico de Grecia. Una conciencia cada vez más clara acerca de la misión del artista se contiene en las cartas que integran *Über die ästhetische Erziehung des Menschen* (1795) (Sobre la educación estética del hombre), donde la autonomía del arte proclamada por Kant desvincula a éste de todo problema de época. La belleza, que el artista crea en su juego estético, abraza toda la actividad humana y proporciona la forma que debe regirla. Y, dentro de estos ideales clásicos, Schiller sitúa al poeta en el más alto rango de educador, incluso como guía de las relaciones políticas para llegar a un estado "estético", donde la hermosura soberana rija los destinos de una "humanidad bella".

Por esta época ya había entrado en íntima relación con Goethe, y el encuentro entre dos naturalezas tan diversas no sólo ahondó los puntos de vista de uno y otro, sino que condujo a una poesía rica y orientada hacia un ideal común, de formas permanentes y de intención educadora. La energía creadora de Schiller desató de nuevo el genio de Goethe y la discusión teórica, mantenida en el más alto nivel, de que es testimonio la correspondencia entre ambos amigos, impulsó también a Schiller a mayores aclaraciones. Ejemplo, de ello, el ensayo *Über naive und sentimentalische Dichtung* (1795) (De la poesía ingenua y sentimental), en que su capacidad crítica distingue la naturaleza del artista clásico y del moderno. Al primero, del cual el arquetipo de su época es Goethe, lo considera "ingenuo", vale decir, objetivo, natural en su aceptación de la realidad. En cuanto al artista moderno, es "sentimental", parte de la propia subjetividad, es decir, de la fantasía y la sensibilidad personales y va en busca de una naturaleza que siente nostálgicamente escapársele. El mismo Schiller se clasifica como "sentimental" y estima que su tarea poética futura está en la conciliación de ambas concepciones.

En este periodo verdaderamente feliz para la literatura, ambos autores estrechan relaciones con Wilhelm von Humboldt (1767-1835), colaborador del *Almanaque de las musas* (1797-1800) que la energía de Schiller hace surgir, y cuyos ideales clásicos, infatigablemente proclamados, se concretarán en un arte que, íntimamente alemán, alcanza ahora por primera vez categoría universal. Además de su actividad crítica y pedagógica (fue fundador, en 1810, de la Universidad de Berlín) y de la gravitación de sus estudios lingüísticos Humboldt contribuyó decisivamente con sus escritos al brillo de ese clasicismo esclarecido. Ahora, a partir de 1797, la noble emulación con Goethe produce, en superación asombrosa, una serie de obras maestras. En primer término, los poemas y las baladas. Dotada de las más nobles aspiraciones, la poesía de Schiller de esta época presenta un carácter fundamentalmente educador por su contenido elevado. Pero esta ideología didáctica se vierte en un lenguaje declamatorio y enfático que ya fue criticado, contemporáneamente, por el grupo romántico de Jena, el cual advirtió sagazmente, a pesar del idealismo, la ausencia de sustancia poética. Los poemas más célebres, en este sentido, son "Die Götter Griechenlands" (Los dioses de Grecia), "Die Künstler" (Los artistas), "Der Spaziergang" (El paseo),

"Das Ideal und das Leben" (El ideal y la vida), y otros.

En cuanto a las baladas, contenidas esencialmente en el *Musenalmanach* de 1797, se inspiran en motivos clásicos o medievales (una cortada hacia el romanticismo), pero han perdido la frescura y ese sabor popular que Bürger había sabido infundirles. El argumento, prolijamente desarrollado, recuerda a la narración en prosa, por más que se advierta una estructura dramática que denuncia a quien las ha concebido. La popularidad de estas baladas depende de la moralidad expresada, que la burguesía del siglo XIX hizo suya con admirable adhesión. Composiciones como "Der Ring des Polykrates" (El anillo de Policrates), "Hero und Leander" (Hero y Leandro), "Die Kraniche des Ibykus" (Las grullas de Ibico); "Der Handschuh" (El guante) y "Das Siegesfest" (La celebración de la victoria) se incorporaron durante el siglo pasado a la cultura en una medida inalcanzada por la obra de cualquier otro poeta, Goethe inclusive. En cuanto a la famosa "Das Lied von der Glocke" (Canción de la campana), memorizada por tantas generaciones de alemanes, es, ni más ni menos, un cuadro de la actividad humana en todas sus edades, visto a través de los ideales de la Ilustración. La lírica schilleriana posee animación, variedad y color, pensamientos puros y una misión idealizadora, pero, y esto bien lo sabía el mismo Schiller, carece de la conmoción íntima que denuncia a la gran poesía.

Todos estos años habían sido un compás de espera fecundo para la consumación de su genio, que, en el último lustro de su vida, produce una prodigiosa serie de obras maestras. Ese contacto tenaz con Kant, los estudios históricos, el clasicismo francés, los trágicos griegos, Shakespeare, y la relación con Goethe fundamentan su gran dramaturgia, cuya esencia se contiene en una frase del ensayo *Über das Erhabene* (Sobre lo sublime), de 1802. Allí sostenía la primacía de la libertad humana frente a toda sujeción natural, de lo que desprende, en consonancia con la gran tragedia de todos los tiempos, la inexistencia de un destino ciego e inexorable que pueda oponerse a la voluntad moral del ser humano, vale decir, a su libertad interior. Así entendido, todos sus dramas históricos se iluminan de modo parejo y adquieren su grandeza inigualable. La figura de Wallenstein, el eximio general de la guerra de los Treinta Años, se convierte en centro de una trilogía. *Wallensteins Lager* (1798) (El campamento de Wallensteins), *Die Piccolomini* (Los Piccolomini) y *Wallensteins Tod* (La muerte de Wallenstein), de 1799, componen un excepcional cuadro histórico en un prólogo y 10 actos, cuya acción se aprieta en pocos días. La animación shakespearana de la primera parte, y luego, el entrecruzamiento de los hechos políticos, que rebasan la voluntad individual, y la descripción del carácter del héroe, entregado al destino escrito en los astros, cuando en realidad es víctima de la fatal indecisión de su propia naturaleza, son marco y contenido de la tragedia. Los versos señalan magistralmente el movimiento del alma de cada personaje, y la estructura de esta tremenda masa de acontecimientos se distribuye con encomiable economía. El deber político, además, corporizado en la figura del genial fridlandés Wallenstein y sus generales se contrapone al puro amor de su hija Tekla y el joven Max Piccolomini, que sucumben, víctimas inocentes, al intrincado devenir impersonal del curso de la historia.

Maria Stuart (1800) le sigue. Elige aquí Schiller el destino de la infortunada reina de Escocia que, al solicitar la protección de su real pariente, Isabel de Inglaterra, sella su propio destino. Concisamente desfila, en un conmovedor análisis psicológico, la culpable juventud de la Estuardo que muere ennoblecida por el dolor y el arrepentimiento. Pero quizás la gran figura teatral sea Isabel, en la cual luchan impulsos femeninos y un designio político inexorable, y que, en lo más íntimo, resulta la verdadera vencida.

En la obra siguiente, *Die Jungfrau von Orleans*

(1802) (La doncella de Orleáns), hay, dentro de un colorido externo que falta en la pieza anterior, un deliberado alejamiento de la verdad histórica. La doncella había sido ya tratada en la literatura por Shakespeare desde el punto de vista de la historia inglesa, y maltratada por Voltaire desde el punto de vista del racionalismo. Para Schiller, la heroína es compendio de alta humanidad y es precisamente ese rasgo lo que le ha permitido el milagro de levantar el ánimo de su país. Sin embargo, Juana cede por un momento al amor terrenal que la ata al mundo de los sentidos y pierde su fuerza sobrenatural, que vuelve a recuperar cuando es capaz de expiarlo y concentrarse en la misión que el cielo le había encomendado. Su muerte en el campo de batalla, tras una liberación milagrosa, no responde a la verdad histórica, pero sí al sentido de la libertad moral que purifica.

En la evolución hacia formas cada vez más clásicas, con primacía de lo simbólico, que ve en la inevitable catástrofe la consecuencia de una larga cadena de culpas, compuso Schiller *Die Braut von Messina* (1803) (La novia de Messina). Esta vez inventó el argumento, que ubicó en una época imprecisa. Para desarrollarlo utilizó el viejo asunto del odio entre hermanos y le inyectó, para acercarlo a la tragedia sofóclea que tuvo principalmente en vista, la existencia de un coro —ya el barroco había intentado resucitarlo, sin éxito— que actúa estáticamente, no obstante sus hermosos versos. Unos sueños que reemplazan al oráculo tradicional, predicen la aniquilación de dos hermanos por amor a la misma mujer. Así ocurre, efectivamente, porque ambos hijos de un poderoso príncipe de Messina se destruyen en una pasión culpable, de la que no tienen conciencia, hacia la propia hermana. Sin embargo, al final resuena la convicción permanente de lo trágico en Schiller. La culpa no proviene de afuera, se debe a la capacidad de libertad de los hombres, dueños de su destino. Según los tantas veces citados versos de la obra: "La vida no es el bien supremo, pero la culpa es el mayor de los males".

En 1804 se estrenó en Weimar, con aplauso unánime, *Wilhelm Tell,* la última de sus grandes obras. Schiller retorna aquí, en momento político oportuno, pues Napoleón es ya para Europa algo más que una sombra amenazadora, al legítimo arraigo a la tierra y a la comunidad en que se vive, al amor a la patria. Elige para ello los sucesos histórico-legendarios de los que derivó, en el siglo XIV, la independencia de Suiza. La materia, épica más que dramática, se desenvuelve en una serie de cuadros fieles a la realidad ambiental. Guillermo Tell no es una individualidad característica y el héroe auténtico de la pieza, salpicada con frases memorables, es la totalidad del pueblo suizo, y Tell es sólo un representante más del común anhelo de libertad que hermana a todos sus compatriotas.

El 5 de mayo de 1805, a los cuarenta y cinco años de edad, Schiller falleció. La actividad febril de los últimos años aceleró indudablemente su muerte, más lamentable aún porque se encontraba trabajando en otro drama, *Demetrius,* del que dejó el primer acto. La historia del pretendiente a la corona de los zares, víctima de los manejos de gente ambiciosa y sin escrúpulos, vencido finalmente por el abandono de las normas de la moralidad, hubieran hecho de esta pieza histórico-política quizás el más efectivo de sus dramas. La grandiosidad del tema tentó más tarde a Hebbel, y en Rusia el mismo asunto fue aprovechado por Pushkin.

Para la literatura alemana el teatro de Schiller es insustituible. Lo prueba fehacientemente la obra de los grandes dramaturgos del siglo XIX, que no pudieron evitar inspirarse en su estilo. Pero hizo más. Dotado de una voluntad de superación excepcional, trabajó para dar a su pueblo los cánones más altos de bondad, verdad y belleza. El ideal, en el que creyó religiosamente, fue para Schiller una vivencia más tangible que la realidad. Esto lo convirtió en el gran poeta nacional, en una medida no alcanzada por ningún otro, y esta popularidad descansa en su firme creencia de un nivel ético superior que deriva, a su vez, del reconocimiento de la indestructible libertad humana.

Si éste es el periodo clásico, los nombres de Goethe y Schiller, aunque suficientes, no son los únicos. Otros autores lo integran por derecho propio. Un novelista, Jean Paul; un poeta puro, Friedrich Hölderlin; un dramaturgo, Heinrich von Kleist. La poderosa individualidad de la obra de estos autores rechaza, sin embargo, el ideario clásico de Weimar, por estrecho y demasiado "cultivado", y tampoco, pese a varios puntos de contacto, se adecuan al credo romántico que crece en la misma época. Aislados, en realidad, de las grandes corrientes, la rotundidad y originalidad de su mensaje los califica justamente al lado de los genios de Weimar.

Alejado tanto del clasicismo como del romanticismo, pero sin poder sustraerse a su influencia, se yergue con su personalidad vigorosa y diferente la figura de Johann Paul Friedrich Richter (1763-1825), que adoptó para la literatura el nombre de Jean Paul. Es un narrador nato y el único gran novelista de su época con exclusión de Goethe. La influencia que ejerció durante el siglo XIX, no sólo sobre novelistas sobresalientes como Gotthelf y Raabe, por ejemplo, sino sobre el gran público, especialmente el femenino, es uno de los hechos más singulares de la historia literaria.

De los estudios juveniles realizados en Leipzig extrajo, en medio de una afligente situación económica, una sabiduría pasmosa, pero si bien la empleó en sus novelas, defectuosamente estructuradas, en forma de citas, datos, interpolaciones, que recuerdan el barroquismo de Fischart, antepuso a toda ciencia humana el conocimiento y exhibición del sentimiento, al que convierte en soporte maestro de la vida. Jean Paul, que vivió cierto tiempo en Weimar, donde fue rechazado por el clasicismo de Schiller y Goethe, ofrece en sus caudalosas y abigarradas novelas un cuadro de vida, de conocimiento de una realidad pequeña y humilde vista con simpatía y compasión, con héroes algo ridículos y grotescos, de buen corazón y de limpios propósitos, para los que el sentimiento rebasa toda otra disposición. Ello ocurre, sobre todo, en los idilios del comienzo, cuyos largos títulos, aquí abreviados, son también una reminiscencia barroca, como *Leben des Quintus Fixlein* (1796) (Vida de Quintus Fixlein), *Siebenkäs* (1797), o *Leben des vergnügten Schulmeisterleins Maria Wuz* (1790) (Vida del alegre maestrillo María Wuz). El sentimentalismo es, simultáneamente, enlazado con una ironía y un humor que no asumen el efecto destructivo de sus contemporáneos románticos y coexisten dentro de la inmensidad del todo que la novelística de Jean Paul cobija. Porque, en realidad, sus obras son una especie de enciclopedia del corazón —de ahí su inmensa popularidad— y albergan la imagen de una humanidad que tiende en su diversidad compleja a formar tipos esclarecidos. Pero, a diferencia del clasicismo de Weimar, derivan su excelencia de la sujeción a normas suprapersonales, de fondo religioso más que de respeto a lo puramente humano. No en balde Herder apreciaba tanto a Jean Paul y lo contraponía a Goethe y Schiller.

En las grandes novelas, *Hesperus* (1795), *Titan* (1803), o en la inconclusa *Flegeljahre* (1804) (La edad del pavo), por detrás de su amabilidad, que no excluye la grosería ni la descripción de aspectos ingratos de la realidad, se establece la eterna problemática del alemán, que oscila entre el sueño y la acción, a la que tampoco el autor sabe responder con seguridad. No obstante su ironía y humor travieso, o las observaciones extemporáneas e impertinentes que jalonan sus páginas, ese desgarramiento interior, ese aspirar y no poder que informan el carácter de sus compatriotas, fueron tan bien perfilados que se explica al entusiasmo que Jean Paul pudo suscitar alguna vez. Por lo demás, su prosa virtuosista contiene una experiencia asombrosa de la vital, aunque en la actualidad no deja de chocar su permanente menosprecio por una línea formal coherente y unitaria del que sus escritos son testimonio.

Suabo como Schiller, al que imitó en sus primeros poemas, Friedrich Hölderlin (1770-1843) es el poeta puro, el único lírico alemán para quien la palabra se hizo, literalmente, espíritu poético, en un grado de intensidad al que sólo el siglo XX ha comenzado a rendir el debido tributo. Pertenece también a su trágico sino el desconocimiento en que sus contemporáneos, y aun el siglo XIX, lo tuvieron. La suya es una vida exclusivamente interior, y los acontecimientos se desarrollan en el plano de la propia alma, al punto que es difícil encontrar a otro poeta que rechazara tan abiertamente los signos de la realidad externa. Para Hölderlin, la realidad es espíritu o no es nada, y esa desrealización que le impedía distinguir los límites de las cosas, o que quizás lo llevó a distinguirlas en una medida que sólo podemos conjeturar, lo llevó también, en una evolución previsible, a la pérdida de la razón. Había nacido en Lauffen y quedó sin padre a los pocos años. Estudió en el seminario de Tubinga, donde encontró como condiscípulos a Hegel y Schelling y recibió las influencias de Klopstock y Schiller junto con las enseñanzas de Kant, Platón y Spinoza, tan decisivas para su poesía posterior. Las limitaciones que hallaba en la teología protestante le impidieron ordenarse y para ganar el sustento se empleó como preceptor en casa de Charlotte von Kalb. En 1794 Schiller publicaba en *Thalia* un fragmento de *Hyperion,* pero este último no era el más adecuado para apreciar el genio de su comprovinciano, quien se había iniciado justamente con himnos líricos de temas abstractos y sublimes a la manera de Schiller.

Acontecimiento decisivo para Hölderlin es su estadía en Francfort, en 1796, como maestro de los hijos del banquero Gontard. Enamorado sin esperanzas de la madre de sus alumnos, la erige en heroína de su novela *Hyperion* (es allí Diotima) y en musa inspiradora de su credo helénico. Porque Hölderlin en su repudio por la mezquindad del medio que lo rodea, no sólo ansía la vuelta a lo griego —un rasgo romántico— sino que se siente esencialmente griego. En Goethe y Schiller el helenismo era una etapa de cultura, un credo estético, fundamental, eso sí, pero en Hölderlin la identificación con el genio griego es absoluta y experimentada con una autenticidad asombrosa. De todos los clásicos, es él quien vive en verdad el ideal de la unión entre naturaleza y espíritu, entre lo humano y lo divino que los mitos griegos enuncian y su poesía prueba cabalmente. Hölderlin siente a Grecia religiosamente y su fervor se vuelca en los dos tomos de su novela *Hyperion* (1797-1799). El héroe, personificación del mismo Hölderlin, encuentra amor y amistad, e inflamado por sus ideales resuelve contribuir a la liberación por Grecia. En una prosa increíblemente lírica, la amada, Diotima, se le aparece como encarnación de la belleza y lo divino, pero la abandona para entregarse al mundo de la acción, y aquélla muere. Los ideales de Hyperion en su anheloso contacto con la Hélade, siguen brillando a pesar de la vulgaridad de los hechos, pero la humanidad no está todavía madura para recibirlos. De la novela, epistolar como *Werther,* mana un sentimiento denso y entusiasta que capta las fuerzas sobrehumanas que gobiernan el destino del todo.

Como fragmento se conserva un drama helénico de Hölderlin, *Tod des Empedokles* (1799) (Muerte de Empédocles), otra aproximación a Grecia, al igual que sus traducciones de *Edipo* y *Antígona* de Sófocles, publicadas en 1804. La obra, mucho más lírica que dramática, narra el último paso por la tierra del filósofo, médico y hechicero Empédocles de Agrigento, que vivió en el siglo v a. C., y que según la leyenda se arrojó al Etna al sentir próxima su muerte. Empédocles, también poeta y conductor de su pueblo, rechazado por éste se ofrece en holocausto a la divinidad. Las palabras de su ascensión al volcán suenan como el monólogo sublime de un espíritu cada vez más lejos de la realidad y más consustanciado con las fuerzas míticas elementales del cosmos, en un fondo religioso innegable.

Los poemas posteriores transforman las experiencias personales en visiones intemporales, y la forma hímnica expresada al principio en metro clásico, incorpora el tema de la patria, a la que ama, a pesar de la violencia con que la tratara en *Hyperion*. Elegías y odas multiplican, en una métrica liberada que se ciñe únicamente a la poético, un lenguaje cada vez más oscuro y simbólico. En 1801 se había desempeñado todavía como maestro en Burdeos, pero poco después sobrevenía la locura, y no está aún del todo resuelto si los grandes himnos de la última época pertenecen ya a un estado de decidida anormalidad psíquica.

Desde 1806, hasta el año de su muerte, el silencio no es total. En estos poemas postreros, difícilmente inteligibles, porque avanzan más allá de las posibilidades del idioma y de una visión normal, Hölderlin, poseído de la idea de la divinidad, intenta una conciliación de mitos y religiones, y así como augura la unión entre Grecia y Alemania, halla un camino común para Cristo y Dionisos. Lo religioso habla así como el último y principal fundamento de su poesía. Desde su redescubrimiento por Nietzsche, el extraño mensaje de Hölderlin ha ido enriqueciendo la poesía europea. Su acento, del más desnudo y espiritualizado lirismo, su lenguaje preñado de carga poética, lo convierten, con justicia, en el clásico más profundo y de mayor influencia entre las jóvenes generaciones de poetas.

La jerarquía extraordinaria de la obra de Heinrich von Kleist (1777-1811) comenzó a ser apreciada mucho después de su muerte, una consecuencia, por así decirlo, de su desdichada existencia. Está enclavado cronológicamente entre el idealismo de Weimar y el romanticismo, pero, aunque debe al primero la persecución de la forma perfecta y un sentido moral en los actos de sus héroes, y al segundo una disolución en el sueño y lo aparentemente inverosímil, es demasiado personal en su arte como para asignarle rótulo alguno. Con el mismo derecho podría calificárselo también, aunque con reparos, como un genial precursor del realismo. De todas maneras, el juicio, hoy unánime, lo ha situado entre los dos o tres grandes dramaturgos alemanes de todos los tiempos.

La concepción de lo trágico deriva en Kleist de la admisión del sentimiento de una verdad que se extiende hacia lo absoluto y choca, hasta la aniquilación de sus portadores, llevados al límite de sus fuerzas, con la realidad relativa del mundo exterior, el cual, a pesar de su falta de sentido, obedece a una ley propia a la que no cabe escapar. A lo largo de su vida Kleist experimentó la amarga verdad de esa concepción.

A los quince años, de acuerdo con la tradición de su noble familia, ingresaba Kleist al ejército prusiano, pero siete años más tarde dejaba el servicio. Simultáneamente se había interesado por las matemáticas y la filosofía. En 1800 obtiene un empleo en Berlín y luego de un periodo de inseguridad, que en realidad se hizo crónico, se encamina a París, cuyo ambiente lo desilusiona. En Suiza, adonde se traslada, intenta seguir la vida natural que Rousseau había recomendado y trae consigo *Robert Guiscard,* una pieza inconclusa que entusiasma al viejo Wieland. Pero Kleist, que no puede fijar su residencia en ninguna parte y ha roto su compromiso matrimonial, emprende nuevos viajes en los que no faltan las tentativas de suicidio, hasta que obtiene un cargo en Königsberg. Continúa su vagabundaje, pero ha conseguido que Goethe le estrene *Der zerbrochene Krug* (El cántaro roto). Resulta un fracaso, lo mismo que *Der Prinz von Homburg* (El príncipe de Homburgo), estrenado en Berlín. En 1810 publica con la colaboración de su amigo Adam Müller, político y publicista, *Die Berliner Abendblätter* (Diario vespertino berlinés), que tampoco es un éxito. Con la conciencia de que todas las puertas le han sido cerradas, se descerraja un tiro en Wannsee cerca de Berlín, el 21 de noviembre de 1811. Un ansia de absoluto y una justificación de su propia existencia, amargada por una cadena de decepciones de todo orden... ésa fue su breve y trágica vida.

El primer drama, *Die Familie Schroffenstein* (1803) (La familia Schroffenstein), es una explosión de violencia en donde el recuerdo de *Romeo y Julieta* y las atrocidades del "Sturm und Drang" se dan la mano en el clima de un odio entre dos familias que se aniquilan recíprocamente.

Durante su primera estada en Suiza proyectó *Robert Guiscard,* que destruyó en París en 1803, ante la imposibilidad de alcanzar su objetivo, la superación del teatro clásico de Weimar mediante la fusión de la tragedia griega con Shakespeare. Luego reconstruyó parte del primer acto, que contiene el nudo del drama. El protagonista, duque de Normandía, sitia Constantinopla, pero la peste fuerza su enorme voluntad y lo derrota. La figura de un conquistador, como el coro, formado por sus sucesores y el ejército, pocas veces han sido conformados con tal dramaticidad y fuerza expresiva.

Amphytrion, escrita en Königsberg, es una comedia sobre el viejo tema que trataron, entre otros, Plauto y Molière. Pero Kleist la reviste de una seriedad que lleva el juego al borde de lo trágico, en esa aparente incertidumbre de Alcmena al saber que ha recibido a Júpiter en lugar del legítimo marido. Pero, a pesar de todo, la salva la seguridad de su sentimiento femenino, la pureza del amor al cónyuge, que es su contribución a la divinidad. Una gracia profunda y un sentimiento soberanamente plasmado han conservado el encanto de esta fábula.

La otra pieza contemporánea, *Der zerbrochene Krug* (El cántaro roto), es la historia aldeana en la que el juez lugareño que codicia a una muchacha se ve envuelto en una red en la que la verdad y la mentira, dialécticamente opuestas, muestran aspectos muy parecidos, hasta que por fin triunfa lo debido. Esta comedia está construida con un lenguaje tan apropiado a las situaciones y a los personajes, detalladamente analizados, que la obra está considerada como una de las muy escasas grandes comedias alemanas de todas las épocas.

En *Penthesilea,* tragedia clásica solamente por la unidad de tiempo y acción, Kleist ha llevado sus planteos al grado más extremo. Frente a la Ifigenia goetheana, clásica en el equilibrio de su pura humanidad, Pentesilea, reina de las amazonas, aparece como la más absoluta y feroz encarnación del sentimiento llevada alguna vez a la escena. Como antecedentes pueden citarse las heroínas desenfrenadas de Eurípides, Medea, y, sobre todo, la furiosa Agave de *Las bacantes*. Lo griego que Kleist asimiló no es el mundo apolíneo de Winckelmann o Goethe, sino lo puramente dionisíaco, la supremacía del sentimiento elemental en su fuerza espontánea. Aquiles, el héroe griego, ama y es amado por Pentesilea, pero una serie de equívocos la induce a suponer que ha sido engañada. La pasión se transforma en un furor sin medida y para vengar su amor escarnecido, y perdida ya la razón, despedaza al Pélida y se da muerte. En ninguna otra de sus tragedias Kleist ha mostrado una pasión que se sobrepasa a sí misma hasta una autodestrucción debida a la misma fuerza de un sentimiento demasiado intenso.

Una contrafigura de Pentesilea, toda voluntad de dominio en su pasión, es *Käthchen von Heilbronn* (1807), una de las mujeres más dulces de la escena kleisteana. Aquí, en contacto con el romanticismo, Kleist se introduce en la Edad Media alemana y añade ingredientes románticos como el sonambulismo de la protagonista, que sigue a todas partes al caballero del que se ha enamorado, con una capacidad de entrega que vence toda dificultad y que, por la absoluta pureza de su amor, conduce a la anhelada unión. El diálogo de esta comedia queda envuelto por una magia y un brillo noblemente románticos.

Kleist no sólo había sido víctima personal de los franceses (fue por poco tiempo, en 1807, prisionero de éstos), sino que sentía el sufrimiento de su patria bajo el yugo extranjero. La libertad de un pueblo es el tema del drama patriótico *Hermannsschlacht* (1808) (La batalla de Arminio), con el que trató de incitar al pueblo a un levantamiento contra el opresor. La rapidez de su desarrollo, lo mismo que el odio que la inspira —que encauzó poéticamente en los admirables versos de "Germania an ihre Kinder" (Germania a sus hijos)—, hacen de esta tragedia, en la que cabe sustituir a los romanos por los franceses y a los germanos por los prusianos, la menos valiosa de sus producciones. Hermann (o Arminio), es héroe por su coraje y por su capacidad política, sin dejar de ser también un hombre astuto y sin escrúpulos cuando se trata de la liberación de su pueblo.

Su última pieza, el *Príncipe de Homburgo* (1810) tiene asimismo raíz patriótica. Pero en este caso se trata de una obra maestra, quizás la más perfecta de las suyas. El príncipe ha vencido en la batalla de Fehrbellin, pero para ello ha desobedecido las órdenes que había recibido. El gran elector de Brandeburgo lo condena, en consecuencia, a muerte, y ante su presencia siente miedo y pide seguir viviendo, a cualquier precio. El gran elector incita entonces al mismo príncipe para que éste dicte su propia sentencia. Con el ánimo rehecho, dueño ya de su hombría y del reconocimiento de que los deberes públicos son más importantes que el propio sentimiento personal, el condenado juzga que su muerte es merecida. Retorna luego a su situación privilegiada y al amor de su amada, pero la vida y la muerte le han sido enfrentadas en su íntimo ser, y el corazón de un hombre ha respondido como tal. No sólo los diálogos poseen una majestuosidad natural —en ninguna de sus otras obras Kleist hizo hablar con arte tan consumado a sus personajes—, sino que puede ofrecer, finalmente, la conciliación de su atormentada esencia. El sentimiento en sí mismo, llevado a sus últimas consecuencias, ha probado su fuerza destructiva y sólo puede encarrilarse afirmativamente ante la admisión de la ley moral dentro de sí mismo, es decir, en la obediencia a la norma superior que la realidad impone y que supera el valor de toda individualidad. Kant y el prusianismo triunfan en este canto de cisne, fusión valiente de vida y realidad.

Kleist escribió también cuentos inolvidables, de tensas situaciones dramáticas, con un estilo de una fuerza interior sobria y compleja al mismo tiempo, y un realismo que tiende un puente hacia sus piezas de teatro. También las potencias que chocan en estos relatos cargados de elementos trágicos son similares a las de su producción escénica. A veces las circunstancias externas aniquilan las pasiones más puras, como en *Die Verlobung auf St. Domingo* (El compromiso matrimonial en Santo Domingo) o *Das Erdbeben in Chili* (El terremoto en Chile). Otras, el sentimiento de los héroes se destroza trágicamente por la existencia de un orden superior al que no saben, o no pueden, subordinarse. Es el caso de *Die Marquise von O.* (La marquesa de O.), y, sobre todo, de su cuento más celebrado y perfecto, *Michael Kohlhaas*. Un comerciante en caballos siente injuriados sus derechos y termina por hacerse justicia por mano propia, pero antes de morir por ello ha llegado a reconocer la ilegitimidad de su desprecio por los derechos de la comunidad.

El genio de Kleist es, simultáneamente, el del solitario y el de quien anuncia, en profundidad y arte no superados, una época futura. Bien está entonces dentro del clasicismo alemán en compañía de Schiller y Hölderlin.

XV. EL ROMANTICISMO

EN LA ÚLTIMA década del siglo XVIII se desarrolla en Alemania una planta cuyas flores cubren la Europa de la primera mitad del siglo XIX. Es el romanticismo, que destaca una vez más la increíble riqueza de un periodo literario en que conviven simultáneamente los nombres de Goethe y Schiller, es decir, el clasicismo alemán, junto con Hölderlin, Kleist y Jean Paul, mientras Klopstock, Wieland y Herder aún viven y las enseñanzas de Lessing no han caducado.

La primera generación romántica, cuya culminación se sitúa alrededor de 1800, se cobijó gustosamente bajo la protección de Goethe, en cuyo *Wilhelm Meister* veía un arquetipo, aunque también había antecedentes en Herder y en el "Sturm und Drang" con su insistencia en el cultivo del sentimiento y su rechazo de lo razonable. Una generación juvenil que se asienta por un tiempo en Jena, muy cerca de Weimar, proclama, junto con los derechos de la sensibilidad y la insistencia en la individualidad de cada ser, el culto a la más absoluta libertad del espíritu. Ello significa el rechazo de toda norma y el horror por todo sistema, aun por el clasicismo de Weimar. Asimismo, el disgusto por la realidad circundante, en momentos en que la Revolución francesa se transformaba en la aventura napoleónica, llevó a estos primeros románticos no sólo a una disposición de ánimo muchas veces morbosa, sino a la disolución del sentimiento, del cual valoraban y analizaban sus irradiaciones momentáneas, y al reclamo de lo "infinito", que en su falta de límite preciso respondía a la vaguedad de sus incitaciones. Estimaron supremamente el Yo (Fichte, no hay que olvidarlo, es el filósofo más característico del romanticismo), pero supieron contemplarlo en sus obras como algo ajeno, y de allí nació la actitud de la ironía romántica. A la forma opusieron la sensibilidad, y a la diferenciación de géneros la fusión y confusión en el "arte" omnicomprensivo, que remata más tarde en el wagnerismo. Colocaron el arte en la jerarquía más alta y trataron de vivirlo, y en esta identificación se borraron los límites entre ética y estética.

El disgusto frente a los valores de la propia época los condujo, románticamente, al anhelo de una convivencia en el pretérito y la lejanía. Descubren y ganan así para el arte comarcas remotas y literaturas poco conocidas. Shakespeare reingresa, pero también grandes escritores españoles de la edad de oro, junto con Grecia y la Edad Media *in toto*. Se refugian con placer en el medievo, y así, de paso, descubren la riqueza y profundidad del gótico alemán. Con ellos nace también la investigación científica del idioma y el aprecio hacia lo popular como forma típica y valiosa en sí misma, de acuerdo con lo que Herder había enseñado.

No tuvieron interés, o quizás carácter, para producir la obra de arte definitiva que una excesiva teoría con pretensiones filosóficas iba anunciando, y la mayoría de estos primeros románticos quedó en la creación fragmentaria. Bien se dijo que la famosa "flor azul" de Novalis es, en su sugestiva irrealidad y nostálgica evocación, su símbolo más exacto, pero renovaron asimismo los fundamentos de la poesía, ensancharon su campo con la anexión de otras épocas y lenguas, fijaron su atención en los movimiento imprecisos o inconscientes del alma y crearon, para toda la poesía occidental, un estado de ánimo del que aún se extraen consecuencias. Jerarquizaron a la mujer, que se constituyó en un poderoso elemento de su impulso creador, y, en relación con su interés por la Edad Media, volvieron su mirada a la religión, especialmente la católica, que les infundió en ese mundo excesivamente diluido y desintegrado que se forjaron, la sensación de una seguridad consoladora en el seno de una comunidad esencialmente sobrenatural. Emoción, nostalgia, encantamiento, el libre juego de una fantasía hasta el borde mismo del caos, al igual que la animación de la naturaleza, a la que atribuyen el propio estado de ánimo, son los nuevos aportes que la literatura les debe.

Los propulsores del romanticismo trabajaron en conjunto y en pequeños círculos, y sus lugares de irradiación fueron Berlín, y antes, Jena. La doctrina de la vida y el arte románticos son creados así por los hermanos Schlegel, Friedrich y August Wilhelm, por Wilhelm Wackenroder, Ludwig Tieck y Friedrich von Hardenberg, que adoptó el nombre de Novalis, y por las inteligentes mujeres de los Schlegel, Dorothea Veit y Karoline Michaelis, respectivamente, las que vivieron de acuerdo con los cánones románticos. Pueden agregarse, en esta primera etapa, los filósofos Friedrich Wilhelm Schelling y Friedrich Daniel Schleiermacher.

El teórico del movimiento fue Friedrich Schlegel (1772-1829), sin duda el crítico más dotado de todos ellos. Precisamente, fue suya la misión de difundir el nuevo credo, a través de fecundas conferencias, muchas veces en una concepción de lo poético a través del espíritu y que se extendía a todas las actividades artísticas y de la vida. Para ello, luego de un comienzo clasicista bajo la égida de Weimar, fundó con su hermano August Wilhelm la revista *Athenäum* (1798-1800), que se convirtió en el reducto de sus afilados aforismos y paradojas destinados a "épater le bourgeois", pero que albergaba un pensamiento rico, original e ingenioso. Allí teorizó largamente acerca de la existencia de una poesía infinita, que iría a desenvolverse en forma universal. Con todo, Friedrich Schlegel, como la mayoría de sus colaboradores, fue incapaz de escribir la obra que fundamentara sus aserciones ideológicas. Tal es lo que sucedió con su drama *Alarcos,* un intento fallido para volver a la gran dramaturgia española del siglo XVII, redescubierta justamente por los románticos, y que se representó en Weimar gracias a la intervención de Goethe. La novela corta *Lucinde* (1799), de rasgos autobiográficos, sirvió para escandalizar a sus contemporáneos por sus descripciones eróticas. En sus últimos años se convirtió al catolicismo.

Si Friedrich concibió el programa romántico, su hermano August Wilhelm (1767-1845), que también comenzó admirando a los clásicos, es, ante todo, el traductor excepcional de la escuela. Gracias a sus versiones perfectas, los alemanes pudieron gozar de su Shakespeare traspasado de autenticidad y poesía. Tradujo también a poetas italianos, españoles y portugueses y sus conferencias en Berlín y Viena, como su contacto con Mme. de Staël, contribuyeron en gran medida a la difusión de la perspectiva romántica y con su *Curso de literatura dramática* ofrecía, como motivo de inspiración romántica, el teatro español de los Siglos de Oro, especialmente Calderón.

Una tercera figura es Wilhelm Wackenroder (1773-1798). A través de su breve existencia trajo al romanticismo, en intuiciones originales, el aporte de su culto a la Edad Media y a un arte de inspiración netamente religiosa que debía fundirse con la vida. En *Herzensergiessungen eines kunstliebenden Klosterbruders* (1797) (Efusiones del corazón de un fraile amante del arte), que su amigo Tieck publicó, levanta un culto fervoroso al arte como guía de la vida y considera al artista como el grado más alto en la evolución de lo humano. Esta religión del arte endiosó a Durero y a Rafael, pero además Wackenroder descubrió la música para el romanticismo. Las efusiones vagas, imprecisas y dolorosas del alma romántica encuentran justamente allí su expresión más fiel y la vía más directa para el conocimiento de la divinidad.

Condiscípulo y colaborador de Wackenroder fue Ludwig Tieck (1773-1853), autor laborioso y descubridor de temas que el romanticismo explotó luego hasta el cansancio. En el curso de su extensa producción, Tieck mostró un talento de adaptación envidiable que compensa su falta de personalidad. Sus primeras novelas le habían sido encomendadas por el pontífice de la

Ilustración, el librero berlinés Friedrich Nicolai (1733-1811), pero sólo tras el encuentro con los hermanos Schlegel, en la última década del siglo XVIII, comenzó a escribir dentro de la tónica romántica. *Geschichte des Herrn William Lovel* (1796) (Historia del señor William Lovel) es novela compuesta bajo la influencia de *Werther*. Lo decisivo en su obra es la introducción de la Edad Media en la literatura, aunque en *Franz Sternbalds Wanderungen* (1798) (Las andanzas de Franz Sternbald) aparece una contrafigura de *Wilhelm Meister*. Su protagonista es un pintor discípulo de Durero, que en una sucesión de acontecimientos deshilvanados da sus puntos de vista sobre el arte, la música y el paisaje.

Tieck fue un precursor en varios sentidos. Trajo a la literatura el cuento de hadas, fantástico y misterioso, en *Der blonde Eckbert* (1796) (El rubio Eckbert), *Der getreue Eckart* (1799) (El fiel Eckart), *Des Runenberg* (1802) (El monte de las runas). Reelaboró también el viejo libro popular de *Los cuentos de Schilda* y *La bella Magelone*. Hizo objeto de su sátira a la literatura de su tiempo e ironizó con un peculiar sentido romántico burlándose de la propia obra y de lo que allí sucedía, en una verdadera disolución de las formas tradicionales. En una original anticipación introdujo asimismo al público en su creación, o la comenzó por el epílogo, como en las escenas teatrales de *Der gestiefelte Kater* (1797) (El gato con botas) o *Die verkehrte Welt* (El mundo al revés). Creó un teatro romántico absolutamente inadaptable para la representación, con *Leben und Tod der heiligen Genoveva* (1799) (Vida y muerte de santa Genoveva) y *Kaiser Octavianas* (1803) (El emperador Octaviano), plenos de sentimentalismo y milagros y del lirismo paisajístico que su propia fórmula de "la noche encantada bañada por la luna" condensa.

La última etapa lo muestra más sobrio e inclinado a un arte que se aproxima a un realismo de perspectiva burguesa y finalidad pedagógica en *Des Lebens Über-*

fluss (El exceso de vida), *Der Aufruhr in den Cevennen* (1826) (Rebelión en los Cevennes), o en la novela histórica del Renacimiento *Vittoria Accorambona* (1840). Esa multiplicidad de su aptitud, que tampoco excluyó la crítica de Shakespeare o la traducción del *Quijote,* es un ejemplo excepcional dentro de ese conjunto de hombres y mujeres más dados a discurrir acerca de la vida y el arte que a decidirse a la plena labor creadora.

Pero es con Novalis (Friedrich van Hardenberg, 1772-1801), que esta primera oleada romántica alcanza su culminación. La intensidad espiritual con que Novalis vivió sus veintinueve años resiste toda comparación. Era abogado, pero había hecho además estudios de ciencias naturales, y cuando encontró en 1791 a Friedrich Schlegel se adhirió a las concepciones románticas. La muerte tempranísima de su gran amor, Sophie von Kühn, es el hecho decisivo de una vida sorprendente por la profundidad de visión. Mientras sus amigos discutían acerca de la esencia y límites de la poesía, Novalis la creaba y vivía, con lirismo y una realidad interior excepcionales, ese "mágico idealismo" al que aludió alguna vez. Además de ser poeta en el logro de esa "poesía universal progresista" que los otros pregonaban, Novalis fue un pensador. Su intelecto halló para el cosmos una explicación mística que las lecturas de Jakob Böhme, y, sobre todo, de Hemsterhuis (1721-1788) habían contribuido a fortalecer. Para Novalis los fenómenos aparentes de la vida y la muerte, la historia tanto como la naturaleza, eran partículas coherentes de una realidad más alta, sin límites, pero que descansaba en una unidad esencial, en un eterno retorno, al que sólo podía accederse por vías del amor y la poesía. En ningún otro romántico, en verdad, lo poético adquirió tal temperatura cósmica, que, en su caso, se vio acompañada por la imagen y el fuego auténticamente líricos.

En 1795 el órgano del movimiento, la revista *Athenäum,* publicaba los "Fragmentos" de Novalis. Bajo la forma de aforismos, contienen tal riqueza de pensamiento e intuiciones, que hacen de su autor no sólo el absoluto poeta romántico, sino su pensador más agudo. El lirismo de este mágico aprehensor de las cosas se vierte en "Geistliche Lieder" (Cantos religiosos), y, sobre todo, en "Hymnen an die Nacht" (1800) (Himnos a la noche), en los que se halla la glorificación mística del sentido de la noche, generadora del misterio y de la muerte como vida eterna, y en donde se confunden voluptuosamente, para siempre, las almas de los amantes.

La certidumbre de que la realidad debía ser captada sólo mediante un acercamiento a lo divino, lo indujo en un ensayo, "Die Christenheit oder Europa" (La cristiandad o Europa), a propugnar la necesidad de la unión europea bajo el signo de la cruz, que había existido en la Edad Media, y que era el único medio, a juicio de Novalis, para reconquistar ese sentimiento comunitario ahora desaparecido. Además de la preocupación religiosa preponderante, Novalis expone aquí el credo político del romanticismo en su forma más típica.

De acuerdo con los principios románticos, Novalis juzgaba que la prosa narrativa, novela y cuento, eran las especies que mejor satisfacían su apetito de infinitud y su fantasía. El cuento inacabado "Die Lehrlinge von Sais" (1798) (Los aprendices de Sais), donde un joven encuentra, después de largas peregrinaciones, a la amada tras el velo de Isis, en lugar del misterio cuya revelación busca, prueba su confianza en el amor como potencia decisiva. También quedó trunca la novela *Heinrich von Ofterdingen* (1802), de la que publicó la primera parte con el título de "Die Erwartung" (La espera). Es, con todo, la más importante del romanticismo. Su héroe, cuyo nombre pertenece al legendario trovador del siglo XIII, es el poeta mismo, que vaga en una Edad Media ficticia, más allá del tiempo y el espacio reales, en pos de la "flor azul", símbolo de su ansia de infinito y del eterno devenir y retorno. La hermosura ensoñadora de la prosa conduce a ambientes remotos, exóticos, y todo límite se disuelve frente a la búsqueda poética aferrada al sentido del amor y la belleza.

Aunque pertenecen en propiedad a los dominios de la filosofía y la religión, respectivamente, no es posible omitir de la ideología romántica inicial a Friedrich Wilhelm Schelling (1775-1854) y a Friedrich Ernst Daniel Schleiermacher (1768-1843). En íntimo contacto con estos primeros románticos proporcionaron las bases de una creencia donde espíritu y naturaleza se fundían en una unidad última y una religiosidad místicamente experimentada que desembocaba en una inmortalidad cósmica.

Si el primer periodo romántico se centra en Jena en 1800, un lustro más tarde otra generación desarrolló desde Heidelberg un nuevo programa, y, lo que es más importante, poseyó las fuerzas necesarias para llevarlo a cabo. La excesiva teorización cede el paso al deseo de dejar un conjunto artístico, pero aunque este romanticismo se aparta del de los hermanos Schlegel y Tieck, recibe de estos autores sus líneas inspiradoras. La estética de este neorromanticismo incluye un sentido religioso que deriva a un mundo sobrenatural, fantasmagórico, o a un credo establecido, como el catolicismo, la predilección por el cuento de hadas como despliegue de la fantasía y la visión infantil, mágica, que las cosas ofrecen, y un sentimiento mucho mayor de pertenencia a la comunidad. Estos románticos fortalecen también la ciencia histórica, y un patriotismo sincero, que hacía casi un siglo no resonaba tan vigorosamente en las letras alemanas, no sólo surge con motivo de las guerras de la Independencia de 1813, sino que actúa en una exaltación del pretérito germánico, especialmente de su Edad Media. Esta segunda oleada romántica se apodera decididamente del pasado histórico en su rechazo del presente y de sus novedades, y justamente en ese Medievo alemán encuentra un símil de la edad dorada y una incitación para el retorno a una comunidad coherente y jerarquizada. Paralelamente, hay en este grupo de autores una revaloración de la poesía popular que ahora se ciñe a las canciones alemanas. Así, dos de sus más famosos representantes, Achim von Arnim y Clemens Brentano, hallan un tesoro de poesía que ofrecen en su recopilación de *Des Knaben Wunderhorn* (1806) (El cuerno maravilloso del zagal), la realización más característica y que mejor se ajusta a los ideales de este segundo romanticismo.

Sus figuras centrales son, aparte de los nombrados Arnim y Brentano, Görres, los hermanos Grimm y dos mujeres, Bettina Brentano y Karoline von Günderode. El talento más variado, aunque no el más profundo, es el de Clemens Wenzeslaus Maria Brentano (1778-1842). Brentano encontró su ruta romántica en el conocimiento de Friedrich Schlegel y en la amistad de von Arnim. Con este último no sólo recopiló las antiguas, frescas e ingenuas canciones populares que veían desde el Medievo alemán del *Cuerno maravilloso,* sino que fundó un periódico, *Zeitung für Einsiedler* (1808) (Diario para ermitaños), que agrupó a los románticos de Heidelberg en la misma forma que el *Athenäum* lo había hecho con los de Jena. Luego de una vida sentimental agitada, a la que se deben algunas de sus más hermosas efusiones líricas, puso término a una imaginación desordenada y a una inquietud difícilmente satisfecha con su conversión al catolicismo, de donde extrajo escritos piadosos y el sentimiento de seguridad que siempre le había faltado.

Comenzó su carrera con *Godwi* (1801), novela de una incoherencia y ausencia de limitación notables. La ironía, hasta la autoironía, campean soberanamente, pero ese colocarse en actitud superior frente a sí mismo y a la propia obra, que podía hacer la delicia de los hermanos Schlegel, no surte ahora ningún efecto. Pueden destacarse, en cambio, las canciones allí intercaladas. Pero su riqueza verbal era prodigiosa y estas canciones demuestran no sólo talento formal, sino un sentimiento tierno lleno de musicalidad y encanto, que no falta tampoco en sus poemas de índole popular o religiosa. Entre los diversos géneros tentados por Brentano figura el teatro. En 1801 aparece *Ponce de León,* comedia demasiado complicada en su trama y confusa en el desarrollo. Años después, *Die Gründung Prags* (1812) (La fundación de Praga), drama retomado por Grillparzer más tarde, contiene una exposición mítica, mezcla de lo natural y lo sobrenatural, y un lirismo que reemplaza a la esencia teatral ausente.

En los cuentos de hadas, uno de los más felices hallazgos de esta generación, Brentano manifestó sus mejores condiciones. Fantasía, ingenuidad y una sencillez que mucho deben a los hermanos Grimm, la adopción de antiguas leyendas, una libertad encantadora en el juego o la dulce melancolía de un final aciago caracterizan sus cuentos, lo único que le ha sobrevivido: *Rheinmärchen* (Cuentos del Rin) o *Italienische Märchen* (Cuentos italianos), como "Gockel, Hinkel und Gackeleia". Pero es sobre todo en la trágica y conmovedora historia del "Geschichte vom braven Kasperl und dem schönen Annerl" (Bravo Gasparcito y la bella Anita), donde se acumulan gracia, fantasía y ternura. El extenso y fragmentario "Romanzen vom Rosenkranz" (Romancero del rosario) de 1810, es una historia en romances de intención épica y tono lírico, que abarca una historia de más de diez siglos con tres hermanas presas de amor culpable hacia tres medios hermanos y un rosario, símbolo de salvación, pero el argumento pasa a segundo plano ante una sensibilidad delicada y plástica y un agudo sentimiento religioso.

No obstante la atmósfera y la labor común que los uniera, muy distinta es la personalidad del noble prusiano Achim von Arnim (1781-1831). A la fantasía arrebatada y el temperamento más bien blando de Brentano, Arnim opone una naturaleza enérgica, varonil y curiosamente sujeta a los ideales de una moralidad burguesa, nada romántica. Pero la influencia de la época era demasiado fuerte y su primera novela importante *Armut, Reichtum, Schuld und Busse der Gräfin Dolores* (1810) (Pobreza, riqueza, culpa y penitencia de la condesa Dolores) es una complicada historia de amor, donde aparece ya el recurso —tan utilizado por parte de los autores románticos— de lo fantasmal. Su obra maestra en el género es *Die Kronenwächter* (1817) (Los guardianes de la corona), una de las primeras novelas históricas que siguieron la huella de Walter Scott. El conocimiento preciso de su pasado favorito, la Edad Media tardía alemana, se vuelca en un relato colorido, de intención política, en el que una misteriosa orden caballeresca procura restaurar el trono de los Hohenstaufen para devolverle al Imperio la gloria desaparecida.

Más característicos son sus cuentos. En "Isabella von Ägypten" (1811) (Isabel de Egipto) narra la historia de la hija de un rey de los gitanos que se convierte en la primera amante del futuro Carlos V. La verdad exterior se entrecruza con una acción salpicada de fantasmas que muestra el doble trazo de un temperamento realista y una disposición fantástica simultáneas. En "Der tolle Invalide auf Fort Rattoneau" (El inválido endemoniado de Fort Rattoneau) hay, en su atmósfera poco tranquilizadora, una similitud con la narrativa de Kleist.

Von Arnim es una rara mezcla de moda romántica y cumplimiento del deber del junker prusiano que contribuyó a las guerras de liberación de 1813, junto con una fantasía poblada de seres irreales y un auténtico amor hacia el pasado de su pueblo. Este hombre sobrio y dueño de sí mismo se había casado con la hermana de Clemens Brentano, Bettina (1785-1859), una naturaleza inquieta y entusiasta, inspiradora de esta oleada romántica. Su obra más famosa es la fantástica, pintoresca y exaltada *Goethes Briefwechsel mit einem Kinde* (1835) (Correspondencia de Goethe con una niña). Los últimos años los dedicó a novelas de cierta preocupación social. Uno de los ídolos de esta mujer había sido Karoline von Günderode (1780-1806), quien terminó abruptamente su vida por un desengaño amoroso. Con sus versos volvió a la severidad clásica o resucitó, sorprendentemente, la vieja aliteración germánica.

A este grupo perteneció también en un comienzo Joseph Görres (1776-1848), un escritor de disposiciones para la prosa política —un caso más bien excepcional entre los románticos— y en este sentido actuó contra Napoleón desde su periódico *Der Rheinische Merkur* (1814-1816) (El Mercurio renano). A la defensa de sus convicciones agregó un catolicismo del que el mejor ejemplo es *Die christliche Mystik* (1842) (La mística cristiana). Pero su gran contribución al romanticismo es, además de los estudios de mitología, el de los *Die deutschen Volksbücher* (1807) (Libros populares alemanes), fundamental para el conocimiento de la literatura alemana de los siglos XV y XVI, como lo fue asimismo la recopilación de canciones de Achim von Arnim y Clemens Brentano ya mencionada.

Con los hermanos Grimm, Jakob (1785-1863) y Wilhelm (1786-1859), surge, seriamente fundada, la ciencia de la literatura alemana, la actual germanística. Pero dieron además una forma literaria de encanto permanente a los cuentos y leyendas infantiles de Alemania (algunos son de patrimonio europeo) en *Kinderund Hausmärchen* (1812) (Cuentos para niños y para la casa), de cuyo excelente estilo y adecuación a la sensibilidad infantil son testimonio las incontables ediciones y traducciones que de los mismos se han hecho. En este esfuerzo romántico por recuperar los tesoros de la poesía popular e investigar las expresiones del ser nacional publicaron las *Deutsche Sagen* (1837) (Leyendas alemanas). En trabajos separados, a Jakob Grimm se le deben una fundamental *Gramática alemana* (1837) y una *Mitología alemana* (1835), mientras que Wilhelm dejó la *Leyenda heroica alemana* y el todavía inconcluso* *Diccionario* en colaboración con su hermano, al que cabe el mérito principal de la obra. De esta manera, el romanticismo, con toda su avidez de lejanía y su sensibilidad exacerbada desembocaba en la investigación más rigurosa.

Entre el primero y el segundo romanticismo se sitúa a Zacharias Werner (1768-1823), oriundo de Prusia oriental, y también jurista como su inquietante comprovinciano Hoffmann. Una insatisfacción de todo orden se traduce en una vida matrimonial agitada hasta que se refugia en el seno de la Iglesia católica. Werner es el único romántico que cultiva con éxito un teatro personal en momentos en que Schiller lleva el suyo propio a su culminación. Sin embargo, la fuerza y variedad de la dramaturgia de Werner, inspirada en parte en modelos españoles, se diluye en una imprecisión de carácter místico y externo. Su primer drama, *Die Söhne des Tals* (1805) (Los hijos del valle), es histórico, con intervención de los templarios y su desaparición en tiempos de Felipe el Hermoso. El encuentro de paganos y cristianos en suelo alemán y la introducción de los Evangelios es el tema de *Wanda* (1808), estrenado con el apoyo de Goethe en Weimar, drama que lleva el amor hasta una mística trágica. *Das Kreuz an der Ostsee* (La cruz en el mar Báltico) fue finalizado sólo en su primera parte, y la acción se desarrolla en un vasto escenario de amor y muerte, Dios y los dioses. En *Martin Luther oder die Weihe der Kraft* (1807) (Martín Lutero o la consagración de la fuerza) el campeón de la Reforma triunfa porque su fuerza soñadora es mayor que la de sus adversarios. Su pieza de mayor eficacia teatral es *Der 24. Februar* (1810) (El 24 de febrero), que deriva de la fatalidad oracular de *La novia de Messina*. En este caso, el oráculo está sustituido por una maldición que recae sobre todos los miembros de

---

* Acaba de ser concluido, en 1960, en colaboración por eruditos de las dos Alemanias. (E.)

una familia en la misma fecha, y que termina con el asesinato del hijo por parte de los padres, quienes no lo han reconocido a su regreso. La estructura melodramática de este drama escrito en un acto hizo escuela, y sus imitadores más característicos se llamaron Adolf Müllner y Ernst von Houwald.

Con Joseph von Eichendorff (1788-1857) arribamos a una de las culminaciones de lo romántico. Católico, noble, la seguridad de sus convicciones y la honorabilidad de su vida son, en verdad, poco románticas. Inició su carrera literaria luego de relacionarse en Heidelberg con Arnim, Brentano y Görres. Luchó en las guerras de la Independencia de 1813 y sirvió más tarde, como magistrado, en Danzig y Berlín, para morir en su Silesia natal, entre ese paisaje que cantó de modo inimitable. Porque Eichendorff es ante todo un cantor de la naturaleza, que en sus versos íntimos, descriptivos y puros señala la magnificencia y hermosura de la creación divina. Sus canciones, que el pueblo incorporó como auténticas canciones populares, musicadas algunas por compositores como Schumann, hacen hablar a las cosas por sí mismas. La suave melancolía que envuelve a la floresta o al ruiseñor, a la luna o al molino, al igual que la nostalgia ante el remoto paisaje azul, la alegría, el dolor por la pérdida de su hija templado por el sentimiento de conformidad cristiana, poseen la serena melodía del lírico intemporal.

Eichendorff intentó además otros géneros. Piezas de teatro como la comedia *Die Freier* (Los pretendientes) denuncian al lírico puro incapaz del desdoblamiento que la escena exige. Fue también novelista. En 1815 había publicado *Ahnung und Gegenwart* (Presentimiento y presente), cuyo antecedente obligado es el *Wilhelm Meister*. Tampoco aquí se desmiente la inspiración del lírico, cuyo héroe, después de recorrer el mundo con esa ansia de lejanía tan típica de Eichendorff, se refugia en una soledad de tono pesimista. Su otra novela es *Dichter und ihre Gesellen* (Los poetas y sus compañeros), muy romántica en su mezcla de personajes de variada condición, y en la que las canciones injertadas son lo más valioso.

En la especie romántica tan cultivada del cuento, Eichendorff logró algunas de sus mejores notas. Por ejemplo, en el más famoso, "Aus dem Leben eines Taugenichts" (1826) (De la vida de un haragán), donde el protagonista, un amable vagabundo, recorre un mundo luminoso y placenteramente comprendido, nostálgico y desdibujado por los anhelos de la atmósfera ensoñadora que lo circunda. Sus otros cuentos, "Schloss Durande" (El castillo Durande), evocación de sucesos de la Revolución francesa, y "Das Marmorbild" (La imagen de mármol), con la hermosa estatua que pasea como fantasma entre ruinas, afirmaron un talento de narrador que, sin embargo, nunca pudo silenciar al poeta de una naturaleza convertida en el más bello de los sueños.

Entre los más afortunados cuentistas de un romanticismo atemperado cabe citar a dos descendientes de emigrados que la Revolución francesa arrojó fuera de su patria. Uno de ellos fue Friedrich de la Motte Fouqué (1777-1843), cuyos dramas mitológicos como la trilogía *Sigurd der Drachentöter* (1810) (Sigurd el matador de dragones) o la novela de caballería *Der Zauberring* (1812) (El anillo mágico), nada significan actualmente. De este autor ha quedado un hermoso cuento, "Undine" (1811), al que la *Ondina* de Giraudoux ha vuelto a otorgar una popularidad y trascendencia que ya Goethe había reconocido, en la historia de la criatura del agua que adquiere un alma por amor a un hombre, y que por ello se pierde trágicamente.

El otro es Adalbert von Chamisso (1781-1838), que combatió contra el país de sus padres y fue víctima del desgarramiento de quien siente la ausencia de la patria verdadera. Sus poemas algo baladescos, "Frauenliebe und —leben" (Amor y vida de mujer), "Schloss Boncourt" (El castillo Boncourt), "Salas y Gómez", son, en su humor, simplicidad y horror, típicamente románticos.

Pero la fama la debe principalmente a "Peter Schlemihls wundersame Geschichte" (1814) (La historia extraña de Peter Schlemihl), el cuento del hombre que vende su sombra al demonio y pierde con ello el sentido de su existencia verdadera, donde combina una prosa realista con un tema sobrenatural.

Párrafo aparte merece la poesía de las guerras de la Independencia, en la cual aflora un sentimiento patriótico ausente durante muchos siglos de la literatura alemana, y que el romanticismo había hecho crecer en almas inflamadas por el sojuzgamiento en que el pueblo alemán se encontraba durante el predominio napoleónico. Encabezando la lista por la popularidad alcanzada por sus versos figura Theodor Körner (1791-1813), hijo del gran amigo de Schiller, quien murió heroicamente luego de cantar con énfasis sincero su entusiasmo por la liberación de la patria. Otro poeta de análoga cuerda fue Max von Schenkendorff (1783-1817), pero el más importante se llamó Ernst Moritz Arndt (1769-1860), que combatió asimismo contra un racionalismo sin arraigo y acentuó los valores irracionales. Sus cantos bélicos corporizan con energía y sencillez el propósito de lucha por la libertad de todo un pueblo.

En Ernst Theodor Amadeus Hoffmann (1766-1822) el romanticismo llega a la superación de sí mismo en la búsqueda de la realidad de lo irreal. El hombre posee la vida fantástica de sus propios cuentos. Nacido en la Prusia oriental de Hamann, Kant, Herder y Werner, la respetable profesión de abogado se alternó con el cargo de director de orquesta en Bamberg y Dresde, hasta que ocupa una magistratura en Berlín. Espíritu de diversas vocaciones (fue caricaturista, jurisconsulto, pintor y músico —por veneración a Mozart agregó a sus nombres el de Amadeus—), es en sus cuentos donde encontró el cauce para su concepción de la realidad. Si Eichendorff siente dentro de sí la naturaleza externa y se transmuta poéticamente en ella, Hoffmann no puede hablar sino del alma propia. En este caso de un alma que, por más que se constriña a sus tareas cotidianas, conoce también una existencia que percibe, mediante fantasmas y apariciones —una herencia romántica que el clásico Schiller había puesto de moda en su fragmento "El vidente"— un mundo pleno de fuerzas extrañas y misteriosas. No siempre benignas y de carácter demoniaco, en ocasiones, estas fuerzas son muy capaces de jugar con las vidas e ilusiones de los hombres.

Ese reconocimiento de una realidad más profunda que lo llevó a captar, uno de los primeros, la vida del inconsciente y del desdoblamiento psíquico, le valió naturalmente la censura de Goethe y el apoyo de Jean Paul. Pero a una irrealidad de rasgos muchas veces ingratos, el clima fantástico de sus cuentos opone la ironía del humorista y, a veces, un amor más fuerte que todo desgarramiento interior. Su primer título fue *Phantasiestücke in Callots Manier* (1815) (Piezas de fantasía a la manera de Callot), a la que siguió la novela de aparecidos y sonámbulos *Die Elixiere des Teufelsy* (1816) (Los elixires del diablo). Pero mucho más característico es su cuento de rasgos autobiográficos *Lebensansichten des Katers Murr* (1821) (Opiniones del gato Murr sobre la vida) que incluye también aspectos de la vida del director de orquesta Kreisler. La nómina de sus relatos infantiles (no destinados siempre a los niños) es muy extensa. Muchos fueron reunidos bajo el título de *Die Serapionsbrüder* (1821) (Los hermanos de Serapión), e inspiraron a músicos como Schumann y Offenbach, mientras que un mundo alucinado, a un nivel muy lejos de la normalidad, le proporcionaba la admiración de Poe y Baudelaire y hacía de su arte una avanzada alemana en el campo de la literatura universal.

Lo que sigue es un romanticismo cuyos tonos violentos se han atenuado lo suficiente y se percibe ya una perspectiva burguesa que todavía no ha ingresado definitivamente en el realismo. Los portadores de este romanticismo tardío son suabos, y de ellos, el más eminente fue Ludwig Uhland (1787-1862). Este honesto profesor sustituyó la agitación romántica por un patriotismo sincero y liberal, y su tradicionalismo devolvió las viejas virtudes alemanas de la lealtad y la limpia moral. El amor a las expresiones nacionales desembocó en la erudición, en cuyo camino lo habían precedido Görres, y, sobre todo, los hermanos Grimm, y a Uhland se debe, precisamente, la nueva luz proyectada sobre la lírica de Walther von der Vogelweide y la épica heroica del periodo suabo.

Su poesía, obra de juventud, alcanzó gran popularidad, porque, más que la voz del autor, resonaban, con límpida tonalidad burguesa, los ideales, aspiraciones e historia de una comunidad de rico pasado. Además de sus primeros poemas de 1815, muchos de los cuales se transformaron rápidamente en canciones populares, su fama poética la debe a las baladas, de ritmo preciso y magnífica sonoridad, donde con épica grandiosidad se plasman los destinos de héroes nacionales, legendarios o de la pequeña historia suaba. "Des Sängers Fluch" (La maldición del cantor), "Das Schloss am Meer" (El castillo junto al mar), "Bertran de Born", "Graf Eberhard" (El conde Eberhard), y muchas otras de espléndido tratamiento, lo han convertido, si no en uno de los más profundos, en uno de los más estimados poetas alemanes.

A este círculo suabo pertenecen también autores como su amigo Justinus Kerner (1786-1862), Gustav Schwab (1792-1850) y Wilhelm Hauff (1802-1827). Kerner era un hombre original, un médico que combinaba una rara facultad para la descripción de estados psíquicos anormales, en "Die Seherin von Prevorst" (1829) (La visionaria de Prevorst), por ejemplo, con un temperamento espontáneo, casi infantil, que otorga a su poesía una simplicidad que el pueblo transformó prontamente en canción popular. Schwab compuso baladas a la manera de Uhland y canciones, y a él se debe, particularmente, la restauración de algunos de los más atractivos libros populares alemanes, como los de *Die schöne Magelone* (La bella Magelone) y *Die Haimonskinder* (Los hijos de Aimón). El tercer suabo, Wilhelm Hauff, escribió una novela histórica, *Lichtenstein* (1826), pero es en sus cuentos, contenidos en libros como *Phantasien im Bremer Ratskeller* (Fantasías en la bodega del ayuntamiento de Brema) donde mejor muestra su humor y la maestría de su arte narrativo. Sin embargo, el gran poeta suabo de la época pertenece, en gran medida, a una estética posterior. Es Eduard Mörike, y su tratamiento forma parte del capítulo siguiente.

XVI. POSROMÁNTICOS Y REALISTAS

El idealismo proclamado por los clásicos de Weimar con sus normas de validez universal y su culto a un ideal de belleza configurado por el arte y por un aristocratismo de espíritu, lo mismo que el ansia romántica de infinito y el cultivo sin freno de un sentimiento individual válido por sí mismo, el rechazo de toda ley y la entrega a una religiosidad consoladora, van cediendo paulatinamente lugar. En la primera mitad del siglo xix avanza irresistiblemente, y continúa hasta muy cerca de sus finales, el realismo, impulsado por nuevas condiciones de vida y pensamiento. Lo favorecieron, por una parte los progresos de las técnicas, el advenimiento del pueblo a la cosa pública —herencia de la Revolución francesa—, un patriotismo que irá a desembocar más tarde en crudo nacionalismo y en el culto al estado omnipotente y la preferencia por la acción y la eficacia, por la otra, el papel dominante de la burguesía, primero a través de un liberalismo que fracasa en 1830 y 1848, y la filosofía de Hegel, que sería punto de apoyo para el surgimiento de concepciones materialistas, todo esto señala un acercamiento, y muy pronto, una franca admisión de la realidad y sus hechos. Este cúmulo de circunstancias, recogidas por la literatura, recibe el nombre de realismo.

Los autores de este periodo, cuyo apogeo puede ubicarse alrededor de 1850, aunque muchos lo prolongan más aún, advienen al realismo de una manera muy compleja, y las diferencias y matices son demasiados como para que las clasificaciones sean absolutamente satisfactorias. Algunos continúan adheridos, en lo fundamental, a los cánones clásicos o a los románticos, y tratan de preservar la herencia recibida. Otros se vuelcan a una acción literaria de índole social y política. Muchos, y aquí 1830 es una fecha aproximada, tratan de combinar las cualidades burguesas con una fantasía limitada y vuelta hacia la intimidad, con cierto horror y cansancio por todo exceso. A esto último se le denomina periodo del "Biedermeier". En algunos prima una índole meditabunda y no son pocos los que eligen como medio de divulgación la novela, que ahora alcanza una jerarquía e importancia mucho mayores. Pero, en general, aun aceptando este esquema, los autores de valor de este periodo, aunque determinados por la propia época, siguen su propio camino, que es el autónomo del arte, y por ello su encasillamiento es muy difícil.

Por más que el criterio para la consideración de este capítulo será, en lo posible, el tratamiento por géneros, conviene antes, a fin de percibir el profundo cambio de la perspectiva con respecto al periodo anterior, estudiar el movimiento, agudamente político, de la "Joven Alemania".

Alrededor de los sucesos revolucionarios de 1830, aunque existen manifestaciones anteriores, un grupo de jóvenes escritores (Börne, Heine, Gutzkow, Laube, Wienbarg), más atentos al presente que a la historia, concebían una literatura no como fin en sí misma, sino al servicio de una ideología política y social. Pretendían con sus escritos, en los que rechazaban el olimpismo goetheano y su indiferencia por los problemas del momento, como el libre juego de la fantasía romántica, transformar, mediante una acción política, al estado y al individuo. Su objetivo era una literatura como acción inmediata para el logro de todo tipo de libertad, con un fuerte contenido social en el que las doctrinas de Saint-Simon se desempeñaban como baluarte ideológico. Ello significaba, en los hechos, un apoderamiento de la realidad y de lo real, como algo opuesto al lastre histórico, y también, en la mayoría de los casos, el descenso de la literatura al nivel del periodismo por su insistencia en el tratamiento de las cuestiones del momento. Los periódicos proliferaban, a pesar de la censura que llegó a prohibir la publicación de las obras de ciertos autores. Estos jóvenes reformadores, muchas veces antagonistas han sido identificados con el nombre colectivo de "Joven Alemania" (Junges-Deutschland), a imitación del movimiento de inspiración europea fundado para Italia por José Mazzini. Es característico que estos autores, cuya juventud polémica los hermana, y que se hallaban demasiado preocupados por esa realidad inminente y absorbente, produjeran por eso mismo poca literatura recordable. Casi todo es en ellos, por los problemas de actualidad considerados (democracia, anticlericalismo, emancipación femenina, socialismo) efímero, aunque uno de sus miembros, Heinrich Heine, llega a ser uno de los mayores poetas alemanes.

Los representantes de la "Joven Alemania", que, más que literatos, son fundamentalmente publicistas, caben en pocos párrafos. Sus propósitos, proclamados, entre otros, por Ludolf Wienbarg (1802-1872) en *Ästhetische Feldzüge* (1834) (Campañas estéticas), trataron de ser cumplidos, en primer lugar, por Karl Gutzkow (1811-1878), un escritor bien dotado, pero que se dispersó en una tarea superior a sus posibilidades. La novela *Wally, die Zweiflerin* (1835) (Wally la escéptica) agitó la época, porque la heroína, al no encontrar respuesta a su inquietud religiosa, se suicida. Descuido de lo formal y falta de precisión en sus propósitos malograron sus piezas de teatro. En *Zopf und Schwert* (Peluca y espada) elabora una comedia histórica, mientras que *Uriel Acosta* (1847) revela el énfasis que el autor ponía en problemas de conciencia. Pero Gutzkow, un trabajador infatigable, deseaba dejar testimonio, ante todo, de su propia época y de las propias inquietudes políticas, sociales y religiosas. Así, en *Die Ritter vom Geiste* (1852) (Los caballeros del espíritu) desfila toda la sociedad de su tiempo, con una acentuación de lo político a través de la derrota de las banderas democráticas de 1848. *Der Zauberer von Rom* (El hechicero de Roma) intenta superar, mediante un papa exclusivamente cristiano y dedicado a lo espiritual, los problemas suscitados por las divisiones religiosas. En *Die neuen Serapions-brüder*

(1877) (Los nuevos hermanos de Serapión), ponía en duda audazmente los beneficios proporcionados a su país por un progreso proclive al materialismo.

Heinrich Laube (1806-1884) tuvo, desde el costado liberal y democrático, una activa participación en los acontecimientos de 1848, pero lo principal de su fama de época se debe a su actuación de dramaturgo y de director del teatro imperial de Viena. *Das junge Europa* (1837) (La joven Europa) es una novela de raíz romántica y desenlace burgués y bien intencionado. En el caso de Laube, el drama histórico captó su atención preferente. *Die Karlsschüler* (1847) (Los alumnos de la Carolina) se refiere a la juventud de Schiller, y *Prinz Friedrich* (1854) (El príncipe Federico) dramatiza el choque de Federico el Grande con su padre, mientras que en *Graf Essex* (El conde Essex) cobran relieve, en un estilo shakespeareano, los principales personajes de la época isabelina.

Simultáneamente, se extendía por toda Alemania una voz común que, mediante la lírica, expresaba tendencias semejantes a las de la "Joven Alemania". Las guerras de la Independencia que habían despertado tantas ilusiones de regeneración, son el antecedente necesario de un grupo de poetas, conmovidos por el espectáculo de una patria regresiva, dividida, donde la política se confunde con censura, espionaje y despotismo. Estos líricos sentían análogo afán de libertad que, sin dejar de ser alemán, poseía raíz europea. Ansiaban actuar por medio de sus versos, y si bien se encuentran demasiado atados a lo circunstancial y a pasiones momentáneas, los gritos de libertad y fraternidad emanaban de pechos limpios y dispuestos al sacrificio.

El más importante entre estos poetas fue Ferdinand Freiligrath (1810-1876). Un orientalismo exótico y furiosamente romántico es culpable de sus primeros versos. Muy joven fue ganado por la causa de la libertad de los pueblos y la liberación de las masas. De ahí que no extrañe su colaboración con Karl Marx en *Die neuer-*

heinische Zeitung (El nuevo diario renano). Sus versos, de ritmo amplio y un vigor notable, reflejan un alma inflamada por la injusticia hacia los humildes, como en *Ça ira* (1846), *Von unten auf* (Desde abajo) o *Glaubensbekenntnis* (1844) (Profesión de fe). Pero el fracaso de la Revolución de 1848, y, sobre todo, el surgimiento de una Prusia fuerte y dominadora y al mismo tiempo ejemplo de un estado bien administrado bajo la égida de Bismarck, le insufló un espíritu patriótico capaz de hacerle cantar ahora, tan sinceramente como lo había hecho antes, la gloria alemana posterior a 1871. Muestra de ello son sus poemas "Trompete von Gravelotte" (1870) (Trompeta de Gravelotte) y "Hurra Germania".

En Austria, el conde Anton Alexander von Auersperg (1806-1876), que adoptó el nombre de Anastasius Grün, escribe valientemente contra el régimen de Metternich y pide una patria libre, sin coacciones de ninguna especie en *Spaziergänge eines Wiener Poeten* (Paseos de un poeta vienés), en un tono colorido que repite en *Die Nibelungen im Frack* (Los nibelungos en frac) o en *Schutt* (Escombros). Tesitura similar hay en la obra del barón de Zedlitz, Franz Dingelstedt (1814-1881) y Karl Beck (1817-1879). Hay dos poetas más importantes. Uno de ellos es Georg Herwegh (1817-1875), desterrado de Alemania por sus enérgicos cantos de libertad en *Gedichte eines Lebendigen* (Poesías de un ser vivo), e incitador también de la unión del proletariado. El otro es August Heinrich Hoffman von Fallersleben (1798-1874), asimismo exiliado por sus incursiones políticas a través de la poesía. Se destacó por sus canciones infantiles, llenas de encanto e ingenuidad, pero su nombre ha quedado vivo porque a él se debe el texto del himno nacional alemán. Ese "Alemania, Alemania, por encima de todo" era, en rigor, el verso que todos los poetas de la época tenían grabado en el fondo de sus corazones.

Pero, haciendo abstracción de la "Joven Alemania" y de los poetas patrióticos y sociales arriba considerados, es en la lírica donde puede examinarse mejor este proceso, para cuya primera parte la calificación de posromanticismo no es muy errada. Figura clave es, entonces, la de Heinrich Heine (1797-1856). En él se anuda el impulso de la "Joven Alemania", de la que fue la figura más brillante, con un romanticismo que llega voluntariamente a su fin. La novedad de su expresión y el arte con que sabe investirla hacen de Heine el poeta más popular de la centuria, y el más imitado. Su alma estuvo desgarrada simultáneamente por la afirmación y la negación, y a un sentimiento de entrega, a un entusiasmo ardiente por las causas más nobles, oponía fatalmente la burla y la ironía. Adoró destruyendo y destruyó adorando, en la vida como en la obra. Pero algunas de las canciones de este judío alemán, bautizado en 1827, ni siquiera pudieron ser silenciadas por el nazismo. Su "Loreley" se había incorporado de tal manera al patrimonio poético de su patria, que siguió apareciendo en los libros de lectura con la advertencia "autor desconocido".

Destinado por su padre al comercio del que pudo, sin embargo, desligarse, se recibió de abogado en 1825, y un año más tarde publicaba el primer libro que lo hizo famoso: *Reisebilder* (Cuadros de viaje). En una prosa viva y elegante, aparecen sus impresiones de juventud, la descripción aguda de personas y lugares, la exaltación frente a la naturaleza, adelgazada por una ironía mortífera, todo lo cual se continuó en *Harzreise* (Viaje por el Harz) y el *Italienische Reise* (Viaje por Italia). La movilidad y atractivo de estas notas lo ubicaban, de golpe, entre los más brillantes prosistas alemanes.

Luego de un viaje a Italia, su intervención en la Revolución de 1830 en defensa de los ideales democráticos le valió el destierro. Fijó su residencia en París y allí murió. Amaba a Francia y a la patria alemana y ése era uno de sus conflictos, pero poseía la libertad de espíritu suficiente para criticar a los dos pueblos, hasta la injusticia a veces. Más importante fue el papel de intermediario entre ambas culturas que asumió voluntariamente. Hizo conocer, en ocasiones con premura periodística, pero siempre con acertado juicio crítico, las mejores expresiones de ambas literaturas, con un cabal sentido europeo.

Antes de su exilio, con el *Buch der Lieder* (Libro de los cantares), de 1827, se convertía en el lírico más notable de su generación. Había allí mucho de byronismo y de mal del siglo, pero la seguridad pasmosa en la ejecución artística incorporaron algunos de sus poemas al arte nacional. Un subjetivismo profundo —bien romántico— intercala penas de amor resueltas irónicamente en una revancha de la inteligencia contra el corazón, cuando no descubre el sueño de la escena, el viaje imaginario o verdadero, o el contraste sorprendente. Y encuentra para ello la fórmula del cuarteto sin énfasis pero melódico, en un aprovechamiento asombroso de la propiedad poética de la concisión, lo que confiere a sus versos esa difícil facilidad que les es tan característica.

La geografía de la naturaleza lo inspira en las referencias a las montañas del Harz, para la evocación de las míticas criaturas del Rin, como también para hacer del Mar del Norte —la novedad es la incorporación del mar a la poesía— con sus tonalidades tormentosas o apacibles, una imagen de la propia alma destrozada por la contradicción. En este último ciclo prefirió el ritmo libre, al que dio un movimiento y grandeza inusitados.

El periodismo, que ejerció obligadamente en París, le abrió las puertas de los grandes salones, y en esa tarea de acercamiento franco-germano escribe, como continuación de los *Cuadros de viaje*, los *Bäder von Lucca* (Baños de Luca), ejemplo de sagacidad crítica en comentarios que, en el fondo, reclaman para Alemania la libertad del espíritu.

Los poemas que mayor resistencia suscitaron por la mordacidad de su sátira, en lo literario y en lo político, son *Atta Troll, ein Sommernachtstraum* (1841) (Atta Troll, un sueño de una noche de verano) y *Deutschland, ein Wintermärchen* (1844) (Alemania, un cuento de invierno). El primero es la historia de un oso, honesto y de alcances limitados, que cubre en realidad la imagen del mal poeta alemán contra el que Heine apunta sus flechas. Detrás de la ironía aparece la fe en la grandeza de la auténtica poesía. El segundo, un cáustico y virulento ataque contra el carácter y las instituciones de su patria, fue arma favorita para señalarlo como enemigo de su propio país.

Su lirismo más serio y profundo pertenece al *Romanzero* (1851), que contesta de una manera directa a la tortura de la dolencia que lo tuvo postrado los últimos años de su existencia. Aquí los gestos no responden a una moda o a una decoración sentimental. Su propia vida es puesta en tela de juicio, en un inmenso cuadro que va desde lo risueño y romancesco hasta las últimas profundidades del dolor. La muerte cercana ha disipado toda posibilidad de juego, y junto al ensueño exótico de algunas baladas, las otras vuelven, con sinceridad conmovedora, a sus orígenes raciales, a sus experiencias, al tema del fracaso.

No estaba dotado para el teatro, pero el fragmento de su cuento "Der rabbi von Bacharach" (1840) (El rabino de Bacharach) describe con vivacidad y fuerza un episodio medieval de persecución contra los judíos. Renovador del verso y de la prosa en una medida extraordinaria, la sensibilidad de Heine recogió justamente lo que su época aguardaba, con tal riqueza de matices que hizo de su nombre una de las piedras miliares en la literatura alemana. Fue también como un noble motivo de inspiración para músicos románticos de la talla de Schubert y Schumann, cuyos "Die beiden Grenadiere" (Dos granaderos) han recorrido, desde su aparición, todos los escenarios y momentos de la tierra alemana.

El espíritu independiente de Heine, manifestado con causticidad extrema, le había atraído adversarios de toda índole. Uno de ellos, agudo polemista y también animador de la "Joven Alemania", era Ludwig Börne (1786-1837). Su participación en las luchas contra la opresión lo había conducido asimismo al exilio, y en París ejerció una proficua actividad periodística. Pero los asuntos de actualidad los vertía a un lenguaje de una riqueza y color que recordaba mucho a Jean Paul. En *Pariser Briefe* (1833) (Cartas parisienses) y en los *Aforismos* derrocha un talento y un ingenio que justifican la animadversión que Heine le guardaba. Es peculiar de esta literatura de emigrados el que se convirtiera en un momento particularmente afortunado para la polémica.

Heine es el más renombrado, pero no el único de los líricos eminentes de esta primera mitad del siglo. Entre las individualidades destacadas, obedientes en escala muy diversa al flujo de su época, figuran Platen, Rückert y Lenau. El conde August von Platen-Hallermünde (1796-1835) es, antes que nada, un encarnizado antagonista del romanticismo, de la fantasía desbordada y sin mesura. Vivió con gran intensidad el ideal estético o clásico de la forma perfecta y la contemplación de la belleza pura, y desde Italia, donde reside a partir de 1826, escribe sus mejores poemas inspirados en un ideal aristocrático que su época no compartía y que lo mantuvo en una soledad orgullosa y dolorosa. Su lírica es de fuente culta, y el ejemplo del *Diván occidental-oriental* de Goethe le abre el camino del Oriente, pero la melancolía y pasión que contienen los versos de *Ghaselen* (Gazelas) o *Spiegel des Hafis* (1822) (Espejo de Hafis) es sentimiento auténtico y romántico. *Venetianische Sonette* (Sonetos venecianos), lo mismo que el contorno clásico de sus églogas y odas testimonian el culto religioso a un ideal antiguo que repudia todo contacto con la realidad vulgar. Además de baladas épicamente admirables y popularizadas, como "Der Pilgrim von St. Just" (El peregrino de Yuste) y "Das Grab im Busento" (La tumba en el Busento), escribió comedias satíricas circunstanciales contra el romanticismo, bastante disminuidas frente a la perfección formal de sus versos, como *Die verhängnisvolle Gabel* (1826) (El tenedor fatal). La persecución de una belleza clásica, sin concesiones, lo llevó también a la disputa política y literaria, y junto con su ideario liberal se recuerda la lucha que entabló con Heine.

En cuanto a Friedrich Rückert (1788-1866) es también por su temperamento artístico un cultivador de la forma, con la diferencia de que, pese a su extraordinaria fecundidad, su obra es menos valiosa que la de Platen. Su concepción de ideales burgueses se explaya en versos innumerables y descoloridos en gran proporción. Asimiló con habilidad los movimientos de la época, aunque las opacas canciones de los *Geharnischte Sonette* (Sonetos en arneses) de las guerras de la Independencia son superados por su comprensión del Oriente. Por encima de *Orientalische Rosen* (Rosas orientales) y *Makamen*, descuella la ciencia humana de *Die Weisheit des Brahmanen* (La sabiduría del bramán). En sus tres mil máximas concilia aquello que, por encima de diferencias de cultura, es capaz de unir a todos los hombres, y, como lo había hecho ya Goethe, tiende un puente hacia las lejanas literaturas del Asia, a lo que no fue ajeno su condición de profesor de lenguas orientales. Una lírica sencilla, surgida del corazón, formalmente impecable, contienen algunos poemas amorosos de *Liebesfrühling* (Primavera de amor).

Junto a la existencia plácida de Rückert, ofrece un tremendo contraste la trágica de Nikolaus Lenau, cuyo verdadero nombre es Niembsch von Strehlenau (1802-1850). Este húngaro alemán sufrió como ningún otro poeta de rango del "Weltschmerz", y su byronismo rebelde y solitario, su revuelta sombría contra Dios y los hombres, su búsqueda del amor puro en la mujer o de la paz del espíritu, que tampoco encuentra en un viaje al Nuevo Mundo, terminan por sumirlo en la locura. Pasión y melancolía, el dolor de un subjetivismo agudo que no siempre es artísticamente conformado, todo ello impregna sus *Poemas* de 1832 y 1838. Ama los choques de la naturaleza, y la suavidad o la violencia de los elementos son reflejos de la atormentada agitación de su alma. Dejó obras dramáticas cuyos héroes asumen una fiera actitud de independencia, pero, como el mismo poeta, sucumben en el fracaso. Tanto *Faust* (1836), lo mismo que *Die Albigenser* (1841) (Los albigenses), *Savonarola* (1837) y el inconcluso y póstumo *Don Juan,* muestran, junto a pasajes bellos y melodiosos, la inseguridad de una voluntad quebrada de antemano.

Uno de los más hondos y perdurables poetas del posromanticismo, suabo como Uhland y Hölderlin, fue Eduard Mörike (1804-1875). Su vida corrió por cauces apacibles y modestos. Después de cursar estudios en el seminario de Tubinga, la parte más importante de su vida transcurrió en Cleversulzbach, donde ejerció funciones de párroco, pero sin vocación intensa por la cura de almas se dedicó luego a la enseñanza de la literatura en Stuttgart. Hay en su obra, relativamente breve, pasión contenida, una dulce nostalgia y un plácido contentamiento burgués que prefiere la tranquilidad de la vida de aldea a la complicación ciudadana. Pero este pastor de mediados del siglo XIX, sobre el cual se deslizan, mudos, los problemas de la hora, es un enamorado de la belleza clásica a la que sabe recrear, sin estridencias mas con formas magistrales, en poesías diversas, sea que cante sus emociones amorosas en el ciclo de *Peregrina,* como que descubra, en hexámetros perfectos, el arte campesino de preparar encurtidos. Sus poemas de la naturaleza suaba pueden compararse, sin desmedro, con lo mejor escrito en ese tipo por Goethe o Eichendorff. La luna o los bosques, el viento o la primavera no han tenido un cantor más íntimo y verdadero, mientras que sus canciones populares y baladas, extraídas del folclore se han convertido justamente en eso, en canciones populares.

Además de una actitud lírica que su época no advirtió, escribió Mörike una novela, *Maler Nolten* (1832) (El pintor Nolten), que lo acompañó en sucesivas reformas, no sustanciales, hasta la vejez. Es una novela de educación que desciende directamente, como tantas en su época, de *Wilhelm Meister,* pero más que los acontecimientos reales que informan la vida del protagonista, son de destacar los episodios románticos y míticos, con mucho de cuento o fábula para niños. Mörike posee también la rara virtud de un humor amable y simpático, nacido de la gracia de un corazón que tampoco es ciego frente a los aspectos menos gratos de la existencia. Esto es lo que caracteriza precisamente su cuento largo *Mozart auf der Reise nach Prag* (1856) (Mozart en viaje a Praga), relato imaginario de un viaje del músico y su esposa al estreno del "Don Juan" en Praga, y que es juzgado, con justicia, por su encanto, emoción y belleza, como uno de los mejores de toda la literatura alemana. La prosa de sus relatos infantiles, como "Historie von der schönen Lau" (Historia de la bella Lau) le ha ganado también el lugar de privilegio que la limpieza y alta honestidad de su arte merece.

El teatro que culmina alrededor de mediados del siglo pasado pertenece, en sus mayores representantes, a lo más notable de la literatura alemana. Recibe su impulso del idealismo de Schiller, asimila tendencias románticas en medio de las cuales la época respira, lucha por la plasmación de la realidad y, a pesar de todo, sus manifestaciones son en cada uno de sus autores, llámense Grillparzer o Grabbe, Hebbel, Büchner u Otto Ludwig, enteramente personales. Gracias a estos dramaturgos la escena alemana puede pretender, después del episodio de Weimar y de la obra de Kleist, una repercusión universal.

Franz Grillparzer (1791-1872) es el primer autor eminente con el que vuelve a oírse, después del lejano florecimiento medieval, la voz del mundo alemán meridional. Hasta él, la literatura austriaca había justificado su regionalismo, y, justamente, el desconocimiento de que su teatro podía abarcar sin mengua a toda Alemania, y no sólo a su país natal, fue una de las causas de su amarga actitud característica. Nació en Viena, ciudad a la que amó entrañablemente, no obstante su universalismo cultural. Había estudiado abogacía, pero la insuficiencia de recursos lo obligó a emplearse en la administración pública, donde ocupó cargos relativamente oscuros. El olvido colectivo de sus altos méritos lo decide, mucho antes de su muerte, a guardar algunas obras maestras según el juicio de la posteridad, pero a su muerte es ya una gloria nacional indiscutible.

No es fácil definir su teatro, porque el estilo de sus personajes vive de la noble apostura schilleriana, del estudio de los clásicos griegos y franceses, de Shakespeare, de la tradición nacional austriaca, y, en una medida importante, de un hondo conocimiento del teatro español de Lope y Calderón. Pero hay algo que le pertenece. Es el desarrollo de la intriga, de extraordinaria factura teatral, un lenguaje de dignidad y ceñida belleza, un análisis penetrante del alma de sus héroes, exacto y minucioso, una verdad interior trágica, en la que al ser humano se le niega la felicidad en este mundo porque en su destino se alberga el fracaso de todos sus sueños. Su moral es la del renunciamiento, y la paz del alma el único premio posible para el hombre.

Grillparzer comenzó temprano su carrera de autor, a los veintiséis años de edad. *Die Ahnfrau* (La abuela) fue estrenada en 1817 y es una combinación, hábilmente desenvuelta, del drama fatalista a la manera de *La novia de Messina* y el teatro romántico, con espectros y puñales, muertes premeditadas y venganzas ancestrales. Un brusco cambio de timón hacia el clasicismo que Goethe había acuñado en *Ifigenia,* es, un año después, la tragedia *Sappho.* La poetisa griega, nimbada de gloria, se enamora de Faon, un hombre sencillo, que termina a su vez por enamorarse de una mujer más joven. Safo, que no puede soportar la vida sin este amor, se suicida. El dulce verso yámbico de la pieza descubre la intimidad de todo artista para el cual la creación es, en cierto modo, un divorcio de la vida normal. Si su arte es verdadero y nace de su propio ser, a él le debe una dedicación celosa y exclusiva. La incursión en otro tipo de existencia le es, casi siempre, fatal. Era la tragedia del *Tasso* goetheano y fue también la del mismo Grillparzer.

El ciclo helénico de este autor comprende, además, la trilogía del *Das goldene Vlies* (Vellocino de oro), estrenada en 1821, y *Des Meeres und der Liebe Wellen* (1831) (Las olas del mar y del amor). Medea, la heroína de la trilogía, tenía ilustre estirpe. Sobre la escena habían mostrado su humillación y su furor Eurípides, Séneca y Corneille. En Grillparzer, la furia y el desengaño de esta mujer enamorada y abandonada, que nacen de una naturaleza elemental y absoluta, llegan al paroxismo, y así resulta comprensible que este ser bárbaro, incapaz de asimilarse a la civilización de los griegos, envíe un regalo mortífero a la futura mujer de Jasón y dé muerte a sus hijos con sus propias manos. En cuanto a *Las olas del mar y del amor* es otra tragedia de amor, pero de un amor hecho entrega y sacrificio. Hero es una sacerdotisa dedicada al servicio exclusivo de Afrodita, pero al enamorarse de Leandro siente que votos y vida anterior no tienen ninguna importancia, y que amarlo hasta morir por él es su verdadero sino. Cuando Leandro se ahoga al cruzar el Helesponto, Hero sólo piensa en seguirlo, y así lo hace. Con esta pieza el éxito de Grillparzer había llegado al punto culminante, lo que se explica por la perfecta armazón dramática y por un lenguaje cuya musicalidad no ha sido superada.

Pero Grillparzer se sentía también obligado a cantar la historia gloriosa de la dinastía habsburguesa, que tan menguadamente reconoció el homenaje. Quería, además, hacer surgir en torno a los emperadores tradicionales una conciencia nacional en la que pueblo y emperador eran partícipes, en medio del acontecer histórico, del mismo destino. *König Ottokars Glück und Ende* (1823) (Fortuna y fin del rey Ottokar), es un homenaje al fundador de la dinastía, a Rodolfo de Habsburgo, que, poseído de la conciencia del mando, vence a su rival, el rey Ottokar de Bohemia, castigado por su propia soberbia. La obra le costó dura lucha con una censura que desconfiaba de la ideología liberal del poeta. A una anécdota de la historia patria se vincula también *Ein treuer Diener seines Herrn* (1828) (Un fiel servidor de su señor), el drama donde Bannsbanus, regente de Hungría, debe tolerar el ultraje a su honor para que no se altere la paz del reino a la llegada de su soberano. El cumplimiento del deber, hasta el grado más heroico, en aras de la estabilidad del reino, más importante que cualquier interés personal, es el meollo de la pieza.

Quedaron póstumas *Libussa*, *Die Jüdin von Toledo* (La judía de Toledo) y *Ein Bruderzwist in Habsburg* (Una querella fraternal en Habsburgo). En esta última obra, Grillparzer vuelve a la historia patria en torno a la debilidad de carácter de Rodolfo II, que, desconfiando de las imprevisibles consecuencias de toda acción, sume al país en grave desorden al negarse a hacer uso de sus prerrogativas, que tienden a servir —y ésta es la idea central del autor en estos dramas nacionales— más al pueblo que a su encumbrado mandatario. Aquí, el sacrificio de la paz del alma surge al primer plano.

Grillparzer escribió dos comedias, *Der Traum, ein Leben* (1834) (El sueño es vida) y *Weh dem, der lügt* (1838) (¡Ay de quien miente!). La última, basada en la *Crónica de los francos* de Gregorio de Tours, es una de las más graciosas que se hayan escrito en alemán, y plantea los límites relativos de la verdad y la mentira humanas en la acción de un pinche de cocina que gracias a una mentira salva al sobrino de su amo. El público, inducido por una crítica malevolente, no advirtió la experiencia humana que atesoraba la obra, y ante un fracaso rotundo como éste Grillparzer decidió retirarse definitivamente de la escena. *El sueño es vida*, representada poco antes, se anuda con el teatro barroco de *La vida es sueño* de Calderón. Parte de su excelencia emana del encanto oriental de sus personajes y escenario, pero la fábula es una inversión de la concepción calderoniana. Para Grillparzer, el sueño, por medio del cual el héroe Rustan, ansioso de hazañas y de largarse al ancho mundo, es advertido de la desgracia que cae sobre todo aquel que se entrega a la acción, es espejo de la vida. La típica enseñanza de esta obra señala que la única felicidad accesible al hombre reside en la tranquilidad del espíritu que se recoge en el propio mundo interior.

El otro drama conectado con el teatro español es *La judía de Toledo,* una de sus piezas póstumas. Se inspiró en Lope, que escribió una comedia con el mismo título. Lope era autor favorito de Grillparzer, quien admiraba la movilidad y elegancia escénica de sus personajes y la perfección de la intriga lopesca. Precisamente, a los grandes dramaturgos españoles había dedicado unos muy sagaces estudios en los *Tagebücher* (Diarios), que contienen, además, juicios literarios de excepcional agudeza. El rey Alfonso ha olvidado su oficio de soberano en los brazos de su amante, la hermosa Raquel. Los nobles la asesinan, y la venganza del monarca queda sin efecto porque, ante el cadáver de la judía, toma conciencia de la fragilidad viciosa de su pasión. Endurecido ahora, y más sabio, vuelve a asumir sus funciones. En ningún otro drama dejó Grillparzer tan al descubierto la cruda realidad de que los seres humanos están hechos.

Con *Libussa,* Grillparzer compuso su tragedia más ambiciosa. Allí se contraponen mito e historia, inmanencia y trascendencia, lo humano y lo divino, en una visión que comienza cuando todavía los dioses son quienes gobiernan el mundo. Libussa, hija de sabias criaturas, dotadas del don profético, abandona su reino seguro y confunde su destino con la raza de los hombres, a los que bendice e inicia en la civilización, pero no puede adecuarse a los cánones de la vida humana y sucumbe. La historia comienza con el fin de la edad del mito.

El tono de sus poesías *Tristia ex ponto* muestra una lírica áspera e intensamente sincera, fruto de un hombre desgarrado por la insatisfacción y el sentimiento del fracaso. Escribió también dos cuentos. "Das Kloster bei Sendomir" (1828) (El monasterio de Sendomir) es un relato romántico y teatral, del que mucho después extrajo Gerhart Hauptmann su drama *Elga*. En cuanto a "Der arme Spielmann" (1848) (El pobre músico), además de un don de observación realista con el fondo de Viena y lo vienés, muestra en su protagonista a una de las almas más noblemente atrayentes de la literatura alemana, cuyo sacrificio final define su excelencia.

Junto a Grillparzer, pero en una escala más modesta, escriben Ferdinand Raimund (1790-1836) y Johann Nepomuk Nestroy (1802-1862). Ambos descienden del teatro popular vienés, hecho de canciones y alegoría, cuentos de hadas y música, y conocieron el aplauso del público en mayor medida que Grillparzer. Raimund fue un talento de primera fila. Sus mejores comedias, *Der Alpenkönig und der Menschenfeind* (El rey de los Alpes y el misántropo), *Des Bauer als Millionär* (El campesino como millonario) o *Der Verschwender* (El pródigo), están llenas de magia y humor, de sensibilidad tierna, conocimiento seguro de la emoción humana y del dulce carácter vienés. En sus hadas y alegorías asoma una moral limpia que se tiñe frecuentemente de melancolía o pesimismo. Su contemporáneo Nestroy construye desde el intelecto, y no de un corazón cálido como Raimund, pero a pesar de la frialdad de su ingenio y de lo que en él hay ya de trasnochado, sus parodias de la *Judith* de Hebbel o del *Tannhäuser* wagneriano todavía hacen reír. En comedias como *Lumpacivagabundus,* la perspectiva burguesa, irónica y algo cínica de su realidad no ha perdido totalmente el efecto teatral buscado.

Más al norte, la tradición escénica también creció en grandeza y profundidad, pero la transformación que Grabbe o Büchner traen al teatro sólo ha sido reconocida a partir de nuestro siglo. El público no los apoyó porque se habían anticipado demasiado a su época. Christian Dietrich Grabbe (1801-1836) arrastró una vida miserable desde sus comienzos. Antes de recibirse de abogado había comenzado a escribir, pero un grave quebrantamiento psíquico apresuró su temprano fin. Grabbe se apoderó de los grandes héroes de la historia, pero no para endiosarlos o ennoblecerlos al servicio de la idea schilleriana, sino para mostrarlos, con recursos naturalistas, en toda su fuerza desorbitada o convulsiva. El hombre se debate aquí sobre el fondo de la historia y entre el pueblo, inútilmente, porque la fatalidad ciega del proceso histórico domina sus intenciones y lo hace sucumbir. Su primer intento, *Herzog Theodor von Gothland* (1824) (El duque Theodor von Gothland), tiene mucho de "Sturm und Drang", en una exageración que bordea lo grotesco, quizá por su absoluto nihilismo. En 1822, con la comedia *Scherz, Satire, Ironie und tiefere Bedeutung* (Broma, sátira, ironía y significación más profunda), se burlaba con cínica gracia, algo romántica, de una literatura en el fondo también romántica. Después de *Marius und Sulla* (1823) (Mario y Sila), la inclinación hacia la grandiosidad exagerada y hacia el efectivo teatral se perciben en la tragedia *Don Juan und Faust* (1829), donde ambos héroes, el del espíritu y el de la carne —uno sólo no es suficiente para Grabbe— compiten en una carrera hacia la muerte, por el amor de doña Ana. Un afán de realidad vivida, no teatral, en la que el hecho histórico tiene la palabra, asumen sus figuras históricas, tanto en *Friedrich Barbarossa* y *Heinrich VI*, como cuando toma de protagonistas a Napoleón o Aníbal. *Napoleon oder die hundert Tage* (1832) (Napoleón o los cien días) es un amplio fresco donde luchan el emperador y sus adversarios, en que todos se destruyen a pesar de la fuerza que dominan, por servir a los fines de una historia que los hombres desconocen. La misma concepción campea en *Hannibal* (1834). El audaz general cartaginés muere al final porque el pueblo no está a su altura heroica, y todo el sacrificio ha sido, desde el punto de vista humano, inútil. La misma amargura en un conocimiento pesimista de los hombres domina su pieza póstuma *Die Hermannsschlacht* (La batalla de Arminio), que ya había ocupado a Kleist, aunque con una intención patriótica ausente en la tragedia de Grabbe. La realidad de este mundo engloba tanto lo racional como lo irracional, y es superior a todo, al héroe con su ambición gigantesca como a la masa desordenada y confusa.

En el año 1813 nacieron tres dramaturgos de primera línea: Hebbel, Büchner y Ludwig. Se podría agregar el nombre de Richard Wagner, pero su sitio está en la historia de la música, por cuanto los textos de sus óperas sirven a una finalidad conjunta que excede a lo meramente literario. Friedrich Hebbel (1813-1863), que aspiró a realizar en su teatro la síntesis de los griegos y Shakespeare, poseyó una vida tan áspera y amarga, tan combativa y desgarrada como su obra. Nació en un hogar muy humilde y extraordinariamente pobre y sólo con una fuerza de voluntad tremenda y a costa de los sacrificios más duros pudo adquirir educación, prolongada gracias a la ayuda de su soberano danés en Francia e Italia. Sabía desde joven que tenía algo importante que decir, y echó por la borda escrúpulos normales para volcar toda su experiencia y saber en la obra, lo que incluye el haberse dejado mantener por una mujer que lo amó. Sólo a partir de 1846, unido a una famosa actriz, Christine Enghaus, pudo disfrutar, hasta su muerte, de la tranquilidad que hasta entonces le había sido negada.

Pertenece a su forma de ser el esfuerzo por haber intentado dar a sus dramas una justificación teórica, más poética que rigurosa. Parte del dualismo que encuentra en el mundo, por el cual el héroe está trágicamente enfrentado, como individuo, a un universal. Lo trágico surge del carácter de sus héroes, aunque suele estar condicionado por las circunstancias históricas de cada época. La destrucción final del individuo por el mundo, o por la idea, vuelve a restablecer el equilibrio, y en sus últimos años llega a creer, inclusive, en una justicia trascendente que gobierna al universo. Lo histórico y lo dramático se identifican simbólicamente, lo que lo llevó a afirmar que el drama era la "suprema historiografía". Y prefería los grandes conflictos porque llevaban a la comprensión de un plan, al cabo divino, al que obedecía el devenir de todo lo creado. Esta ideología compleja se adaptó a una forma adecuada, y si el contenido de sus tragedias se aleja de las de Schiller y presenta en análisis descarnado y sin ilusiones el mecanismo de la pasión humana, sabe asumir también el molde del verso blanco para darle a su mensaje el tono más noble.

Su primera tragedia, *Judith* (1839), con la que adquirió celebridad, ofrece un choque gigantesco de palabras y caracteres. La heroína judía mata a Holofernes, del que se ha enamorado, porque éste la ha ofendido, no para vengar a su pueblo. Su condición femenina se opone en igual medida a la masculinidad y grandeza del general asirio, que tiene una singular conciencia de su propia fuerza, y si la acción se desencadena con un signo de muerte y expiación, es porque ha atravesado un límite que debía quedar infranqueable. La segunda tragedia fue *Genoveva* (1841). Una protagonista casta, pasiva y dulce, como muchas de Hebbel, debe sufrir los avances, y luego el odio de Golo, el auténtico héroe de la pieza, a cuya custodia se encuentra. El radicalismo de los sentimientos de Golo y la incursión en un mundo erótico hasta entonces no hollado, son sus mayores méritos. De *Maria Magdalena* (1843) se ha dicho que es la primera tragedia moderna burguesa. En verdad, de la pequeña burguesía, que Hebbel conocía demasiado bien, cuyos miembros sacrifican la moralidad auténtica al prejuicio del chisme y del escándalo. El conflicto se desarrolla en el seno de la familia de un artesano, que no es lo suficientemente libre como para rechazar las normas de un estricto código burgués, lo que justifica el suicidio de su hija. El camino quedaba abierto para la *Casa de muñecas* de Ibsen.

En *Herodes und Mariamne* (1849), vuelve Hebbel a

los personajes históricamente ilustres y al tema del amor, una de sus preocupaciones sustanciales. Se trata, en el fondo, de las relaciones de los sexos, de la inseguridad masculina en el amor hacia la mujer, y que por ello necesita probarse a cada instante, Herodes y Mariamne son dos seres orgullosos que se aman intensamente, pero la mujer, que como tal posee la certeza de sus sentimientos, no puede tolerar que se ponga en duda la verdad de su amor. Si él muere, ella sabrá seguirlo gustosa, pero libremente, no por una imposición exterior. De ahí el sacrificio de dos seres nobles, cuyos sentimientos se presentan a un análisis denso y agudo.

La obra siguiente, *Agnes Bernauer* (1851), señala como víctima a la inocente, dulce y hermosa plebeya que se ha casado con el heredero al trono de Baviera. La razón de estado aconseja la disolución del matrimonio, porque la conservación de la dinastía representa el orden general, que debe imponerse aun a costa de los más puros sentimientos personales. La tragedia recuerda al *Príncipe de Homburgo* de Kleist. En una visión realista del corazón humano, Hebbel hace que el duque Albrecht, marido y heredero del trono, acepte al final el sacrificio de Agnes, porque el poder lo espera. De una anécdota narrada por Heródoto extrajo Hebbel el argumento de *Gyges und sein Ring* (1856) (Gyges y su anillo). Otra vez la feminidad ultrajada exige el aniquilamiento. La bella Rhodope no puede permitir que otro que no sea su marido contemple su cuerpo, y la violación de esta norma se castiga con la muerte. El mundo de las viejas creencias no puede desembarazarse de éstas si el sacrificio humano no las subraya, es la tesis hebbeliana de esta pieza.

Su última obra teatral, la trilogía de *Los nibelungos* (1862), fue un intento en gran escala por dar contextura dramática a la vieja epopeya que el romanticismo había puesto de nuevo en circulación, pero a pesar de algunas escenas efectivas y conmovedoras, el inmenso material épico se deshace en sus manos. Ni siquiera Hebbel, con toda su experiencia del teatro, podía restaurar, en una época radicalmente distinta, la ferocidad de la vieja leyenda. De todas maneras, fue, entre varios que se llevaron a cabo, el intento más afortunado para llevar a la escena las monumentales figuras de Crimilda y los nibelungos, y para anunciar, por medio de Teodorico de Verona, el amanecer cristiano que venía a sustituir los sombríos y sangrientos hábitos paganos.

Hebbel escribió también algunas comedias, pero su temperamento reflexivo y fundamentalmente serio no encontró allí campo propicio. En cambio, su sobria y densa poesía tiene la profundidad que emana de una naturaleza esencialmente problemática, mientras que los *Diarios* constituyen uno de los documentos más penetrantes para el conocimiento íntimo de un artista excepcional y del desenvolvimiento cultural de su propia época.

De toda esta generación de renovadores de la escena, Georg Büchner (1813-1837) es quizás el más actual. Nuestro siglo ha reconocido su afán de dar una imagen exacta, real, de una época —y en esto su anticipación es genial— que perdía la fe en los valores tradicionales, y que tenía que partir de la nada y del miedo para seguir viviendo. Ni el énfasis ni la retórica pertenecen a su lenguaje. No en vano, movimientos literarios como el expresionismo, o autores de la talla de Wedekind descubrieron, además de una técnica teatral nueva para su época, a un inspirador de jerarquía. Fue, con su temprana muerte, uno de los grandes malogrados de la historia de la literatura. Como su hermano Ludwig, el famoso pensador del materialismo, estudió ciencias naturales, porque en la verdad de los hechos veía más mérito que en las imágenes del idioma, y en su pensamiento de vanguardia se vinculó a la "Joven Alemania". En una hoja volante que lo hizo famoso, *Der hessische Landbote* (El mensajero de Hesse), expone como lema de un pensamiento avanzado que iba mucho más allá de la ideología liberal de 1830, esta fórmula: "¡Paz a las cabañas, guerra a los palacios!" Esta actividad le valió la persecución y tuvo que refugiarse primero en Estrasburgo, luego en Zurich, donde se recibió de médico. Un año después moría a consecuencia de una epidemia de tifus.

Dentro de la brevedad de su obra, todo es importante. *Dantons Tod* (1835) (La muerte de Dantón) es un drama histórico en el que los grandes protagonistas de los hechos de la Revolución francesa desfilan, no obstante la exacta documentación de que Büchner se valiera, como títeres de un acaecer ciego y desastroso. Vigor y escepticismo son las notas de esta pieza que no ha perdido actualidad. Una huida de la realidad es la comedia *Leonce und Lena* (1835) (Leonce y Lena), cuyo antecedente lejano puede ser *Ponce de León* de Brentano. Una especie de cuento de hadas, una fantasía realizada con humor y melancolía, con gracia liviana y personajes más livianos aún, es esta comedia de amor feliz y coincidencias venturosas.

Drama absolutamente revolucionario y su mejor contribución a la historia del teatro fue *Woyzeck* (o *Wozzek),* Büchner tenía asimismo vinculaciones con la ideología y el estilo del "Sturm und Drang", y uno de los mejores dramas de Lenz, *Los soldados* (véase p. 144) inspiró, en parte, esta presentación del pobre soldado, un ser casi absolutamente desposeído, víctima de las circunstancias sociales y económicas, que termina por matar a su compañera infiel y, enajenado, se suicida a continuación. La rápida sucesión de cuadros, que el "Sturm und Drang" había traído y que el expresionismo volvió a utilizar, asumen aquí carácter necesario. Es una tragedia social, una exposición, por medio de una técnica ya naturalista, de la soledad y el desamparo de la criatura humana, un grito contra la pobreza material a la que sigue, fatalmente, la mutilación del espíritu. *Woyzeck* quedó como obra póstuma.

El fragmento del relato *Lenz,* publicado en 1839, es

un estudio magistral, casi científico, de la estada del infortunado Lenz en Estrasburgo, en casa del párroco Oberlin, con atisbos del quebrantamiento de un alma que anticipa la observación psicológica de Stendhal o de la gran novela rusa. Dolor y compasión se unen en esta descripción de un ánimo alucinado a una capacidad expresiva que pocos poseyeron en su siglo.

La serie de grandes dramaturgos termina con Otto Ludwig (1813-1865). El drama ejerció sobre su vida una atracción extraordinaria, y tanto reflexionó acerca de su esencia y estructura para deducir, de las reglas encontradas, el camino hacia la gran tragedia, que apenas si le quedó fuerza creadora propia. Sus estudios sobre Shakespeare y su crítica del teatro idealista y moral de Schiller son de tal excelencia, que en cierto modo superan la aplicación de las propias teorías, en las que la realidad de la vida era la meta suprema. Para la plasmación artística de esa realidad inventó la fórmula del "realismo poético", con el que quería impregnar sus obras.

Tanteando y corrigiendo siempre, dejó dos dramas de mérito. *Der Erbförster* (1850) (El guardabosque hereditario), de ambiente rural bien logrado, en la que los personajes actúan en oposición dialéctica y con final trágico, a la manera de las tragedias fatalistas donde el destino hace las veces de ciega coincidencia. *Die Makkabäer* (1852) (Los Macabeos) está inspirado en la historia bíblica de estos héroes judíos que prefieren observar la ley de sus padres a seguir viviendo, lo que les otorga, al final, el triunfo. A pesar del realismo inyectado, Ludwig no logró acabadamente el efecto trágico buscado porque la reflexión excesiva restaba la vitalidad que la creación exige. Por más que tuviera constantemente presentes los ejemplos de Schiller y Hebbel, es típico de Ludwig que no reconociera el campo de su verdadero talento, que estaba en la narración. El cuento "Die Heiterethei und ihr Widerspiel" (1855) (Heiterethei y su contrario) es una historia deliciosa, con la evocación de la Turingia natal, llena de humor, en la que una linda muchacha que odia a los hombres termina casándose con el objeto de su particular aversión. La novela *Zwischen Himmel und Erde* (1856) (Entre el cielo y la tierra) es un relato psicológico lleno de acierto, en el que luchan los temperamentos de dos hermanos pizarreros que terminan por perder, el uno la vida, el otro, el acceso a la felicidad.

Desde los comienzos del siglo XIX nacen también algunos de los grandes narradores del periodo. El romanticismo, a pesar de su actitud de huida ante los hechos verdaderos, había favorecido el desarrollo del relato en prosa. El siglo XIX es, sin más, el gran siglo de la novela europea y Alemania no escapa a esta realidad. Pero sin una gran tradición que respaldara las intenciones de sus prosistas, los mejores de ellos, no obstante un talento narrativo innegable y su habilidad para captar los distintos acentos de la realidad, con lo que rechazan el libre juego de la fantasía romántica, no alcanzan el gran nivel de la novela europea. Retratan ambientes y personas, en la ciudad como en el campo, y lo suelen hacer bien, con interés y hasta con humor. Hasta incluyen una ética sanamente afirmativa, burguesa en el mejor de los sentidos. Sin embargo, el retrato de una realidad observada y aprendida a través de Walter Scott, y más tarde de Dickens, lo que produce novelas históricas y de costumbres, respectivamente, manifiesta, en rigor, estrechez de perspectivas e incapaces para abarcar todo lo humano. Se escriben novelas importantes, pero cierto provincialismo, una reducción en el panorama descrito, les niega a estos artistas conscientes, de estilo individual y característico, el rango universal que, por ejemplo, ostentan Kleist, Grillparzer o Hebbel en la historia del teatro.

En un rumbo que mantiene contacto con el romanticismo, pero que ya penetra en los dominios de la realidad, se sitúa la obra de dos personalidades de relieve, Immermann y Stifter. Karl Lebrecht Immermann

(1796-1840) es un escritor bien dotado, pero persuadido que el gigantesco periodo de Weimar ha llegado a agotar, por mucho tiempo, las posibilidades creadoras en la literatura, y que a las generaciones posteriores no les resta sino imitar la producción de aquel periodo. Así, Goethe y Schiller se convertirán para él en obsesión y modelo obligatorio.

Immermann era de extracción burguesa y había combatido en Waterloo. Su cargo de director del teatro de Düsseldorf lo familiarizó con la escena y facilitó los estrenos de otros autores, Grabbe, por ejemplo. Había en él diversas vocaciones, pero la escena fue lo que lo tentó al principio. El mayor éxito en este terreno lo obtiene con un asunto histórico-legendario de la historia patria, *Trauerspiel in Tirol* (1828) (Tragedia en Tirol), cuyo héroe Andreas Hofer carece de la consistencia dramática necesaria, a lo que agrega un recuerdo demasiado evidente del *Guillermo Tell* de Schiller. *Merlín* (1832) fue un intento para rivalizar con el *Fausto* goetheano. Merlín, hijo de Satanás y personaje que la novela francesa medieval había tratado, repudia a su muerte la estirpe demoniaca de que en parte desciende y así se salva. La obra es una romántica mezcla de contradicciones en las que las reflexiones filosóficas cabalgan junto a los caballeros del rey Arturo.

Pero la novela era el terreno más propicio para las dotes de Immermann, y allí fue a dar luego de mucho escribir. *Die Epigonen* (1836) (Los epígonos) es una novela importante. De nuevo es Goethe el punto de partida, esta vez con *Wilhelm Meister*. Además de la reproducción de románticos personajes goetheanos, como Mignon, que aquí se llama Fiammetta, la novela entra de lleno en el tratamiento de la transformación crucial que la época trae consigo, vale decir, con el advenimiento de la burguesía rica y la gran industria como los nuevos factores de poder dominantes. Lo social, cuya consideración es ya obligación ineludible para el escritor, lo aproxima al realismo que se viene perfilando.

La última gran novela de Immermann fue *Münchhausen* (1838), la historia del mentiroso barón que ya Bürger (véase p. 148) había vuelto a poner en circulación. Formalmente ofrece una desordenada y compleja estructura de carácter romántico, en la que satiriza el espíritu de una época sin creencias firmes, pura vanidad y tontería, además de los dardos que dirige contra los autores posrománticos que le eran contemporáneos. Sin embargo, lo más destacable es el cuento aldeano "Der Oberhof" (La finca principal), incluido en la novela. Su espíritu sano, sus campesinos sólidos y verdaderos, aferrados a la tierra, el vigor y realidad de los hechos, el pueblo que aquí se opone a una sociedad en la que el dinero es el valor preferido, le han otorgado un lugar de preferencia en la historia del cuento largo alemán.

Adalbert Stifter (1805-1868) es otro de los grandes autores rescatados del olvido, desde que Nietzsche señaló la rara excelencia de su arte narrativo. Austriaco, natural de Bohemia, cuya naturaleza revierte continuamente en sus relatos, vaciló largo tiempo entre la pintura y la literatura. Fue funcionario escolar en Linz y una dolencia mortal lo llevó al suicidio. Stifter poseía una visión excepcional para captar la belleza del paisaje en sus expresiones más menudas o en su plena extensión, y sus descripciones, en las que la naturaleza tranquila y hermosa se conjuga con el ser humano, sometidos ambos a la "dulce ley" del orden interior e inmutable que todo lo gobierna por la mano de un Dios evidentísimo, no tienen rival en la literatura alemana. Si la fórmula "realismo poético" acuñada por Ludwig puede ser aplicada a algún autor, éste es Stifter. Sus relatos son contemplación de una realidad vista en su tonalidad preferida, la que se modera y contiene, no la resonante o ampulosa. Esa realidad se anida, por el milagro poético, en la región de la belleza de los sentidos y del corazón. Con Grillparzer, sacó a la literatura austriaca de su aislamiento provincial y la hizo más que alemana, europea.

Sus libros de cuentos, de bastante extensión, por cierto, llevan los títulos de *Studien* (1844-1850) (Estudios) y *Bunte Steine* (1854) (Piedras de colores). Novelitas como *Der Hochwald* (El oquedal), *Brigitta, Die Narrenburg* (El fuerte de los necios), *Der Waldgänger* (El caminante del bosque), o *Aus der Mappe meines Urgrossvaters* (De los recuerdos de mi bisabuelo), no sólo transcurren en diferentes paisajes mágicamente evocados de Italia, Hungría, Polonia o el país natal, sino que ligan a sus personajes por los sentimientos más comunes, espontáneos o sagrados. Escribió dos novelas, *Nachsommer* (1857) (Veranillo de San Miguel) y *Witiko* (1865). La primera es una clásica novela de educación, derivada del *Wilhelm Meister*. Seres nobles, de sentimientos hermosos, moldean el carácter de un joven para convertirlo en ejemplo de una humanidad madurada por el amor, la bondad y la belleza. *Witiko* es una obra que retrotrae a la historia de Bohemia en el siglo XII. Todo un pueblo surge como Estado por acción de un patriota que da forma al crecimiento natural de una comunidad ligada a Dios y a la ley. El reconocimiento discreto, pero profundo, de la belleza y la bondad, dentro del paisaje y el alma humana, recogidos por el rico y minucioso estilo de Stifter, justifica su actual nombradía.

Annette von Droste-Hülshoff (1797-1848), alemana, católica, noble, es de difícil ubicación. De todos modos, solitaria y profunda, es la más grande poetisa de la literatura alemana y una de sus personalidades más complejas. Enfermiza y retraída, con una vida interior rica y una pasión intensa que no pudo satisfacer, comenzó a escribir desde temprano, pero sus primeros versos se publicaron tardía y anónimamente. Su lírica canta, de una manera sobria y masculina, los aspectos diversos del paisaje natal de Westfalia. La familiaridad con las cosas pequeñas de la naturaleza se expresa en versos objetivos, alejados de toda fórmula literaria, y una sensibilidad que huye notablemente de todo sentimentalismo muestra un paisaje que se expresa por sí mismo, luego de haber sido observado con la agudeza del psicólogo. Pero en las *Poesías* (1844) no hay simpleza ni transparencia, y sí un vigor desusado, y muchas veces, la adivinación de procesos anímicos oscuros e inquietantes, de pasiones que bullen sordamente o de fuerzas elementales difícilmente domeñadas. Las baladas de Droste, "Das Spiegelbild" (La imagen reflejada), "Der Geierpfiff" (El silbo del buitre), y, sobre todo, "Das Fräulein von Rodenschild" (La señorita de Rodenschild), muestran un mundo doble, un alma desgarrada por dos tipos de realidad, alegre y dolorosa al mismo tiempo. Escribió también extensos relatos en verso, como "Die Schlacht im Loener Bruch" (La batalla en el erial de Loen) y "Spiritus familiaris des Rosstäuschers" (El espíritu familiar del chalán de caballos), en donde la fatalidad, la historia y los fantasmas se hacen presentes con notable fuerza expresiva. Su condición de católica la ofrece la colección lírica de *Das geistliche Jahr* (1851) (El año religioso), que evoca en sus setenta poemas las festividades sagradas del año, mientras que la prosa de su compleja y trágica novelita *Die Judenbuche* (1842) (El haya del judío) recuerda, por su penetración de la realidad anímica de sus personajes, a Kleist. Una gran poesía hecha de esencias, y no sólo de imágenes o metáforas, áspera y apretada, ajena al espíritu romántico o a lo que habitualmente se entiende por naturaleza femenina, ése es su aporte a una lírica que hará escuchar voces de igual jerarquía medio siglo después.

Porque desde 1830, aproximadamente, la literatura se hace en la novela y el cuento. Y es en el mundo alemán de Suiza donde surgen algunos de sus mejores creadores. Sus nombres son Gotthelf, Keller y Meyer. El primero se llamaba en realidad Albert Bitzius (1797-

1854), pero adoptó el nombre de Jeremias Gotthelf, héroe de su primera novela *Der Bauernspiegel* (1836) (El espejo de campesinos). Gotthelf era pastor protestante y pasó los principales años de su vida ejerciendo su ministerio en medio de la gente de campo. Lejos de todo artificio literario o de una cultura refinada, los libros de Gotthelf nacieron de la necesidad de volcar el fruto de una experiencia y de una sabiduría en el molde de una vida sólida y sana. Sus novelas son, en cierto modo, literatura regional, e inclusive, el idioma alemán se mezcla con giros dialectales suizos. En cuanto a sus personajes son campesinos en su inmensa mayoría, pero ni hay endiosamiento de la naturaleza, ni estos campesinos se oponen, inmaculados, a la corrompida vida de las ciudades, como ocurre, por ejemplo, en las narraciones aldeanas de Berthold Auerbach (1812-1882). La excelencia del arte de este autor descansa esencialmente en que ha sabido pintar y exponer la vida tal cual es. Pero con su estilo vigoroso, épico, y con un propósito educador manifiesto que lo coloca polémicamente contra el espíritu avanzado de su propio tiempo, hecho de fe en las virtudes del progreso, y que descansa en la certidumbre de la existencia de valores eternos, excede ampliamente los límites de una literatura provincial. Si sus principales novelas *Uli der Knecht* (1841) (Uli el peón), *Anne Bäbi Jowäger* (1843), *Geld und Geist* (1843) (Dinero y espíritu), *Uli der Pächter* (1844) (Uli el arrendatario), se han incorporado en nuestro siglo a la categoría de los clásicos, es porque allí se encuentra el saber profundo de las fuerzas elementales que manejan a los seres humanos, y porque sus hombres y mujeres rezuman vida fuerte y espontánea. Cuanto más atada a la realidad de su aldea suiza, más significación universal adquiere su novelística.

Otro suizo, Gottfried Keller (1819-1890) es, en la excelencia de su aptitud narrativa, una contrafigura de Gotthelf. Su realismo poético, vale decir, la manera como da sustancia, transfigurándola, a la realidad, lejos del clasicismo como del romanticismo, que no pierde del todo de vista, nace mucho más del mundo de la cultura. Distinto también a Gotthelf por el suave humorismo con que tolera y comprende, por su inserción en el mundo de la burguesía, que es el propio y el de sus ideales, por una conciencia artística manifestada en una cuidadosa elección de la forma y por la afirmación de los valores de este mundo terreno.

Nació en Zurich, y en su juventud, apremiada por la escasez de recursos, osciló entre la pintura y la literatura. Desde 1848 hasta 1855 estudió y vivió en Alemania, en años decisivos para su formación, sobre todo por el contacto con el filósofo del materialismo Ludwig Feuerbach, quien lo apartó del romanticismo de que hasta entonces se había nutrido y lo llevó a su propia filosofía de la apreciación de las cosas de este mundo. Luego del éxito de su primera novela, escrita en Alemania, volvió a la patria, donde fue nombrado escribiente del cantón de Zúrich, en 1861. Catorce años más tarde, jubilado ya, reemprendía su labor creadora que termina con *Martin Salander,* novela publicada en 1886.

Der grüne Heinrich (1855) (Enrique el verde) fue, de entrada, una obra maestra. Desciende, como tantas novelas de su siglo, de *Wilhelm Meister* en su médula educativa, pero contiene mucho de la propia vida del autor, en su juventud dolorosa y su ambición frustrada de pintor, en sus primeros amores. La primera versión finalizaba con la muerte del héroe a su retorno al hogar, con el ánimo destrozado ante el abandono en que su madre había muerto. La forma primitiva no le satisfizo luego, la consideraba demasiado romántica, y en 1875 le daba otra, más objetiva y de acuerdo con sus ideales de resignación ante la vida y con la conducta firme y atinada que el cumplimiento de los deberes frente a la comunidad exige. La profunda iluminación de los caracteres, uno de los rasgos sobresalientes de Keller, se mezcla con una ironía sonriente y un amor implícito por la patria en los dos volúmenes de los cuentos de *Die Leute von Seldwyla* (1856-1874) (La gente de Seldwyla).

En realidad Keller era un cuentista nato, y su insistencia en el género así lo comprueba. Sonríe frente a tipos característicos, inolvidables por la vida con que están observados, pero también emociona con el sentimiento y el arte con que está escrita la historia, incluida en *La gente de Seldwyla,* de *Romeo und Julia auf dem Dorfe* (Romeo y Julieta en la aldea), el relato de un amor desgraciado que la muerte rubrica. En *Züricher Novellen* (1877) (Cuentos de Zurich) y en *Sieben Legenden* (1872) (Siete leyendas) cuenta con placer acerca de lo regional o sobre el mundo religioso del medievo. Belleza, alegría y comprensión son sus ingredientes. Lo mismo puede decirse de *Das Sinngedicht* (1881) (El epigrama), un conjunto de cuentos contenidos en otro mayor, vertebrados por el encuentro de un hombre con una mujer. Keller es dueño de una de las más completas galerías de mujeres y la sabiduría en la descripción de los tipos más variados es otro de sus rasgos.

Martin Salander, su última novela, es también de carácter educativo, pero su nota distintiva es la duda y la preocupación ante el desmoronamiento íntimo del edificio democrático-burgués que percibe, y en el que siempre había creído. Algunos de sus poemas son valiosa confesión de una intimidad nada simple. Con todo, la sencillez de los sentimientos expresados, la claridad de la visión, una íntima satisfacción de servir con alegría y la fe en la bondad y hermosura de las cosas pequeñas y sin importancia, definen a uno de los autores más integralmente humanos del siglo XIX.

El tercer suizo, Conrad Ferdinand Meyer (1825-1898), ofrece una singular contradicción entre su ser y su arte. Descendiente de una gran familia, enfermizo, educado en un refinamiento extremo, lo que lo distancia radicalmente de Gotthelf, y también de Keller, es la forja de un arte exquisito, de contornos plásticos y una rara objetividad algo parnasiana, cuyo fondo es la gran historia, y no los sucesos menudos de que Keller se ocupa. Los grandes hechos, del Renacimiento italiano con preferencia, le proporcionan sus motivos, que enlaza a personalidades no comunes, dotadas de una fuerza y un poder que admira y a los que es radicalmente ajeno.

Comenzó a escribir muy tarde, después de haber vacilado entre el francés y el alemán, pero la fundación del Imperio alemán después de 1870 lo decidió por el idioma de sus antepasados. En 1882, a la edad de cuarenta y siete años, publicó el primer tomo de poesías con su nombre. Luego de haber compuesto una serie de baladas en torno a las heroicas luchas de Ulrich von Hutten en *Huttens letzte Tage* (1871) (Los últimos días de Hutten), se dio, entre 1872 y 1891, a la composición de pequeñas novelas que hicieron su fama. *Jürg Jenatsch, Der Heilige* (El santo), *Die Versuchung des Pescara* (La tentación de Pescara), *Das Amulett* (El amuleto), *Die Richterin* (La juez), *Die Leiden eines Knaben* (Los sufrimientos de un muchacho), *Angela Borgia, Die Hochzeit des Mönchs* (El casamiento del monje) otorgan a sus personajes la vida rebosante, desmesurada, e inescrupulosa muchas veces, de la que el propio autor se sentía vaciado. Pero la evocación de este pretérito es magistral. Los combates interiores de estos hombres y mujeres excepcionales, proyectados sobre el fondo de un gran momento histórico, poseen la forma dramática más exacta, sobria y artísticamente elaborada. No en vano se lo asocia al nombre de Mérimée.

Actualmente se considera más valiosa todavía su lírica, perfecta desde el origen, plástica y simbólica, y donde dibuja vastos frescos que excluyen el sentimiento personal y hacen excepcional el uso de la primera persona. El sentimiento que fluye por su poesía se transforma en una forma cerrada, artísticamente configurada, que anuncia ciertas características de la gran lírica de principios de nuestro siglo.

Un paréntesis algo insólito, por lo escasamente frecuentado, es el de la novela de aventuras. Un precursor que descubrió la vasta extensión americana como escenario de la voluntad de un pueblo para labrar heroicamente un nuevo destino, fue el austriaco Karl Postl (1795-1864), que se hizo conocer con el nombre de Charles Sealsfield. Se había trasladado al nuevo continente por razones políticas, y en su novela *Kajütenbuch* (1841) (El libro de camarote), escrita de un modo vivaz, atrayente y vital, dio al público alemán un panorama realista, sin erudición ni artificiosidad, la "novela popular", que reflejaba los esfuerzos de hombres de tierras lejanas por asegurarse el premio de una amplia libertad. Los libros de viajes y aventuras multiplicaron así su aparición, gracias al éxito de la novela de Sealsfield, aunque ninguno alcanzó su excelencia.

La historia, redescubierta por el romanticismo, es un rico venero para los novelistas alemanes del siglo XIX, estimulados notablemente por la lectura de Walter Scott. Historia y erudición, por ejemplo, se habían unido en *Die Bernsteinhexe* (1843) (La bruja de Bernstein), de Wilhelm Meinhold (1797-1851), pero el gran maestro del genio es Willibald Alexis o, según sus documentos, Willibald Häring (1798-1871), hombre de vida muy agitada y de oficios muy variados, y uno de los primeros, si no el primer novelista en incorporar el reino de Prusia a la narrativa. Comenzó en una imitación bastante fiel de Scott, al punto que su propia novela *Walladmor* (1823) la publicó como traducción alemana de una obra del autor escocés. Pero el descubrimiento de la marca de Brandeburgo, de sus hombres y paisajes, ásperos y concentrados, lo convirtió en el historiador de una Prusia que se extiende desde la época de Federico el Grande hasta las guerras napoleónicas. A los títulos de sus principales novelas *Cabanis* (1832), *Ruhe ist die erste Bürgerpflicht* (1852) (La tranquilidad es la primera obligación ciudadana), *Isegrim* (1854), que reflejan su ideología liberal y su amor por esa atmósfera prusiana, hay que agregar su mejor libro, *Die Hosen des Herrn von Bredow* (1846) (Las calzas del señor de Bredow), donde el encanto del relato histórico se une aquí a una visión sana y humorística del terruño que sólo Fontane superó más tarde.

Pero la calidad de la novela declina en un sentido inversamente proporcional a los escritores que pululan en el género, y es únicamente con Raabe y Fontane que se levantará el más sólido monumento del periodo. Los grandes sectores de un vasto público urbano, que ahora tiene acceso a la literatura debido al bienestar económico y social que sigue al Imperio creado por Bismarck, piden, como toda masa, entretenimiento, cultura superficial, lectura fácil y sin problemas. Y es en la historia donde se hallará un depósito de acontecimientos que se interpretan plácida y humorísticamente para responder a esa demanda. De los muchos autores que cultivan el género, excluidas las llamadas "novelas de profesores", confeccionadas por eruditos que hacen hablar a sus remotos protagonistas con el lenguaje y el estado de ánimo de un burgués del siglo XIX, sobresale Joseph Viktor von Scheffel (1826-1886), uno de los autores más populares de su tiempo. *Der Trompeter von Säckingen* (1852) (El trompeta de Sackingen), es una historia romántico-sentimental, cuyo gran eco parece imposible en los tiempos actuales. Mayor valor hay en *Ekkehart* (1857), donde con exacto conocimiento histórico se revive románticamente la vida del autor de la *Canción de Walthari* del siglo X.

En el mediocre panorama de la narrativa, cuyos límites más bajos se fijan entre 1860 y 1880, aproximadamente, asoma discretamente la obra de Gustav Freytag (1816-1895). Freytag está cerca del pueblo, de la gente de la burguesía, sobre todo, cuya realidad contemporánea, que refleja y reproduce, ha caducado. Dickens se convierte en su gran modelo, y la tajada de vida alemana que ofrece está llena de personajes buenos y malos. Sintió la necesidad de dar una visión histórica de la nación, y así, con el antecedente proporcionado por los estudios científicos acerca del pueblo alemán, como los de Wilhelm Heinrich Riehl (1823-1897), escribe Freytag sus (1859-1867) *Bilder aus der deutschen Vergangenheit* (Cuadros del pasado alemán), estampas culturales que van desde los orígenes del pueblo alemán hasta el siglo XIX. Éstas tomaron una estructura novelesca en la monumental colección *Die Ahnen* (1880) (Los antepasados), la historia de una familia alemana desde el año 357 hasta 1848.

Pero la glorificación de una burguesía activa, laboriosa y progresista, frente a las demás clases sociales, es la finalidad de su mejor novela, *Soll und Haben* (1845) (Debe y haber), historia de una virtuosa familia de comerciantes de Breslau, pintada con vivacidad y realismo, y una de las novelas más leídas de su siglo. *Die verlorene Handschrift* (1864) (El manuscrito perdido) es una obra que describe diversos ambientes contemporáneos, el universitario como el de la aristocracia, pero sujeta, como está a la propia época, su interés se ha desvanecido ya. Una comedia de Freytag, *Die Journalisten* (1852) (Los periodistas) conserva algo de su animación primigenia.

Época de novela social, de la que Freytag es uno de sus mejores representantes (los otros son Gutzkow, Auerbach, Schücking, la condesa Hahn-Hahn), quien mejor la produce con una actitud crítica y desde la perspectiva de una burguesía cultivada, liberal y democrática, es Friedrich Spielhagen (1829-1911). Se halla lejos de una profundización de la realidad, pero los problemas del momento se presentan con nitidez en un desarrollo novelesco, a menudo complaciente, en ocasiones, político, en novelas muy leídas en su tiempo, como *Problematische Naturen* (1860) (Naturalezas problemáticas), *In Reih und Glied* (1866) (En orden riguroso), *Sturmflut* (Marea arrolladora).

Simultáneamente, lejos del propósito de querer abarcar a toda la nación, aparecían, en el norte como en el sur, escritores que le dan al propio dialecto jerarquía estética. Algunos de ellos, tales Reuter y Groth, han perdurado por la vitalidad y frescura de su obra. Ya había un antecedente ilustre en la literatura dialectal con los *Poemas alemánicos* (1803) de Johann Peter Hebel (1760-1826), poemas populares no sólo por el dialecto utilizado, sino por el tema y el tono. Religiosa, humorística, educativa, íntima, Hebel escribió una poesía valiosa que fue justamente elogiada por Goethe.

La vida del mecklemburgués Fritz Reuter (1810-1874) muestra un carácter templado en una adversidad que superó con humor y benevolencia de espíritu. Estuvo preso siete años por su actividad política de estudiante, y a la salida de la cárcel los recuerdos de su vida le trajeron fama y provecho. En sus libros autobiográficos *Ut de Franzosentid* (1859) (Del tiempo de los franceses), *Ut mine Festungstid* (1863) (De mi estadía en la fortaleza), *Ut mine Stromtid* (1864) (De mi época de vagancia), da a su lenguaje materno bajo alemán auténtico relieve literario, sin hacerle perder con ello el vigor y la bonhomía que sólo el pueblo posee. Sus personajes y su idioma son vitales, frescos verdaderos, ya sea en la crítica, hecha sin amargura, ya se ría de los demás o de sí mismo.

Y junto al amplio aliento lírico del marino bajo alemán John Brinckmann (1814-1870), vital como Reuter y atractivo en su novela *Kasper-Ohm un ick* (1855) (Kasper-Ohm y yo), están los versos bajoalemanes íntimos, melancólicos, populares y melodiosos del *Quickborn* (Fuente viva) de Klaus Groth (1819-1899).

En Múnich, en torno al rey Maximiliano, se había formado a mediados del siglo un círculo poético-artístico con ideales bien definidos. Aspiraba a una vida consagrada al culto de la forma bella, lejos de las preocupaciones e incursiones de la literatura realista, y creó una poesía altamente cultivada, que vivía del recuerdo de la gran tradición, y que degeneró en un virtuosismo pálido, pulido y esteticista. El centro de este círculo era el poeta Emmanuel Geibel (1815-1884). Fue escritor fecundo de baladas y canciones, de las que algunas se hicieron populares, como "Der Mai ist gekommen" (Mayo ha llegado). Sus dramas *Brunhild* (1857), *Sophonisbe* (1869) hace mucho que han dejado de leerse, pero la comedia *Meister Andrea* (1855) aún hace sonreír. Quizá su importancia mayor radique en su labor de traductor de poesía francesa, española e italiana. Miembros de este círculo fueron también el medievalista Wilhelm Hertz (1853-1902), que vertió al alemán moderno la belleza del *Tristan* y de *Parzival,* y el suizo Heinrich Leuthold (1827-1879), poeta atormentado por el ideal de la belleza pura.

Paul Heyse (1830-1914) había colaborado con Geibel en sus traducciones de la lírica francesa. Pertenecía también al grupo muniqués y participaba de sus mismos ideales. Sin preocupaciones económicas, aplaudido desde joven, se dedicó de lleno a la literatura. Sus ideales estéticos evitaban también la realidad de la vida, y sólo la belleza debía ser conformada. Extraordinariamente fecundo, hábil hasta la virtuosidad, favorito de la alta burguesía, Heyse tentó todos los géneros. Su teatro no merece mención especial, y las novelas *Kinder der Welt* (1872) (Hijos del mundo) e *Im Paradies* (1874) (En el paraíso) muestran que no pudo pasar los límites de la teoría de lo bello. Tradujo mucha poesía y la escribió, pero casi siempre la emoción lírica está recubierta por la facilidad y la fórmula retórica. Fue, en cambio, maestro indiscutido del cuento, que escribía de acuerdo con una técnica de sorpresa, de cambio imprevisto de un destino humano. Muchos se desarrollan bajo el cielo azul y el arte incomparable de Italia, como "L'Arrabiata" (1855), uno de los mejores, y los *Cuentos de Milán* (1864). Cerca de 1900 las nuevas generaciones naturalistas atacaron furiosamente la estética idealista y clasicizante del poeta, que obtuvo el premio Nobel cuando ya las letras de su patria habían tomado rumbos muy distintos.

Mayor perdurabilidad posee la obra de Theodor Storm (1817-1888), cuentista también y poeta lírico. En el primer aspecto es una verdadera contrafigura de Heyse, porque si bien construye sus narraciones con igual maestría técnica, lo ha superado ampliamente por el interés dramático y la verosimilitud de los procesos interiores, tensos y emocionantes, que sus personajes viven. No en vano Storm consideraba al cuento, o novela corta, mejor, como "hermano del drama". Trajo además el sentido exacto, pero poético, del paisaje de su Frisia natal, con el inolvidable cuadro de sus bosques, sus playas y sus brumas. Abogado y más tarde magistrado en su provincia, infundió a sus novelas cortas, como nadie, un sentimiento romántico, melancólico y trágico, que una prosa sobria y escogida convierte en auténticas obras de arte.

En los cuentos del comienzo, como *Immensee* (1852), es grande todavía el lastre romántico, pero las grandes realizaciones *Hans und Heinz Kirch, Carsten Curator, Aquis submersus, Ein Fest auf Haderslevhuus* (Fiesta en Haderslevhuus), *Renate,* y, sobre todo, *Der Schimmelreiter* (El jinete del tordillo), muestra un pretérito que revive con trágica grandeza en el destino de almas cerradas en sí mismas, vencidas luego de inútil lucha. Escribió asimismo encantadores cuentos de hadas, con fantasmas y sonrisas, como "In Bulemanns Haus" (1864) (En casa de Bulemann) y "Die Regentrude". Al respecto se lo ha juzgado un "Andersen para adultos".

Pero Storm, además de una experiencia concentrada de la vida que revierte a un pasado con las raíces hundidas en el suelo natal de una naturaleza hondamente sentida, es un gran lírico. Sus versos expresan hondas emociones personales, que emanan muchas veces del mundo de los sentidos, y que un arte cuidado y severo lleva a su temperatura más alta. Es una naturaleza melancólica, pesimista, a veces plena de humor, la que se capta en su poesía.

La última parte del siglo trajo a los más eminentes novelistas. Dejando atrás las simples fórmulas del realismo y todo adorno, Raabe y Fontane anticiparon nuevas perspectivas y hundieron sus miradas penetrantes en los secretos de su época. Wilhelm Raabe (1831-1910) había nacido en la baja Sajonia y vivió largos periodos en Stuttgart, Berlín y Brunsvick, donde murió. La suya fue una vida callada, pero rica en experiencias interiores. En novelas de las pequeñas gentes de las ciudades, de estilo nada fácil, inspirado en Jean Paul, señalaba una interpretación pesimista de los hechos humanos; se convirtió en una especie de profeta de su época. Por debajo de una civilización exteriormente espléndida y segura, la de los vencedores de 1870, descubría Raabe el predominio y triunfo de lo bajo, lo vulgar y lo maligno. Pero esta crítica, esencialmente amarga, ponía de relieve, no obstante, la fe profunda en los ideales de una vida buena, simple. Y con un humor alimentado en las lecturas de Dickens, denunciaba aquello que tenía sentido negativo para la existencia de la gente común, en la que nunca dejó de creer y a la que se sentía adherido. Romántico por sus emociones, por el amor que envuelve a sus personajes buenos —que son los más— y por la influencia que el retorcimiento verbal de Jean Paul ejerció sobre su arte narrativo, era realista por su falta de ilusión en el retrato de un mundo malévolo y destructivo.

Su primera novela, *Chronik der Sperlingsgasse* (1857) (Crónica de la calle de los gorriones), que alcanzó un éxito no superado por su obra posterior, es una historia pletórica aún de un evocativo romanticismo en el desfile humano de esa calle berlinesa, que tampoco se pierde en *Die Leute aus dem Walde* (1863) (La gente del bosque). Pero lo más importante de su mensaje está en tres novelas que aparecen entre 1864 y 1870. Son *Der Hungerpastor* (El pastor del hambre), *Abu Telfan* y *Der Schüdderump*.

En la primera, un joven pastor se va educando a pesar del espectáculo del mundo exterior, en el culto y la conservación de la verdad y la bondad. *Abu Telfan* es el tema del retorno a la civilización de un hombre apartado de ella, y que, al saberla tan mezquina y vacía, con lo que la crítica a la propia época alcanza contornos agudos, prefiere volver a la autenticidad de su antigua vida en tierras africanas. *Der Schüdderump* es quizás el libro más duro de Raabe. El título se refiere simbólicamente al carro de la peste, que no deja de pasar por todas partes, pero que es vencido finalmente por la certeza del triunfo del amor verdadero. Sus novelas históricas reclaman una Alemania mejor y en *Stopfkuchen* (1891), donde la técnica de la división del tiempo se anticipa a la novelística del porvenir, *Akten des Vogelsangs* (1896) (Actas del canto de los pájaros) y *Altershausen* (1911), que dejó trunca, vuelve a escucharse el humor irónico, benigno en el fondo, con que traza el contraste del anhelo del ideal perdido, pero existente, y la fealdad o tontería de la realidad. Aislado y solitario dentro de un momento mediocre, la estatura de Raabe ha ido creciendo para la posteridad.

Raabe todavía atesoraba, tímidamente quizás, ilusiones. Su compatriota Wilhelm Busch (1832-1908) no las alentaba ya, y con un humor despiadado y mordaz, su pesimismo era más profundo que el de Raabe. Este último ríe a veces con sus personajes, pero en los versos de Busch, que la burguesía alemana memorizó hasta convertirlo en uno de sus clásicos, su autor permanece serio en un feroz ataque contra la hipócrita moralidad burguesa. Esta actitud se concretó en un sentido exactísimo del verso, que tras el juego de palabras o del chiste aparentemente inofensivo, desplegaba un cuadro descarnado de una realidad innegable que complementó con una suprema maestría en el dibujo o la caricatura con que ilustraba su poesía. Los tipos que diseñó en *Max und Moritz* (1858), *Die fromme Helene* (1870) (La piadosa Helena), *Hans Huckebein* (1871) o *Pater Filicius* (1871) (El padre Filicius), son inseparables de la cultura alemana hasta bien entrado el siglo XX. En su prosa de *Eduards Traum* (El sueño de Eduardo) y *Der Schmetterling* (La mariposa) se mantienen análogas características. Otro humorista, dotado de mayor agresividad todavía, fue Friedrich Theodor Vischer (1807-1887), famoso también como teórico de la estética.

Con Theodor Fontane (1819-1898) culmina el realismo alemán, pero también la novelística alemana del siglo anterior. Descendiente de hugonotes y farmacéutico, este evocador del paisaje prusiano y de sus hombres en *Wanderungen durch die Mark Brandenburg* (1862-1882) (Andanzas por la marca de Brandeburgo) es uno de los casos más curiosos que ofrece la literatura. En su juventud se había dedicado al periodismo, y en carácter de corresponsal de guerra fue tomado prisionero en 1870. Era conocido asimismo por sus críticas teatrales y como autor de baladas, cuya anécdota había extraído de la historia escocesa y de su propio país prusiano. Bajo la influencia del conde Moritz Strachwitz (1822-1847) compuso algunas, tales "Archibald Douglas", "Seydlitz", "Schwerin", "Prinz Louis Ferdinand" o "Die Brücke am Tay" (El puente sobre el Tay), que atraían por la acción dramática, encarnada objetiva y sobriamente en sus héroes. Pero lo que lo convierte en un autor singular es el que comenzara su carrera de novelista, que ejerció con excepcional aptitud, cuando había cumplido ya sesenta años de edad, para dejarnos desde entonces un número sorprendente de títulos.

En las novelas de la primera época, *Vor dem Sturm* (1878) (Antes de la tormenta) o *Schach von Wuthenow* (1883), que se refugian en la historia, aunque es más historia de amores y de psicología que de grandes acontecimientos, lo romántico todavía se hace oír. Pero en sus novelas más importantes, como *Cécile*, *Unwiederbringlich* (Irreparable), *Irrungen, Wirrungen* (Errores y extravíos), *Frau Jenny Treibel*, *Effi Briest* o *Der Stechlin*, nos hallamos ante el mundo característicamente fontanesco, hecho de observación objetiva y exacta, con personajes pertenecientes a la nobleza o la burguesía rica, con mujeres pasivas, interesadas o apasionadas, y con una crítica social atenuada por la ironía, el humor y la aceptación de las cosas tal como se presentan. Fontane no enseña ni explica. Expone nada más que los frutos de una estimación de lo real sin ilusiones ni prédica, en donde los seres humanos desnudan, por medio de un diálogo copioso y magistralmente construido, no obstante su aparente naturalidad, toda su alma. Obediencia a la norma, porque en eso consiste la vida, sobre todo desde una perspectiva prusiana como lo era la de Fontane, resignación y aceptación de una realidad que se impone a los hombres, lo quieran éstos o no, son la médula de sus novelas, amables y amargas a la vez.

En su novelística, nada sentimental, hay mucha sabiduría y mucha madurez, y por ello una disculpa implícita de los choques entre los individuos y sus emociones, no exaltadas, por cierto. Se percibe también una sonrisa final ante los prejuicios y convenciones de una sociedad irónicamente trazada, cuyos avances el conservador que era Fontane no veía con buenos ojos. En casi todas sus novelas hay un nudo sentimental, amoroso, sobre el que su sobriedad prusiana no se demora, pero cuyas consecuencias suelen desarrollarse trágicamente. La gracia y naturalidad de su prosa, su sentido desprejuiciado hacia lo real, la espontaneidad de su diálogo, la verdad psicológica de sus héroes y el análisis social que es su resultante, pesaron sobre el futuro inmediato. Este novelista honesto, sin gestos ni solemnidad alguna, quizás el mayor de la segunda mitad de su siglo en Alemania, fue respetado y aclamado por las nuevas generaciones del naturalismo, airadamente rebeladas contra todo el pasado inmediato. Asimismo, sin el antecedente de Fontane, es difícil comprender todo el arte novelístico de un Thomas Mann.

Contemporáneo del autor de *Effi Briest* era Ernst von Wildenbruch (1845-1909). De cuna nobilísima, hoy despierta un interés meramente histórico con sus dramas patrióticos y enfáticos, algunos de los cuales, como *Heinrich und Heinrichs Geschlecht* (Enrique y su estirpe) y *Die Rabensteinerin* obtuvieron éxitos resonantes sólo porque allí había, en palabras altisonantes y una teatralidad indiscutible, una exaltación del patriotismo y del linaje Hohenzollern al que el propio poeta pertenecía. En una época fortalecida por el optimismo que el advenimiento del Imperio alemán había traído consigo, Wildenbruch, al que le faltaban condiciones dramáticas auténticas, quiso convertirse en el heraldo escénico del flamante Imperio, por más que sus personajes, compuestos honesta y superficialmente, carecían de la veracidad interior suficiente para concretar sus propósitos.

Algo después de Annette von Droste, la época ofrece la obra significativa de dos mujeres: Luise von François (1817-1893) y Maria von Ebner-Eschenbach. La primera vivió una existencia dura que sobrellevó dignamente y sin quejas. Para mantenerse, más que por necesidad interior, nacieron sus novelas *Die letzte Reckenburgerin* (1871) (La última de las Reckenburg) y *Frau Ermuthens Zwillingssöhne* (1872) (Los mellizos de la señora Ermuth). Esta última era una narración histórica de los tiempos de las guerras de 1813, mientras que la primera es una historia donde la heroína vive sencillamente una vida en la que la ternura femenina está contenida por un sentimiento del deber, por un sentido de obediencia casi varonil y una energía vital similar a la de la misma autora.

El arte de Louise von François había sido admirado por Maria von Ebner-Eschenbach (1830-1916), hija del conde Dubsky y gran señora austriaca. Desde muy temprano había sentido vocación por la poesía e intentó, sin éxito, una gran cantidad de dramas. Al igual que Fontane, encontró su propio camino bastante lejos de la juventud, en la prosa. Pero aunque no se dejaba engañar por la realidad, ya fuera la cortesana o la de la aldea, no poseía el escepticismo de Fontane. En *Dorf- und Schlossgeschichten* (Historias de la aldea y el castillo) aparece el encanto y la visión de su tierra de Moravia, con tonos que recuerdan algo a Stifter. Esta gran dama había atesorado también una gran sabiduría y conocimiento del corazón humano, y, sin falso sentimentalismo, creía en el amor y la bondad. Sus personajes preferidos son los humildes y los desvalidos, los niños y los animales, de los que los mejores testimonios son la novela *Das Gemeindekind* (1887) (El huérfano de la comunidad) y el cuento "Krambambuli". Los *Aforismos,* agudos e inteligentes, contienen también una experiencia hecha de bondad y juicio crítico acerca de los hombres, el arte y la vida.

En los relatos de otro aristócrata austriaco, Ferdinand von Saar (1833-1906), viven el desencanto elegante y la fatiga típicamente vieneses que el fin del siglo agudizará. Una suave melancolía, un dolor resignado ante lo irreparable, un escepticismo templado por la experiencia, se aúnan en *Novellen aus Osterreich* (1876) (Cuentos austriacos). Su propio mundo de oficiales, pero asimismo la alta burguesía y la clase humilde desfilan en relatos artísticamente compuestos, donde abundan personajes originales, como el poeta que ha escrito una obra maestra que esteriliza toda su labor futura, en "Tambi", o el médico al que la vista de sangre paraliza.

Otro era el mundo de su compatriota Peter Rosegger (1843-1918). Había crecido en Estiria como campesino analfabeto, y se educó algo tardíamente, sin perder contacto con la campiña natal cuya gracia y sabiduría ancestral expresó en sus cuentos y novelas. *Schriften des Waldschulmeisters* (1875) (Escritos del maestro de escuela del bosque), *Jakob der Letzte* (1888) (Jacobo el último), *Martin der Mann* (1891) (Martín el hombre), son novelas de las que surge la creencia en una vida sana, en una naturaleza bondadosa y en una virtud humana que el ambiente campesino preserva. Sus personajes humildes e iletrados saben, sin embargo, más del misterio de la vida que los ilustrados habitantes de la ciudad. La gracia y benevolencia que adornan sus recuerdos de juventud son reemplazados en sus últimas obras por problemas religiosos y sociales, por los que Rosegger mostró interés, pero no comprensión adecuada, cierta debilidad conceptual desmerece aquí al lado de la descripción de aquello que conocía y contaba cordialmente, porque nacía de una memoria fiel y del corazón.

Un último austriaco cierra el presente capítulo. Es Ludwig Anzengruber (1839-1889), vienés, y como tal, con el teatro en la sangre. Fue en un comienzo actor, y más tarde autor de dramas y comedias populares que se desarrollan preferentemente en ambientes campesinos. Anzengruber dio a sus aldeanos realidad vital, y, con excelente técnica escénica, fue desde lo sentimental hasta lo implacable. Pero divierte, como cuando se remonta a las escabrosas situaciones planteadas por Aristófanes en *Lysistrata,* en *Die Kreuzelschreiber* (1872) (Los que firman con una cruz), o exhibe una comicidad algo ruda, aunque sana, en un lenguaje dialectal un poco arbitrario pero animado por campesinos auténticos en *Der G'wissenswurm* (1874) (El gusano de la conciencia) y en *Doppelselbstmord* (1876) (Doble suicidio). También da a sus dramas, desde su propia perspectiva liberal y anticlerical, una finalidad educativa mediante una crítica social que toca los problemas de la época en *Das vierte Gebot* (1878) (El cuarto mandamiento) y *Der Pfarrer von Kirchfeld* (1872) (El párroco de Kirchfeld). Anzengruber escribió cuentos aldeanos y novelas, como "Der Sternsteinhof" (1883) (La finca de Sternstein) y un relato, "Der Schandfleck" (La mancha de la honra), cuyos rústicos personajes se debaten en medio de una existencia cruel y verdadera. Era un gran autor realista, pero fue más lejos, y por su fidelidad en la descripción se lo reconoce como uno de los más capaces precursores del naturalismo de fines de siglo.

El realismo había terminado. Los distintos aspectos de la realidad habían sido captados, pero sus grandes representantes no se habían agrupado en escuela y habían perseverado en una obra que aceptaba la gran herencia anterior. Detrás de toda la gama de la realidad contemporánea mantenían su creencia en la primacía de lo espiritual. Alrededor de 1880, aproximadamente, esta certeza se había agotado para una literatura ansiosa de ponerse a tono con el presente.

XVII. DEL NATURALISMO A LA PRIMERA GUERRA MUNDIAL

En sus revueltas la historia enseña cómo un periodo de expansión y brillantez materiales puede estar unido a una decadencia en el campo de las artes. Precisamente, la Alemania del Imperio de Bismarck, que había alcanzado una prosperidad económica y social envidiable, ofrece entre 1860 y 1885, más o menos, un chato panorama literario. Las grandes figuras, Keller y Meyer (que eran suizos), Storm, Raabe, Fontane, actuaban aisladamente y sin gravitación directa. La lírica decorativa de Heyse, las novelas de entretenimiento, por una parte, o las llamadas "novelas de profesores" y el teatro de Ernst von Wildenbruch eran los géneros más aceptados. La decadencia literaria no era una fórmula más sino un hecho, que correspondía a una ideología determinada y contra la que debía reaccionar una juventud siempre ávida de cambios.

Efectivamente, de esa postración que duró cerca de veinte años se levantó la literatura gracias a la violencia juvenil de una generación que, de origen burgués, había crecido con una concepción en la que dominaba la asimilación de una realidad inmediata, sin velos ni convenciones. Era una generación urgida por preocupaciones exclusivamente contemporáneas, que había aprendido la doctrina darwinista de la supervivencia del más apto, el materialismo que predominaba en la interpretación de las ciencias, tanto históricas como naturales, y que rechazaba cualquier pretensión de trascendencia de la realidad. Tenía, ante todo, el propósito de hacer de la literatura un instrumento que mediante el lenguaje de la realidad desnuda y cotidiana descubriera las necesidades y miserias de la sociedad y del individuo, con exclusión de toda finalidad estética. Encarar la vida con verdad y valentía era la consigna. De todas estas premisas nació el naturalismo alemán, justamente cuando su ciclo había finalizado ya en Francia. A este último país, y a la influencia de ciertos escritores rusos y noruegos debe su implantación en la tierra de Goethe. Una vez más, como ya había ocurrido en el siglo XVII, Alemania se encontraba en situación de retraso.

Para ponerse al día, un grupo de jóvenes leía y comentaba a Zola e Ibsen, a Tolstoi y Balzac, a Maupassant, Flaubert y Dostoyevski. De Zola aprenden que el hombre está determinado por su herencia, y, sobre todo, por la influencia del medio, lo que el novelista francés deduce mediante la aplicación del método experimental de las ciencias. Los escenarios de miseria y dolor, de abyección y esclavitud humanas, son los que permiten advertir con mayor nitidez, por la misma fealdad de su materia, las excelencias de la "novela experimental". Ibsen conmueve con sus dramas de diálogos de almas, a las que la sociedad comprime o destruye por la sujeción a normas falsas, cuando no malignas. Tolstoi, en sus vastas perspectivas históricas, o en el examen de las pasiones, enseñaba la interrelación entre individuo y sociedad y el sentimiento de compasión ante el sufrimiento humano. En cuanto al autor de *Crimen y castigo,* buceaba en sus personajes con una hondura hasta entonces desconocida para descubrir los móviles de una conducta que, en última instancia, dependía de fuerzas que el hombre era incapaz de controlar conscientemente y denunciaba, con vigor profético, la decadencia de una sociedad que subsistía mediante preceptos que habían perdido su necesidad.

Todo este material era absorbido por las nuevas generaciones, y a su vez era volcado en fogosos manifiestos y ensayos, en críticas agresivas y despiadadas, en busca de un rumbo cierto y de un cambio efectivo para despertar al público de su apatía o su conformismo. A fin de sustentar, además, una modificación radical con respecto al pasado, surgen novelas y dramas que se encaran con la realidad de una vida amarga y sin ilusiones. Sin embargo, de toda esta generación naturalista, tan ruidosa, muy pocos nombres sobreviven y sólo cuenta con un autor de genio, Gerhart Hauptmann, que, por otra parte, abandonó relativamente pronto el credo ortodoxo del naturalismo.

Se debe a los hermanos Hart, Heinrich (1855-1906) y Julius (1859-1930) el haber popularizado las intenciones de la novelística de Zola, con lo que abrieron el cauce a una serie de novelistas zolianos, como Michael Georg Conrad (1846-1927), Conrad Alberti (1867-1918), John Henry Macgay, Peter Hille y Max Kretzer (1854-1941), preocupados principalmente por los problemas sociales, económicos y políticos de la gran ciudad. Sin embargo, ninguno de ellos alcanzó la repercusión de Hermann Conradi (1862-1890), cuyos *Cantos de un pecador* (1887) (Lieder eines Sünders) y la novela *Adam Mensch* (1889) (Adán hombre) produjeron grandes escándalos. Su único mérito, desde el punto de vista actual, es haber ahondado en la psicología de sus personajes de acuerdo con las lecciones de Dostoyevski, En todas estas novelas abunda la descripción detallada, sin tapujos, de una realidad sórdida o que se ocultaba falazmente y que estos autores querían mostrar del modo más natural.

Arno Holz (1863-1929) fue uno de los pocos escritores de esta oleada que se salva del olvido. A él se debe la acuñación de la fórmula del "naturalismo consecuente", por la cual proclamaba que el arte tenía la tendencia de convertirse en naturaleza. Había comenzado como imitador de Geibel, pero se arrojó al naturalismo, para el que se convirtió en un teórico, y a la vez, en ejemplificador. Con Johannes Schlaf (1862-1941), otra de las figuras importantes del periodo, compuso un libro singular, *Papa Hamlet* (1889), que ambos atribuyeron a un noruego ficticio, Bjarne P. Holmsen. Aquí había diálogos donde se bosquejaba exactamente aquello que la calle o el hogar ofrecían en forma espontánea, lo importante y lo nimio. La colaboración prosiguió en el drama *Familie Selicke* (1890) (La familia Selicke), que ponía en escena a una familia proletaria de Berlín, pero donde el conflicto dramático está ausente a fuerza de querer ofrecer sus autores una "tajada de la realidad". Los tres dramas de Holz dedicados a Berlín, *Sozialaristokraten* (1896) (Socialaristócratas), *Sonnenfinsternis* (1908) (Eclipse solar) e *Ignorabimus* (1913), poseen mayor fuerza dramática en sus personajes, que son artistas y reformadores, pero justamente se hace visible en los mismos un alejamiento del naturalismo. Porque Holz hace fluir una cascada verbal y un retorcimiento barroco en el manejo del lenguaje que tienen muy pocos paralelos en la literatura alemana. Es muy posible que su mayor capacidad estuviera en la lírica, género con el que el naturalismo tiene poco que hacer. Su libro *Phantasus* (1916) contiene una revolución formal en la que lo único que se salva de la tradición poética es el ritmo, pero un ritmo interior, oculto en la sucesión aparentemente arbitraria de las palabras. El volumen pretendía dar una imagen de todo lo existente en el cosmos, fuera real o imaginario, terreno o celestial. Este rechazo de toda convención, ayudada en el caso de Holz por su propensión al barroquismo verbal, es un importante aporte a la formación de una lírica nueva, más libre e independiente del proceso métrico-melódico tradicional.

Johannes Schlaf (1862-1941) había trabajado, como se ha dicho, junto a Holz, y el naturalismo le había inspirado dramas como *Meister Oelze* (1892) (El maestro Oelze), donde la protesta social aparecía con la técnica de Ibsen y la psicología de Dostoyevski. Pero Schlaf poseía una sensibilidad suave y un lirismo que se disolvía en el sueño y en la visión pánica de un Walt Whitman, al que tradujo y admiró, como lo evidencian sus poemas en prosa *In Dingsda* (1892) (Por allá) y *Frühling* (1844) (Primavera). Los problemas del fin de siglo se contienen en novelas como *Die Suchenden* (1901) (Los que buscan), y una tendencia religiosa congénita que mal se llevaba con el naturalismo, es la inspiradora de sus últimos estudios sobre filosofía y teosofía, en los que las primeras inclinaciones han desaparecido por completo.

Sólo en el teatro podía triunfar plenamente el naturalismo, pero para ello había que tener el genio de un Gerhart Hauptmann (1862-1946). Hijo de un hotelero silesiano, cursó sin vocación estudios de agricultura. En la escuela de Bellas Artes de Breslau aprendió algo de escultura y en Jena escuchó las enseñanzas de catedráticos que profesaban el positivismo. Toda esta preparación incoherente y discontinua le sirvió de poco, porque Hauptmann era nada más que poeta, y sólo en Berlín, en el círculo de los pensadores y artistas del naturalismo encontró el sentido de su vocación. Había escrito una epopeya, *Promethidenlos* (1885) (La suerte de los Prométidas) y un cuento largo, "Bahnwärter Thiel" (El guardabarreras Thiel), que apareció en 1887 en *Die Gesellschaft* (La Sociedad), órgano del naturalismo, cuando en 1889 la "Freie Bühne" de Berlín, constituida según los moldes del "Théâtre Libre" de Antoine, estrenaba *Vor Sonnenaufgang* (Antes del amanecer). Fue un escándalo, pero también la consagración de un nuevo gran autor. Desde entonces, Hauptmann, trabajó incansablemente, y dieciocho gruesos volúmenes son testimonio de su capacidad creadora. En Hauptmann los estímulos han nacido de experiencias personales o del contacto con obras ajenas, pero siempre a través de una compenetración íntimamente sentida con el problema planteado. A pesar de sus significativos cambios de rumbo, ha permanecido sustancialmente fiel a sí mismo, al propio sentimiento —a veces sentimentalismo— volcado en una conformación dramática. Por esto, su obra ofrece unidad y coherencia desde los comienzos, no obstante su paso a través del naturalismo, el neorromanticismo, la historia, el realismo burgués o el clasicismo helénico. Esa creación, variada y rica en tantos aspectos, participa siempre de simpatía y compasión por los hombres, hacia sus pobres destinos de los que nunca son dueños y casi siempre víctimas, con una dolorida solidaridad por esa humanidad a la que el mismo autor pertenece.

Antes del amanecer, con técnica e inspiración típicamente naturalistas, señala estas constantes. Antecedente inmediato de esta obra había sido *El poder de las tinieblas* de Tolstoi, con su pintura honda de la abyección de un ambiente. En el drama de Hauptmann se contraponen la sordidez de una familia de mineros silesianos enriquecidos, revolcados en la borrachera y la avaricia, excepto una hija que ha podido permanecer incontaminada, y un joven y entusiasta de ideas socialistas que se enamora de ésta, pero la última posibilidad de salvación falla porque ante el peligro de la herencia del vicio, el joven se aleja. El suicidio de la muchacha, recurso muy frecuente en Hauptmann, es el corolario natural de esta confrontación de una realidad observada con una fidelidad que va desde el lenguaje al alma. En *Einsame Menschen* (1891) (Almas solitarias) analiza una sociedad burguesa cuyos miembros, respetables como son, se aferran a convenciones que impiden una vida más plena. Un hombre de espíritu sensible, pero de voluntad floja, encadenado en el seno de su familia, conoce la posibilidad de liberarse por la llegada de una muchacha capaz de comprenderlo. Pero el peso de las normas es mayor, y el protagonista, cobarde por exceso de consideración, termina asimismo en el suicidio. La sombra de Ibsen se percibe nítidamente en esta pieza.

El naturalismo se prolonga a través de uno de sus mayores éxitos, *Die Weber* (1892) (Los tejedores). Por tradición familiar Hauptmann había conocido el levantamiento de los tejedores silesianos en 1840, a raíz de la introducción de maquinarias en las fábricas. Una ideología socialista, unida a un sentimiento de cristiana compasión y resignación final, da color a esta exacta pintura de una comunidad cuya rebeldía termina brutal y trágicamente. El poder vence, una vez más, a las legítimas aspiraciones del individuo. El mismo año apareció *Kollege Crampton* (El colega Crampton), la historia tragicómica de un profesor de bellas artes incapaz de desligarse de aquello que lo degrada. La ductilidad del talento de Hauptmann se comprueba con *Der Biberpels* (1893) (La piel de castor), una de las más graciosas comedias, no obstante su amargo fondo, del teatro alemán. Su protagonista, la madre Wolff, es una parte del pueblo pobre de Berlín, que lucha por sobrevivir con astucia y agudo conocimiento de la gente, sin reparar para ello en la utilización del engaño o en la falta de escrúpulos. Las situaciones cómicas abundan entre los solemnes funcionarios y la vivacidad de una típica mujer del pueblo, cuyo lenguaje dialectal está lleno de ocurrencias felices. Hauptmann no es habitualmente autor de comedias, pero ésta es perfecta en su género.

Es también 1893 el año de su primer gran vuelco al neorromanticismo, incluso por el empleo, inaceptable para el naturalismo, del verso. Ello sucede con *Hanneles Himmelfahrt* (La ascensión de Juanita al cielo), la conmovedora historia de la niña de mísera existencia que en su agonía vive un sueño de belleza y bondad, algo que nunca había conocido en vida. *Florian Geyer* (1895) es un episodio de la guerra de los campesinos del siglo XVI, para cuya composición dramática Hauptmann se documentó cuidadosamente. El fracaso final rubrica el alzamiento que capitaneó un noble identificado con el pueblo en busca de condiciones de vida más humanas. De nuevo se dan aquí la mano, en una reconstrucción naturalista de la época, ideales de justicia socialistas y cristianos a la vez, y de nuevo el espíritu compasivo de Hauptmann dirige la trama.

Al neorromanticismo hay que adscribir una de sus piezas más profundas y simbólicas, *Die versunkene Glocke* (1896) (La campana sumergida). Varias veces trata Hauptmann el problema del artista, del hombre de espíritu, incapaz de vivir al nivel de las convenciones normales. Enrique, el forjador de campanas, ha perdido en las aguas su obra maestra. Desesperado, se aleja del hogar y encuentra a un hada que le infunde nueva fuerza para la creación. Pero los remordimientos lo acosan, vuelve al hogar y perece. Amor, pecado, leyenda, belleza, reaparecen en este romántico drama en verso, distante de todo naturalismo.

Similares en su técnica naturalista y en su excelencia son dos de sus mejores tragedias, *Fuhrmann Henschel* (1898) (El carretero Henschel) y *Rose Bernd* (1903), en las que el autor volcó una notable capacidad en el análisis del alma humana. En ambas, los protagonistas, seres honestos y limpios, sucumben por la fuerza de las circunstancias y la maldad que los rodea. *Michael Kramer* (1900) es el choque de dos generaciones, el de un artista cuyo hijo posee disposiciones geniales, pero al que rechaza por su desobediencia. El hijo se suicida y la obra se cierra con una conmovedora oración fúnebre que el mismo padre pronuncia. *Gabriel Schillings Flucht* (1907) (La huida de Gabriel Schilling) es autobiografía, donde Hauptmann, hombre muy sensible al Eros, expone problemas en el fondo familiares y personales.

Otra de sus grandes piezas es la proyección del mito encarnado en *Und Pippa tanzt* (1906) (Y Pippa baila), cuyo título tomó de un poema del escocés Robert Browning. Pippa, la criatura cristiana, es el símbolo de la belleza, frágil y efímera, que todos los hombres persiguen y codician. La obra ofrece, por su profundidad, varias interpretaciones. Una de ellas, del propio Hauptmann, señala la fusión del genio alemán con el ideal de la belleza mediterránea, en las personas de dos de sus protagonistas, Michel y Pippa, respectivamente.

El análisis de lo religioso está presente en algunas de sus narraciones, porque Hauptmann no es, exclusivamente, dramaturgo. *Der Narr in Christo Emanuel Quinta* (1910) (El loco en Cristo Emanuel Quint) es su novela más famosa. Un humilde carpintero de Silesia resuelve volver a vivir la vida del Redentor y sufre sus padecimientos, porque una sociedad que ya no cree en Dios no comprende que pueda retornarse otra vez a Cristo. Enajenamiento y religiosidad se dan la mano en este intento donde el credo naturalista subsiste. El sentido de una religiosidad más clásica que cristiana aparece en la narración *Der Ketzer von Soana* (1918) (El hereje de Soana). Un sacerdote se enamora perdidamente de una muchacha y vive con ella, en medio de un paisaje mediterráneo en el que Hauptmann volcó sus mejores dotes de escritor, donde la naturaleza, traspasada también por el amor, es una vuelta a las fuerzas elementales, hechos de vigor, pasión y belleza. *Der Bogen des Odysseus* (1914) (El arco de Ulises) fue asimismo una incursión a lo griego, pero en esta pieza Hauptmann ofrece una visión sombría del regreso del héroe al hogar.

El espectáculo de la primera Guerra Mundial se traducía en dos obras de escasa teatralidad, en las que primaba un espíritu de renunciamiento y de alejamiento hasta la aparición de una nueva humanidad. Sus títulos son *Der weisse Heiland* (1920) (El Salvador blanco) e *Indipohdi* (1921), y un pensamiento similar se alberga en la novela *Die Insel von der grossen Mutter* (1924) (La isla de la gran madre). Ya Hauptmann, celebrado y reconocido como gloria nacional, comenzaba a ofrecer en diversos libros la historia de su vida de artista y de hombre, pero en 1932 retorna al teatro con *Vor Sonnenuntergang* (Antes del anochecer), el drama de un hombre maduro cuyos hijos le impiden que vuelva a amar.

Incansable, entre 1941 y el año de su muerte seguía trabajando. Dejaba así una tetralogía sobre el destino de los Atridas en una tentativa para acercarse a las fuentes primarias anteriores al puro clasicismo. Hauptmann bucea con los recursos de la psicología actual en el abismo psicológico de sus tremendos personajes, y les otorga una fuerza expresiva que llega casi hasta los límites del lenguaje, y esta nueva versión del destino de Agamenón y sus hijos continúa conmoviendo con su terrible fatalidad.

El análisis de la obra de Hauptmann comprende muchos otros títulos, y sólo lo más importante ha sido recogido aquí. Por la variedad y profundidad de su arte, por ese espíritu de renovación permanente entroncado en los ideales más cercanos a la inquietud humana, es ya, irrevocablemente, uno de los clásicos de la literatura alemana.

Del teatro naturalista han quedado pocos nombres más. Uno de los más famosos en su momento fue Max Halbe (1865-1944), cuyo drama *Jugend* (1893) (Juventud) se mantuvo con éxito sobre los escenarios alemanes. Es la representación del amor entre dos jóvenes, casi niños, que deben morir por la incomprensión de quienes los rodean. Más valioso es *Mutter Erde* (1897) (Madre tierra), por su sentimiento auténtico en la tragedia de dos seres que no pueden amarse libremente y deciden volver, en el último sueño, a la "Madre tierra". El triste final de sus temas contiene una disposición melancólica ante la presencia de la brutalidad de la vida. Este autor dejó memorias importantes para la comprensión de su época, pero su fama se ha desvanecido al igual que la del austriaco Karl Schönherr (1867-1943), cuya indudable destreza teatral se une a un conocimiento de los elementos irracionales que dirigen la conducta humana. Así lo revelaba en *Erde* (1907) (Tierra), *Glaube und Heimat* (1910) (Credo y patria) y *Des Weibsteufel* (1915) (La mujer endemoniada).

Para los contemporáneos de la última década del siglo anterior, Hermann Sudermann (1857-1928) poseía análoga estatura artística que Hauptmann, y sólo una crítica posterior pudo ir señalando diferencias de fondo que han relegado, en gran parte, la inmensa repercusión que tuvo alguna vez este prusiano oriental. Su primer éxito lo obtuvo gracias a esa "Freie Bühne" que representaba las audaces novedades de la época, Ibsen, por ejemplo. Se trataba de *Die Ehre* (1899) (El honor), con virtudes y defectos ahora evidentes. Habilidad escénica indiscutible, tensión dramática, diálogo fácil y capacidad para el contraste, por una parte, superficialidad algo vulgar, por otra. En esta obra exhibía en un primer plano, dentro de la misma casa donde transcurre la acción, una sociedad rica y poderosa, y en un segundo, la sociedad de los pobres. Todos se encontraban, de alguna manera, corrompidos por la ambición o el afán de aparentar. Dentro de una tónica naturalista, la crítica social era manifiesta. La aristocracia feudal, la burguesía, grande o pequeña, eran fáciles blancos para un autor de tanta aptitud en el desfile de tipos bien definidos. Obras como *Sodoms Ende* (1891) (El fin de Sodoma), *Heimat* (1893) (Patria), *Es lebe das Leben* (Que viva la vida) así lo prueban. Sudermann era hombre muy sensible a los ataques de la crítica, que no escaseó por cierto, y trataba de demostrar con un teatro de temática muy diversa su capacidad de superación, lo que explica que apelara también a asuntos bíblicos o patrióticos, entre muchos otros.

Poseía mayor calidad narrativa y el género novelístico nunca dejó de atraerlo. La novela *Frau Sorge* (1887) (Señora Preocupación) es un ejemplo, con la naturaleza de su Prusia natal y sus campesinos duros y decididos. Enorme eco tuvo *Der Katzensteg* (1889) (El sendero de los gatos), una evocación de las guerras de la Independencia en la historia de un hombre que soporta la vergüenza del deshonor paterno. En *Litauische Geschichten* (1917) (Historias de Lituania) hace revivir, con encanto indudable, la atmósfera de su país natal, mientras que una de sus mejores novelas, *Der tolle Professor* (1926) (El profesor insensato) es la historia de un hombre irreprochable que, dominado por los instintos, se hunde de noche en la degradación.

Otro autor de este periodo fue el dramaturgo Otto Erich Hartleben (1864-1905). Sus comedias *Die Schule der Ehe* (La escuela del matrimonio), *Angela, Hanna Jagert*, irónicas, sentimentales, escabrosas, audaces para su época por las mujeres emancipadas que allí aparecen, estaban muy bien escritas, porque Hartleben, si bien mantuvo una actitud de constante burla hacia el arte, era consumado artista. Un drama como *Rosenmontag* (1900) (Lunes de Carnaval), en el que un oficial se suicida porque no puede dejar de amar a una joven de pueblo, fue aplaudido durante muchos años. Lo mismo puede decirse de sus narraciones, llenas de picardía erótica y de alegría, como *Geschichte vom abgerissenen Knopf* (Historia del botón arrancado) o *Vom gastfreien Pastor* (El pastor hospitalario).

Los talentos femeninos habían sido estimulados por la realidad que el naturalismo involucraba, pero sólo puede mencionarse a una autora de auténtica raigambre naturalista. Es Clara Viebig (1860-1952), cuyas novelas *Kinder der Eifel* (1897) (Hijos de Eifel), *Das Weiberdorf* (1900) (La aldea de las mujeres), *Die Wacht am Rhein* (1902) (La guardia en el Rin) o *Das schlafende Heer* (1904) (El ejército dormido) poseen exacta observación de hombres y lugares, sentido del humor muchas veces, y una clara percepción de problemas humanos y políticos.

La atracción por la tierra natal y por sus hombres surge de los libros, muy leídos en su época, del bávaro Ludwig Thoma (1867-1921). Fue uno de los principales colaboradores de la famosa revista satírica de Múnich *Simplizissimus,* y nunca abandonó del todo su visión cómica de las cosas, que no excluía la simpatía por la humanidad retratada. El mundo campesino, la política, la administración, apreciados desde el ángulo popular, que era el de Thoma, se incluye en sus narraciones *Der Wittiber* (1911) (El viudo), *Andreas Vöst* (1905) y *Lausbubengeschichten* (1904) (Historias de pilletes).

El drama sobre todo, y también la novela, eran los baluartes del naturalismo. La excepcional renovación lírica que le es contemporánea descansa, en gran medida, sobre los principios del imperialismo, que asimismo viene de afuera, de Francia. Los poetas imitados se llaman ahora Verlaine, Rimbaud, el grupo del Parnaso. Del examen racionalista que ante nada se detiene —lo propio del naturalismo— se pasa al reconocimiento de valores inconscientes en muchos casos, velados por secretos inaccesibles de los que los hombres perciben algunos atisbos, y que pueden resonar mejor en la captación individual, única e intransferible, para lo cual se asimiló también el aporte del belga Maeterlinck. El sentimiento del sujeto se reviste aquí, en último término, de un contorno romántico que vuelve a la sobrevaloración del individuo.

Pero el impresionismo, que nació, al igual que el neorromanticismo, en los años de máxima difusión de la obra naturalista, tuvo en Alemania un precursor que era contemporáneo del realismo, y que fue asimismo gran poeta. Se trata de Detlev (Friedrich Adolf Axel) von Liliencron (1844-1909), tan impresionista en el arte como en la vida. Este oficial prusiano que había hecho la campaña de 1870, una vez retirado del ejército llevó una vida aventurera con un viaje a América, regresó para ocupar cargos sin importancia en la administración, y se vio permanentemente acosado por las deudas. Aceptaba el curso que la vida le ofrecía y disfrutaba de su belleza y de su alegría. No meditaba ideologías, y se dejaba arrastrar por la corriente, asimilando impresiones y dejando estampada la fugacidad de cada instante. Con todo, también hizo oír sus quejas por una vida que jamás le permitió conducirse como el gran señor prusiano que en el fondo era.

Narraciones autobiográficas como la novela *Leben und Lüge* (1908) (Vida y mentira) o los *Kriegsnovellen* (Cuentos de guerra) acerca de la lucha de 1870, son expresiones de desbordante vitalidad y la denuncia de una realidad estrecha y hostil frente a tanto sueño magnífico e irrealizable. Pero es en sus versos donde se advierten su jerarquía y su carácter de precursor. El mundo de sus sentidos se traduce en cuadros vibrantes, en imágenes de líneas y colores de un momento o de un paisaje. Pero Liliencron, que no era hombre para la declamación o para la prédica, era también hombre de caídas melancólicas, de nostalgias y deseos reprimidos. El prusianismo, cauce de su amor al soberano y a la patria, la disposición señorial que el origen noble le señalaba, la guerra como actividad del caballero, el temor a la muerte, que no desconocía, todo esto aparece, con variedad de color y sentimiento en sus libros de versos, que comenzaron a publicarse cuando su autor frisaba en los cuarenta años.

Adjudantenritte und andere Gedichte (1883) (Cabalgatas de ayudante y otros poemas), *Poggfred* (1897), una epopeya y su libro más característico, *Der Heidegänger* (1891) (El caminante de la campiña), *Bunte Beute* (1903) (Caza variada) muestran un talento que no desdeñaba el uso del metro y la rima tradicionales.

Liliencron había sido gran amigo de Richard Dehmel (1863-1920), pero pocos temperamentos han sido más diferentes. Porque Dehmel es hombre de ideales, de voluntad tensa, de vida atormentada y de búsqueda de una solución metafísica al enigma de la existencia. Al naturalismo que pretendía reproducir la vida tal cual parecía ser, o al impresionismo que trataba de fijar el instante de la percepción individualísima, Dehmel oponía la forma elaborada y simbólica que un lenguaje rico en ritmos y hallazgos métricos realzaba. Para Dehmel el mundo era una continua antinomia, que resolvía en un erotismo al que concedió carácter místico. Un *eros* conciliatorio, no cristiano, era símbolo de la divinización de una vida instintiva (lo que lo acerca a otro notable contemporáneo, el inglés David H. Lawrence), cuya gravitación había aprendido en Nietzsche, Whitman y el belga Verhaeren. El goce como vía hacia una vida superior, que no excluía al sufrimiento, encerrado en himnos de gran belleza y violencia expresiva, y el mundo de lo femenino como intermediario y receptáculo, son los temas de *Erlösungen* (1891) (Redenciones), *Aber die Liebe* (1893) (Pero el amor), *Weib und Welt* (1896) (Mujer y mundo).

Un sentido muy agudo de la injusticia social, afín

al ideario socialista, y un propósito de liberación del hombre frente a toda norma impuesta, incluso las del cristianismo, le inspiraron una serie de poemas sociales como *Vierter Klasse* (En cuarta clase) y *Traum eines Armen* (Sueño de un pobre). En 1903 intentaba dar forma definitiva a su credo sexual y vital en una novela en versos, *Zwei Menschen* (Dos seres humanos). De la primera Guerra Mundial, en la que combatió como voluntario (tenía cincuenta y un años), extrajo conclusiones dolorosas y desilusionadas que volcó en *Zwischen Volk und Menschheit* (1919) (Entre pueblo y humanidad), su último libro de relieve.

Dehmel, al igual que la juventud de 1890, como la de 1910, y, hasta cierto punto, la de 1930, sufrió la influencia de una de las más extraordinarias inteligencias del siglo XIX, la de Friedrich Nietzsche (1844-1900). En la contradictoria y llameante personalidad del creador del superhombre los jóvenes encontraron nuevos caminos desatados de toda convención moral o religiosa, una aspiración hacia lo noble, lo grande, lo totalmente humano, un repudio de la burguesía mezquina, de la democracia cuantitativa, del socialismo igualitario y del cristianismo resignado, y a un fogoso abanderado de una vida absoluta, plena y superior. Sus enseñanzas, asistemáticas, pertenecen, no obstante, a la historia de la filosofía, aunque informaron el pensamiento de un amplio sector de la cultura europea, mientras que sus ataques contra la baja o la falsa espiritualidad y contra toda vida hecha de estrecheces y sustituciones llenan un fundamental capítulo del pensamiento revolucionario moderno.

Aquí, sin embargo, interesa sólo su rango literario. Porque Nietzsche fue un raro y alto poeta. La forma aforística y epigramática de la prosa de *Also sprach Zarathustra* (1884) (Así hablaba Zaratustra) significa una renovación del idioma. El entusiasmo y la exactitud expresiva del antiguo corifeo de Wagner, el éxtasis y la claridad deslumbradora se acuñan en fórmulas inolvidables por su audacia, asimiladas por lo mismo con mayor intensidad. Nietzsche, cuyo dominio sobre el lenguaje es prodigioso, dejó asimismo una poesía que nace del sentimiento (era, en el fondo, un romántico), y que se concreta en un ritmo y una musicalidad espiritualizados, en un desgarramiento que sigue —y no es su menor elogio como poeta— las huellas de Hölderlin, al que redescubrió después de tanto silencio. Sus versos pueden pertenecer a la técnica impresionista por la variabilidad y sensibilidad de sus reacciones, pero muchos de sus poemas pertenecen a la antología de la lírica alemana.

El suizo Carl Spitteler (1845-1924) posee un pensamiento que presenta analogías con el de Nietzsche, pero las diferencias de sus respectivos mundos son grandes. Pesimismo y autoanálisis, rechazo del mundo actual y erección de mitos de alcance cósmico, como sustitutos de una religión que siente morir, son los elementos de que se nutre su vasta producción épica. Comenzó con *Prometheus und Epimetheus* (1881), en donde Epimeteo se mezcla con la humanidad, mientras que Prometeo, apartado, aspira sólo a lo divino. En *Der Olympische Frühling* (1904) (La primavera olímpica) Spitteler intentó forjar, con intensas imágenes de las luchas entre los dioses, un nuevo mito con creencias que provenían de todas las religiones, para conciliar así los conflictos esenciales que agitan el alma humana. Este poeta solitario y poco conocido, a pesar de la dignidad y fantasía de su lenguaje, escribió también novelas, como *Imago* (1906) y, en el año de 1914, una autobiografía en la que abundan datos preciosos para el psicoanálisis coetáneo.

Un impresionismo "avant la lettre" había sido ya practicado por Liliencron (véase p. 267). Pero su implantación, como tendencia contemporánea al naturalismo, en la última década del siglo XIX, es más bien patrimonio de Austria, no de la más sobria y rígida Alemania. Una rica tradición cultural abierta a todas las influencias, un oído atento a las novedades, una ciudad del refinamiento y la elegancia espiritual de la Viena de fin de siglo, producen la asimilación de los grandes líricos de Francia, Baudelaire, Verlaine y Rimbaud, del esteticismo de Oscar Wilde y D'Annunzio, del semitono de Maeterlinck y la melancólica angustia del danés Jens Peter Jacobsen. Esa sociedad algo fatigada por su saturación de arte y conocimiento se vuelve a un mundo de sensaciones raras y extrañas, al ensueño melancólico, graciosamente vivido, a una subjetividad delicada que estudia los pequeños movimientos del alma, a un goce cuya insatisfacción se sabe de antemano, a una literatura hecha melodía y color. De esta interpretación de un mundo al que se adscribe con gusto secreto el adjetivo de "decadente", fue propagandista y crítico el austriaco Hermann Bahr (1863-1934). Talento múltiple y variado, caracterizó a esta época, así como siguió más tarde, en sus ensayos y críticas, toda moda, el expresionismo inclusive.

Pero quien mejor encarna esta atmósfera vienesa "fin de siècle" fue el médico vienés Arthur Schnitzler (1862-1931). Retratista preciso de la burguesía acomodada de la gran ciudad, sus piezas de teatro, que le dieron fama y significaron para los vieneses lo que Hauptmann para los alemanes, giran alrededor del amor. Son variaciones sobre lo erótico, ingeniosas, a veces chispeantes, siempre fundamentalmente melancólicas, que Schnitzler exponía en su condición de autor dramático y de médico. Sus diálogos, construidos con mano maestra e interés, no poseen acentos estridentes ni reflejan conflictos tremebundos. Se anudan a un suave escepticismo, cuando no a un sentimiento de tristeza ante la conciencia de lo perecedero que el goce del amor arrastra.

Particularmente atrayentes son sus diseños de la graciosa y modesta muchacha vienesa que se entrega, sin medir las consecuencias, al joven oficial o al hijo de familia, y que termina siendo abandonada. Es el tema de uno de sus mayores éxitos. *Liebelei* (1895) (Amorío), pero no está ausente de otras piezas, como *Anatole* (1892) o *Der einsame Weg* (1903) (El camino solitario). *Der Reigen* (1897) (La ronda) conecta, en forma irónica y aguda, a diez personajes vinculados entre sí por una relación amorosa sucesiva, mientras que *Der grüne Kakadu* (1899) (La cacatúa verde) es un alarde de habilidad en un acto, manera adecuada para la enorme capacidad escénica de Schnitzler. Sus novelas y cuentos largos, que reposan asimismo sobre lo erótico en su mayoría, están preñados de interés psicológico, como *Therese* (1928), la muy traducida *Fräulein Else* (1924) (La señorita Elsa), *Frau Beate und ihr Sohn* (La señora Beate y su hijo), donde describe con delicadeza los lazos sentimentales entre una madre y su hijo, mientras que *Der Weg ins Freie* (1908) (El camino hacia la libertad) era ya un aporte al sionismo, incipiente entonces. Schnitzler es un virtuoso de la técnica narrativa, como de la teatral, pero sus seres frágiles, de floja voluntad, ilusionados a medias, con una vida que es amor o no es nada, son reflejo de su visión sentimental, ya fenecida.

Dentro de esa atmósfera austriaca que culmina alrededor de 1910, otras voces componen el conjunto que la caracteriza. Así ocurre con la obra de Richard von Schaukal (1874-1942) y Anton Wildgans (1881-1932). El primero, crítico, pero predominantemente lírico, deja en sus versos de 1904, como en los de *Herbsthöhe* (1933) (Altura de otoño), una actitud aristocrática y arrogante que añora melancólicamente la elegancia espiritual del siglo XVIII, y que combina con los recursos más sutiles y artísticos del impresionismo. Vienés auténtico en sus gustos y en su arte se reveló Wildgans, quien desempeñó un tiempo el cargo de director del Burgtheater de Viena. Testigo de las variaciones impuestas por las modas literarias, a las que no se resistió, compuso poesía suave de perfume impresionista en *Herbstfrühling* (1909) (Primavera otoñal) y *Gedichte um Pan* (1928) (Poesías sobre Pan), mientras que dramas como *In Ewigkeit Amen* (1913) (Para la eternidad, amén), *Liebe* (1916) (Amor), *Dies irae* (1918) o *Kain* (1920), muestran una combinación de naturalismo, lírica, y hasta expresionismo.

No obstante, la flor de la poesía austriaca de una época que se señala como decadente, pero que es también brillo y altísimo cultivo del espíritu, ha crecido en la obra de Hugo von Hofmannsthal (1874-1929), uno de los tres líricos más grandes de nuestro siglo. Los otros dos se llaman Stefan George y Rainer Maria Rilke. Los primeros versos de Hofmannsthal, compuestos a los quince años de edad con el seudónimo de "Loris" le trajeron admiración y fama, que no dejaron de aumentar en el transcurso de una existencia preocupada cada vez más intensamente con el problema del ser.

Aunque la prosa de Hofmannsthal posee el valor de la claridad, originalidad y elegancia, tanto en la narración como en ensayos de rico pensamiento, su aprehensión del mundo es la del lírico, aun en sus dramas, que se resuelven en una maravillosa efusión verbal del sentimiento más que en el choque irresistible de las pasiones. En Hofmannsthal resuena por última vez el estilo internacional de su ciudad vienesa, la musicalidad del alma, la gracia y la armonía, algo fatigadas, de una civilización que se contempla como una obra de arte y se sabe próximamente perecedera. Los versos primeros de Hofmannsthal que cantaban lo efímero en imágenes rebosantes de color y sonido van siendo paulatinamente gravados por la experiencia de una vida que se toma cada vez más en serio sin abandonar nunca la sugestión de la gran poesía.

Lo vienés de su naturaleza se traduce asimismo en su predilección por el teatro, y en rápida sucesión aparecen pequeños dramas como *Gestern* (1891) (Ayer), *Der Tod des Tizian* (la muerte de Ticiano) y *Der Tor und der Tod* (1893) (El necio y la muerte), donde la evocación de épocas pretéritas y ambientes lejanos, típicamente neorrománticos, se conjuga con la presencia de una muerte que llega envuelta en melancolía. Pero aunque la acción se ubique en la Edad Media, y el Renacimiento, en Grecia, España o Venecia, aunque las inspiraciones provengan de la alegoría medieval inglesa, como en *Jedermann* (1911) (Cadacual), de Calderón —*Der Turm* (1925) (La torre) y *Salzburger Grosses Welttheater* (1922) (El gran teatro del mundo de Salzburgo)— o de Sófocles —*Elektra* (1904) y *Ödipus und die Sphinx* (1905) (Edipo y la Esfinge)—, los personajes ostentan la morbilidad y la angustia de su autor. Porque Hofmannsthal se convierte, en la plena y responsable madurez de sus últimas obras, no sólo en el creador de imágenes inolvidables, sino en el intérprete de un mundo caótico y desintegrado que debe luchar por su ingreso a una comunidad fundada en el amor y en el amparo de una ordenación religiosa del espíritu. Éstas son, respectivamente, las metas simbólicas de *Die Frau ohne Schatten* (La mujer sin sombra) y *Der Turm*. La primera de estas obras fue aprovechada como texto, en 1916, por Richard Strauss en la composición de su partitura, y también a Hofmannsthal se debe el libreto de "El caballero de la rosa", "Ariadna en Naxos" y "Electra", algunas de las más bellas creaciones del músico muniqués.

Hofmannsthal creía en la existencia de una Europa común, vinculada por la misma cultura, y sabía también de la importancia del poeta como símbolo e intérprete. Por ello es ocioso calificarlo como impresionista o neorromántico. Ofrece, simplemente, un aspecto más en el conocimiento y disfrute de la gran literatura.

Stefan George (1868-1933) era renano, en parte de ascendencia francesa, y son los líricos franceses, principalmente Mallarmé, que lo recibe durante una visita juvenil a París, quienes ejercen la influencia del comienzo. De Mallarmé y de los simbolistas, en general, aprendió George el culto severo del arte por el arte, con el consiguiente desentendimiento de toda cuestión social o política —lo que crea un abismo con el naturalismo contemporáneo— y la formación de un pequeño círculo de elegidos.

En las *Blätter für die Kunst* (Hojas para el arte), publicadas en Berlín durante algunos años, desde 1891 George y sus discípulos dejaron formulado su credo estético. Es difícil encontrar, dentro o fuera de la literatura alemana, a otro poeta que se atribuyera una conciencia más alta de su misión que George. Con toda la fuerza de su ser, conformaba un verso severo dirigido a estampar para siempre sus vivencias, con la misma intención del escultor de perdurar en la belleza grande, digna y de todas las épocas. Poeta y conductor eran para George sinónimos y se sintió elegido religiosa, casi divinamente, para difundir un nuevo credo sustentado por la fuerza de lo bello, en el que figuraban los nombres ilustres de Nietzsche, Hölderlin, Jean Paul y Goethe.

Los primeros volúmenes, destinados al pequeño grupo de los iniciados (Friedrich Gundolf, Ernst Bertram, Friedrich Wolters, Ludwig Klages, Karl Wolfskehl y, algo apartado y por poco tiempo, el propio Hofmannsthal), llevaban los títulos de *Hymnen* (Himnos), *Pilgerfahrten* (Peregrinajes), *Algabal* (Heliogábalo) y aparecían ya con tipografía especial. El arte de George madura en su esoterismo y en su forma marmórea dura, perfecta, en los versos simétricos de *Die Bücher der Hirten* (1894) (Los libros de los pastores) y *Das Jahr der Seele* (1897) (El año del alma), pero el desprecio hacia una época materialista y utilitaria se hace manifiesto en la glorificación de un joven, Maximilian Kronberger (el "Maximin" de su poesía), creación encarnada de la belleza. Fruto de esta actitud son los versos de *Der siebente Ring* (1907) (El séptimo anillo) y *Der Stern des Bundes* (1914) (La estrella de la alianza).

Pero ya George había alcanzado un nivel desde el cual, con ademán de sacerdote, ansiaba imponer las propias creencias al pueblo de su sangre, en el que veía una posibilidad de redención de la vulgaridad y la miseria. Ésta, en el fondo, voluntad de dominio y prédica más rigurosa, centrada en un destino superior, extendió su nombre por toda la juventud intelectual de Alemania, y *Das neue Reich* (1928) (El nuevo reino) era ya la programática poética de una Alemania conductora y fuerte, pero en el reino del espíritu. La ascensión al poder del nacionalsocialismo tergiversó los móviles elevados de George, el cual, para evitar toda confusión, se desterró a Suiza, donde falleció muy poco después, en 1933. Como sumo sacerdote de una misión a la que servía dignamente, no desdeñó, en sus ejemplares y perfectas traducciones de Baudelaire, Shakespeare y Dante, la condición de intermediario de la plena poesía.

Es, sin embargo, Rainer Maria Rilke (1875-1926), nacido en Praga de una familia de oficiales y funcionarios, el único de los tres grandes líricos de la primera mitad de nuestro siglo que alcanzó, bastante pronto, renombre internacional. Ello se debe en gran medida a que ese desarraigado y vagabundo ilustre supo hablar un lenguaje más universal en cuanto al alcance de su expresión. Dejó muy pronto la carrera militar a la que lo habían destinado, y desde muy joven evitó tanto la convivencia prolongada coma la residencia dilatada. Estuvo en Italia y España, en Dinamarca,

Francia y Rusia. Damas de las más encumbradas familias lo tuvieron de huésped, pero ni la familia, ni la patria, ni la amistad impedían el peregrinaje. De sus estadías en París, una vez como una especie de secretario de Rodin, nacieron dos de sus mejores libros en prosa, una semblanza del gran escultor y la novela autobiográfica *Die Aufzeichnungen des Malte Laurids Brigge* (1910) (Los cuadernos de Malte Laurids Brigge), narración en la que un alma excepcionalmente sensible al padecimiento y a las miserias de la gran ciudad, expone sus hondas experiencias, y en la que se percibe la influencia del danés Jacobsen. Después de su viaje a Rusia de 1899 había descubierto Rilke la callada dignidad de la pobreza y el sufrimiento, como la presencia ilimitada de Dios en las cosas y en las almas, cuya búsqueda es misión y agonía al mismo tiempo. El *Das Stundenbuch* (1903) (Libro de horas) así lo testimonia.

Sus primeros libros de poesía están aún signados por el impresionismo —*Leben und Lieder* (1894) (Vida y canciones) y *Larenopfer* (1896) (Ofrenda a los lares)—. Rebosan una suave melancolía ante lo perecedero y la musicalidad verbal es sencillamente prodigiosa. Ya, de entrada, su dominio del lenguaje era absoluto. Pero el riquísimo mundo de las palabras que su sensibilidad de artista hacía surgir no le satisfacía. De este modo rechazó más tarde el juvenil arrebato lírico de *Weise von Liebe und Tod des Cornetts Christoph Rilke* (Canto de amor y muerte del corneta Cristóbal Rilke) de 1899. Entre 1902 y 1907 aparecen *Das Buch der Bilder* (Libro de las imágenes) y *Neue Gedichte* (Nuevos poemas). Rilke descubre aquí para la poesía el mundo silencioso de las cosas, que adquieren su dignidad y su lugar en la creación una vez que son asimiladas por el alma, convirtiéndose en vida y esencia y enriqueciendo, así, en su transformación, a la persona humana.

Había escrito en 1904 *Geschichten vom lieben Gott*

(*Historias del buen Dios*), una serie de relatos encantadores, en su humor y difícil sencillez, pero sólo la guerra de 1914, con sus consecuencias, dieron un contenido, aún no agotado, a sus poemas últimos, compuestos luego de un largo silencio. Se trata de *Duineser Elegien* (1923) (Elegías de Duino) y *Sonette an Orpheus* (Sonetos a Orfeo) del mismo año. Aquí ha desaparecido ya todo el peligroso virtuosismo, todo juego con el idioma y sus imágenes. La poesía es ahora intérprete de una verdad superior. Su sentido auténtico es tarea de una crítica que debe ser realizada con amorosa comprensión, pero Orfeo es un mediador entre lo terrenal y la divinidad, y la persona humana es el receptáculo de una vida que debe ser desarrollada en una dimensión y un contacto totales y sentida hasta sus últimas consecuencias, para que vuelva a tener significación. Su famoso "espacio interior universal" es una absorción del todo dentro del alma, que allí renace y cobra valor de vida. Mucho de esto había sido meditado y transmitido a personas de su relación, y la correspondencia de Rilke es, en sí, una acabada obra de arte, pero en estos libros finales la imagen poética se aferra con rara inmediatez al ser de las cosas, en las cuales y por las cuales solamente puede llegar el hombre a su plenitud y ordenamiento con respecto a Dios y a todo lo existente. No en balde ha sido señalado este poeta como uno de los precursores del existencialismo. Si las esencias, como bien saben los filósofos, pueden ser intuidas por la poesía, Rilke es también encumbrado buscador de las verdades últimas.

El gran florecimiento lírico que asoma a fines del siglo XIX no es privativo de los tres poetas recientemente examinados. La crítica ha puesto distancia entre George, Rilke, Hofmannsthal y el resto de sus contemporáneos, pero el mérito no les alcanza a ellos únicamente. Por ejemplo, Christian Morgenstern (1871-1914) merece asimismo mención. Con sus *Gal-*

genlieder (1905) (Canciones patibularias) otorgó a lo grotesco categoría literaria y sus investigaciones acerca del valor de la palabra aislada lo acercan al expresionismo. Pero Morgenstern era un hombre preocupado por las verdades trascendentales, y en la última etapa de su vida se acercó, lo mismo que muchos otros intelectuales, a la antroposofía de Rudolf Steiner (1861-1925), para tomar contacto con la divinidad que su disposición religiosa reclamaba. De ello son ejemplo *Einkehr* (1910) (Recogimiento) y *Stufen* (1918) (Peldaños).

De los discípulos de George, muchos siguieron, cerca o lejos del maestro, caminos propios. Así, Friedrich Gundolf, el gran estudioso de la literatura alemana. Otro fue Rudolf Borchardt (1877-1945), traductor de Dante, admirador, más tarde, de Hofmannsthal y autor de una novela singular, *Vereinigung durch den Feind hindurch* (1937) (Alianza a través del enemigo), cuya severidad estilística recuerda a George dentro de un contenido que refiere la lucha de dos seres superiores contra la miseria moral y material que la guerra trajo consigo. Ernst Bertram (1884-1957) surge también del círculo de George. La admiración por Nietzsche y un notable sentimiento nacional se expresa en *Das Nornenbuch* (1925) (El libro de las Parcas), *Strassburg* (1920) y *Griechenland* (Grecia). Más importante es la vigencia de Rudolf Alexander Schröder (n. 1878). Amigo y colaborador de Hofmannsthal, una asombrosa cultura clásica que lo indujo a nuevas y hermosas traducciones de Homero, Horacio y Virgilio se une a una religiosidad activa y auténtica inspiradora, justamente en épocas de descreimiento y de persecución, de algunas de las canciones religiosas luteranas más vibrantes con que cuenta la canción religiosa alemana.

Existía ya un apetito místico anterior, al que responde la poesía de Otto zur Linde (1873-1938), Alfred Mombert (1872-1942) y Theodor Däubler (1876-1934).

El primero desarrolló desde la revista *Charon* (1904) una lírica visionaria, mítica y filosófica para una interpretación del mundo en *Thule Traumland* (1910) (Utopía Thule) y *Der Charontische Mythos* (1913) (El mito de Caronte). Menos accesible, en sus rasgos gigantescos, cósmicos, es la poesía de Mombert. *Die Blüte des Chaos* (1905) (El florecimiento del caos), *Der himmlische Zecher* (1909) (El bebedor celestial) y su trilogía *Äon,* muestran una poesía que se deleita en el sonido del verbo, en la comprensión de mitos oscuros, en la profecía de mundos inasibles y en el énfasis visionario, rasgos retomados poco después por el expresionismo. Asimismo vinculado al expresionismo se encuentra Daubler, aunque su predilección por el vasto despliegue épico y su fantasía vigorosa, en el marco del sueño y la visión, le dan carácter propio. Lo cósmico en *Das Nordlicht* (1912) (Aurora boreal) y *Das Sternenkind* (1917) (El niño de las estrellas) es su dominio predilecto. El luminoso mundo de Grecia e Italia ofreció inspiración para algunas poesías muy hermosas de *Hymne an Italien* (1916) (Himno a Italia) y *Der heilige Berg Athos* (1923) (El sagrado monte Athos), pero, en general, un desbordamiento incontenible del idioma resta a su mundo mítico la grandiosidad perseguida.

En Max Dauthendey (1867-1918), viajero incansable por tierras exóticas, hay que apreciar, sobre todo, al impresionista del paisaje remoto o al soñador de instantes inolvidables, captados con naturalidad, sentimiento, y quizás demasiada facilidad, como sus *Canciones escogidas* (1914) lo revelan. Experiencias en tierras asiáticas son el tema de los atractivos relatos de *Lingam* (1909) y *Die acht Gesichter am Biwasee* (1911), (Los ocho rostros en el lago Biwa).

Una especie lírica que los comienzos de nuestro siglo resucita es el de la balada, y ello gracias a los esfuerzos del barón Börries von Münchhausen (1874-1945). Punto de partida habían sido las baladas de

Strachwitz y Fontane, pero este noble pintoresco y original no sólo infundió a sus propias composiciones un sentimiento señorial de viejo estilo y un brío varonil que le valieron mucha popularidad, sino que en su carácter de nuevo editor del *Almanaque de las musas de Gotinga* descubrió a dos grandes talentos femeninos. Se trata de Lulu von Strauss und Torney (1873-1956) y Agnes Miegel (n. 1879). El mundo de la primera es áspero, profundo y contenido, y en la historia de su Westfalia natal ha encontrado el clima movido y concentrado de novelas históricas como *Judas* (1911) y *Der jüngste Tag* (1921) (El juicio final), esta última acerca de la crédula y excitada época que rodeó al reformador Jan de Leyde. Agnes Miegel nació en Prusia oriental y el sentimiento de su poesía está estrechamente vinculado al paisaje e historia de su tierra. En sus visiones hay sensualidad y fuerza, junto a un dejo pagano, según se ha observado. *Herbstgesang* (1932) (Canto de otoño) y *Geschichten aus Alt-Preussen* (1926) (Historias de la vieja Prusia) son los libros más conocidos de quien Münchhausen juzgaba que era la más eximia de los autores de baladas contemporáneos.

Por más que la corriente del naturalismo arrastrara desde la última década del siglo anterior a autores como Hauptmann, Sudermann, Halbe, Schnitzler, etc., había quienes renegaban de ese repertorio de miserias y pedían para la literatura belleza, sentimiento, subjetividad, regiones elegidas del sueño y la fantasía. Al igual que en el antiguo romanticismo, la historia era el refugio de los escritores que de esta manera pretendían oponerse a la vulgaridad de lo contemporáneo. Ni Hofmannsthal, ni el mismo Hauptmann fueron ajenos al nuevo movimiento, bautizado con la denominación de neorromanticismo. Poco significan ya los nombres de Eduard Stucken (1865-1936), Ernst Hardt (1876-1947) o Leo Greiner (1876-1926). Sí cabe el comentario de la obra de Herbert Eulenberg (1876-1949), que, como los anteriores, fue principalmente hombre de teatro. Un remedo del "Sturm und Drang" y de Shakespeare cubre sus piezas con un sentimiento apasionado, desbordante, desdeñoso de la actualidad y con escaso respeto hacia los límites de la forma o del idioma. Ejemplo de ello, los dramas *Anna Walewska, Ein halber Held* (1903) (Un semi-héroe) o *Die Insel* (1918) (La isla). En *Schattenbilder* (1917) (Siluetas de sombras) ha evocado, con prosa viva, importantes personajes de todas las épocas, veta que continuó cultivando con éxito hasta el año de su muerte.

Parecida fue la trayectoria de Wilhelm Schmidtbonn (Wilhelm Schmidt, 1876-1952), cuyo tema favorito es el del rechazado que obedece al sentimiento, no a la ordenación de afuera, tal como lo reveló en su primer éxito *Mutter Landstrasse* (1901) (Madre carretera), que se repite en *Der Graf von Gleichen* (1908) (El conde de Gleichen). Después de la primera Guerra Mundial trató una nueva conformación del mundo en oposición a una vida subordinada a la técnica, según surge de dramas de guerra como *Der Geschlagene* (1920) (El vencido) y *Die Fahrt nach Orplid* (1922) (El viaje a Orplid). Recuerdos de su país renano integran una obra que busca, a veces con humorismo, una realidad mejor.

Algo apartado, pero también en contacto con ese mundo se sitúa a un autor algo más viejo, Emil Gött (1864-1908), cuya personalidad fue más notable que su obra. Más importantes que la comedia *Der Schwarzkünstler* (1890) (El nigromante), tomada de *La cueva de Salamanca* de Cervantes, o de la lucha psíquica de *Edelwild* (1901) (Caza mayor), donde aparece Harun al Raschid, son los testimonios de sus *Diarios,* como expresión de un alma atormentada que diagnosticó con precisión, antes de la guerra de 1914, sus calamitosas secuencias.

Simultáneamente, por obra de dos escritores en especial, Paul Ernst (1866-1933) y Wilhelm von Scholz (1874-1957), hubo otro rechazo del naturalismo, pero que en vez de apuntar al relativismo subjetivista de los neorrománticos, buscó en el cultivo de la forma permanente los valores absolutos. A esta tendencia se le dio el nombre de neoclasicismo. De humilde origen, Ernst halló en el estudio de la concepción de lo dramático, sobre todo, los fundamentos de su credo y una nueva estética de lo trágico, que se recoge en *Der Weg zur Form* (1906) (Camino hacia la forma) y *Der Zusammenbruch des deutschen Idealismus* (1919) (La quiebra del idealismo alemán). Lo trágico se da en Ernst en el "todo o nada" que la voluntad del hombre proyecta en la conquista de lo absoluto. Según Ernst, únicamente Sófocles había construido tragedias perfectas, en las cuales, en ocasión de las relaciones que ligaban a los personajes, se postulaba un mundo de valores ideales, morales y heroicos al mismo tiempo. Pero las amplias y fundamentales concepciones teóricas iban más allá de las realizaciones dramáticas en *Demetrios* (1905), *Brunhild* (1909) o *Canossa* (1908). Más feliz fue en sus comedias. *Die Nacht in Florenz* (La noche en Florencia) posee un sabor italiano que en *Pantalon und seine Söhne* (1916) (Pantalón y sus hijos) y *Der heilige Crispin* (1913) (El santo Crispín), llega a los límites de la "Commedia dell' arte". Para Ernst la novela era una creación de valor secundario, pero *Saat auf Hoffnung* (1916) (Semilla de esperanza), y la novela histórica *Der Schatz im Morgenbrotstal* (1926) (El tesoro del valle de Morgenbrot), al igual que sus memorias, poseen el atractivo de una voluntad seria puesta al servicio del arte.

Aunque Wilhelm von Scholz partió de premisas similares, su obra muestra más bien el reconocimiento de fuerzas anímicas ocultas, de efectos incalculables en el destino humano y que escapaban a toda previsión racional, por más que diera a sus intuiciones (que en lo dramático siguen a Hebbel), una forma netamente clásica. Había comenzado su carrera con los versos de *Der Spiegel* (1902) (El espejo), donde aparece la oposición entre vida y poesía que lo preocupó a lo largo de su existencia. La hondura de su pensamiento se prolongó en los poemas de *Das Jahr* (1927) (El año) y *Lebensjahre* (1939) (Años de vida). En el drama *Der Jude von Konstanz* (1905) (El judío de Constanza) el protagonista, un médico judío bautizado, fluctúa entre sus dos mundos religiosos, mientras que *Der Gast* (El huésped) sienta la tesis de la superioridad del arte, capaz de vencer al tiempo y a la vida. En *Der Wettlauf mit dem Schatten* (1922) (La carrera con la sombra) y *Die gläserne Frau* (1924) (La mujer de vidrio), Scholz teje entre los personajes una serie de relaciones misteriosas, sólo determinables por la poesía. La Edad Media era su época favorita, y allí transcurre la acción de *Perpetua* (1926), una novela en la que dos seres comparten el mismo sino en una identificación anímica que se hace realidad.

La riqueza de este periodo se percibe cuando se examina la obra singular de un precursor que tiende sus líneas sobre el teatro futuro, Frank Wedekind (1864-1918). Una vida desordenada, excéntrica, se corresponde con un teatro que, desde esa decisiva última década del siglo XIX, busca medios de expresión totalmente distintos. Wedekind es un subversivo, un evadido de la sociedad burguesa, cuyas convenciones denuncia como falsas y opresoras de la libertad que la vida exige. Partió de un reconocimiento romántico de la superioridad de los valores irracionales y concretó su mensaje en una obra donde el sentimiento se desarrolla según un enfoque intelectualista y una técnica nueva, partiendo de las breves escenas aisladas del "Sturm und Drang"; llega, en muchos casos, a la exhibición de tipos, más que de individuos, tratados con el amargo humor de lo grotesto. El expresionismo, que coincidió con los últimos años de Wedekind, lo consideraba justamente como un precursor.

La pieza que le dio fama fue *Frühlings Erwachen* (1891) (Despertar de primavera), que, al mismo tiempo que una amarga denuncia de la falsa educación sexual dada a la adolescencia, es un reconocimiento de la vida de los instintos y de su verdad superior, cuya represión o deformación acarrean graves consecuencias. Este motivo retorna en la mayoría de sus dramas, que son los de un moralista que trabaja a contrapelo de una sociedad esencialmente desquiciada. Éxitos fueron también *Erdgeist* (1895) (Espíritu de la tierra) y *Die Büchse der Pandora* (1904) (La caja de Pandora), acerca de la fuerza irresistible y oscura de lo erótico y que desembocan en la tragedia de su famoso personaje, Lulu. Wedekind sentía predilección por tipos y ambientes al margen de la sociedad establecida, que aparecen por ejemplo en la tragicomedia de impostores y prostitutas *Der Marquis von Keith* (1900) (El marqués de Keith), o en el rey convertido en bufón de *König Niccolo* (1907) (El rey Niccolo), obra con mucho material autobiográfico. *Hidalla* (1903), *Die Zensur* (1907) (La censura), *Der Totentanz* (1905) (La danza de la muerte), vuelven a una acusación despiadada contra todo lo que no correspondía a la verdad de la vida.

Al lado de las nuevas orientaciones del teatro y la lírica, los finales del siglo cuentan con talentos personales que vierten igualmente en la novela un panorama más variado o más profundo, en lo social, en lo psíquico, en la fantasía y en la historia. Una impar novelística alemana, que nace ahora, culmina con la repercusión universal de dos premios Nobel, Thomas Mann y Hermann Hesse. Pero muchos otros autores merecen también comentario. En la historia, por ejemplo, bucea con sabiduría y perfección formal, bajo la triple influencia de Keller, Meyer y Goethe, una mujer. Su nombre es Ricarda Huch (1864-1947). La vida que recoge es la de un pasado que se colma de formas y sentimiento, preñado de la nobleza de los seres humanos retratados, en visiones esencialmente románticas. Evocó, con consumado conocimiento erudito, a la generación romántica de 1800, a figuras de relieve histórico como Wallenstein o Lutero, a la gesta garibaldina en *Die Verteidigung Roms* (1906) (La defensa de Roma) y en *Der Kampf um Rom* (1907) (La lucha por Roma), o todo el terrible espacio de las guerras de religión del siglo XVII en *Der grosse Krieg* (1914) (La gran guerra).

Pero también sabe crear de la propia experiencia, aunque ésta nazca más de la cultura que de la realidad inmediata. Ello ocurre en su primera novela *Erinnerungen von Ludolf Ursleu dem Jüngeren* (1893) (Memorias de Ludolf Ursleu, el menor), una crónica familiar, o en *Michael Unger* (1913), con sus seres nobles que fracasan y que viven en un medio creado con imágenes líricas y bellas. La grandiosa objetividad de sus trabajos históricos se une a la contemplación de la realidad contemporánea en la descripción de la realidad contemporánea en la descripción de la calle proletaria de *Aus der Triumphgasse* (1902) (La calle del triunfo), donde palpitan seres de su mundo mediterráneo tan querido, cercados por necesidades a las que superan con la posesión de un ideal de vida digno y elevado. Personal, bella y concentrada es su lírica, quizás el medio de expresión más natural del espíritu aristocrático de una feminidad superior.

Una contemporánea de relieve fue la baronesa Enrica von Handel-Mazzetti (1871-1955). De la católica nobleza austriaca, su contribución posee un fundamento religioso, la conciliación de los dos credos cristianos en que Alemania se encuentra dividida. Vigor y detallismo histórico atraviesan sus movidas novelas que se ubican en el clima de las luchas religiosas de Alemania, como en *Jesse und Maria* (1906) o *Die arme Margret* (La pobre Margarita). Lo austriaco y su tierra natal de Estiria son también el fondo frecuente de sus personajes violentos y exaltados del mundo de la Contrarreforma. La posesión del dato histórico nunca resta atractivo a su prosa enérgica que recae sobre ese mundo del barroco en que le agrada moverse. La aspereza, hasta las esferas de lo rudo, también se percibe en el mundo de su novelística, como en la trilogía quedlimburguesa *Frau Maria* (1931) (La señora María).

Otra importante aparición femenina es la de Isolde Kurz (1853-1944). Una cultura sujeta a los patrones del ideal clásico de Goethe y del siglo XIX, y un fuerte apego a la vida artística del Renacimiento italiano, son los elementos en su narrativa. A la realidad contrapone lo significativo, en el sentido de dignidad, belleza y nobleza espiritual. La atmósfera sutil de Florencia da tono a los *Florentiner Novellen* (1890) (Cuentos florentinos), y la Italia contemporánea se refleja en *Italienische Erzählungen* (1895) (Narraciones italianas). Publicó varios libros de memorias que evocan la época sólida, espiritual y culta en que transcurrieron sus primeros años. Pero su mejor obra es *Vanadis* (1931), una novela de vejez con muchos rasgos autobiográficos que retrata el alma de una mujer, la cual vive, humana y fielmente, una vida plena y valiosa en medio de la centuria pasada.

La popularidad universal de Stefan Zweig (1881-1942) descansa sobre sus atrayentes biografías noveladas de ilustres personajes de la historia, y es explicable por su fino instinto de artista y un conocimiento psicológico al tanto de las últimas conquistas freudianas. Así creció una serie fecunda de libros. Pero este vienés, admirador de Hofmannsthal, auténtico neorromántico, como lo había probado con sus versos tempranos de *Silberne Saiten* (1901) (Cuerdas de plata), y que poseía talento dramático —*Tersites* (1910) y *Jeremias* (1917)—, y de traductor, fue un maestro en la descripción de los más sutiles movimientos del alma femenina. Los efectos de la pasión amorosa son bellamente expuestos en *Verwirrung der Gefühle* (1926) (Confusión de sentimientos) y en la novela póstuma *Ungeduld des Herzens* (1945) (Impaciencia del corazón), mientras que la atmósfera vienesa finisecular, elegante, espiritual, decadente, surge en la autobiografía de *Die Welt von Gestern* (1946) (El mundo de ayer), el único mundo en que podía vivir gustosamente este miniaturista del amor y los grandes personajes.

Un grupo de autores muy distintos a los ya mencionados coincide en la erección de una conciencia alemana, arraigada en la raza, la historia patria y el suelo alemán, según se recomendaba en los ensayos de Moeller van den Bruck, el inglés Houston Stewart Chamberlain y Paul de Lagarde, entre otros. Ello da a sus novelas un sello marcadamente regional y limitado a la exaltación de lo puramente alemán, muchas veces con olvido de los valores culturales supranacionales.

Todavía el austriaco Rudolf Hans Bartsch (1873-1952) estaba alejado de toda esa mística de suelo y raza superiores. Sus novelas, extraordinariamente difundidas, como *Zwölf aus der Steiermark* (1908) (Doce de Estiria), o *Schwammerl* (1912), sobre la vida de Schubert, muestran la típica sentimentalidad austriaca, en medio de una evocación de paisajes hermosamente sentidos y de la existencia de problemas individuales que no fallan en conmover a sus lectores.

Más hondo fue el arte del silesiano Hermann Stehr (1864-1940). La herencia de los místicos de su tierra (Angelus Silesius, Jakob Böhme) se percibe en sus novelas y cuentos, en donde los hombres y las mujeres se debaten en condiciones penosas, ya sea por circunstancias materiales (un contacto con el naturalismo, del que era contemporáneo), ya sea ante conflictos suscitados en el fondo de sus almas. La lucha interior de Stehr, que revierte a sus personajes, se dirige a la experiencia de un Dios, por encima de toda actitud confesional, capaz de identificarse con el alma humana para liberarla del tormento que toda vida implica. Es, en rigor, el único tema de sus obras surgidas desde el fondo de su Silesia, llámense *Der begrabene Gott* (1905) (El Dios enterrado), *Drei Nächte* (1909) (Tres noches) o *Peter Brindeisener* (1924), por más que su obra maestra, escrita en una prosa extática y realista,

Der Heiligenhof (1918) (La finca de los santos), se desarrolla en Westfalia.

El éxito de la novela del párroco protestante Gustav Frenssen (1863-1945) *Jörn Uhl* (1901) puede explicarse por la destreza y amenidad con que evoca la vida campesina y sus problemas y por el toque pedagógico, algo superficial, que le otorgó. Un cristianismo simplificado, que se une en un vínculo, cada vez más estrecho, con su país de origen, la provincia de Holstein, en el límite con Dinamarca, se advierte en su copiosa obra. Sus libros más conocidos son *Klaus Hinrich Baas* (1909), *Meino der Prahler* (1933) (Meino el fanfarrón), *Hilligenlei* (1906) y *Der Glaube der Nordmark* (1936) (La fe de la marca del norte), ya bastante lejos de la fe cristiana.

Otra faceta la ofrece Hermann Löns (1866-1914), caído en la primera Guerra Mundial, cuyos poemas y canciones fueron entusiastamente cantados por la generación de los jóvenes soldados de 1914. Había escrito *Das zweite Gesicht* (1911) (La segunda visión), de rasgos autobiográficos, con un héroe romántico cuyo erotismo se contrapone a la descripción de lo natural, en una identificación con toda la realidad animada, que vibra aún más en *Der Werwolf* (1910) (El hombre lobo), novela que arranca de la guerra de los Treinta Años con la defensa vigorosa y cruel que los campesinos hicieron de sus derechos.

Una tendencia al apartamiento de las realidades de la vida, sustituida por las realidades de una cultura refinada y europea, con personajes aristocráticos y elegantemente urbanos, señala el fondo de las novelas del conde báltico alemán Eduard Keyserling (1855-1918). No falta tampoco en sus novelas *Beate und Mareile* (1903), *Wellen* (1911) (Olas) y *Abendliche Häuser* (Casas al atardecer), la influencia de los daneses Jacobsen y Bang, como un erotismo fatigado que corresponde a una sociedad que ha perdido el rumbo de su vida auténtica.

Friedrich Huch (1875-1913), primo de Ricarda (véase p. 285), preparó por su parte, la atmósfera crítica e irónica de una novelística futura, sin descuidar la visión profética de una cultura burguesa descompuesta desde sus cimientos. Con fina sensibilidad trazó asimismo la psicología complicada del adolescente, tema favorito desde entonces para autores eminentes, en *Peter Michel* (1901), *Geschwister* (1903) (Hermanos), *Wandlung* (1905) (Transformación), *Enzio* (1910) y otras.

Víctima del nazismo fue Georg Hermann (Georg Hermann Borchardt 1871-1943). Es el novelista del Berlín burgués y culto del siglo pasado. En su principal obra *Jettchen Gebert* (1906), como en *Kubinke* (1910) y en *Heinrich Schoen junior* (1915), Borchardt trazó con comprensión, gracia y conocimiento, el conflicto entre el cultivado judaísmo alemán, asentado en un Berlín amable y sin grandes problemas, y el más áspero pero más religioso judaísmo de la Europa oriental. En pos del arte estilístico de Fontane, las novelas de este autor reproducen una época definitivamente muerta.

Pero la novela alemana alcanza solamente relieve internacional merced a la labor de quienes saben darle un marco que exceda la pequeña historia del pequeño individuo, aislado en su provincia, y le infunda, por medio del arte más acabado, el vigor y los problemas de carácter social y humano que, por ejemplo, nutrían las obras de Flaubert, Balzac o Zola en Francia, de Tolstoi y Dostoyevski en Rusia, de Knut Hamsun en Noruega.

Desde comienzos de nuestro siglo, aproximadamente, siguen caminos propios, pero altamente valiosos, Thomas Mann, Jakob Wassermann y Hermann Hesse, en una obra que cubre, casi, lo que va de la primera mitad de la presente centuria, más allá de toda moda o corriente. Thomas Mann (1875-1955) descendía de una de las principales familias de Lübeck, aunque la madre era brasileña. En el temperamento de Mann hay una extraña mezcla de agudeza intelectual y sensibilidad refinadísima, casi mórbida. Celebrado luego de la guerra del 14 como uno de los escasos grandes novelistas de su patria, consideró que el nazismo encarnaba justamente aquello contra lo cual siempre había combatido y se exilió, pero la responsabilidad de su voz, acusatoria y profética, en defensa de los principios que hacen posible la existencia de la persona humana, continuó pesando al término de la segunda Guerra Mundial. El premio Nobel que se le otorgó confirmaba una alta probidad artística y podía interpretarse también como lógico corolario para una conciencia así encaminada.

Desde sus primeros cuentos Mann, que había heredado en parte el modo de Fontane, enfrentaba el espíritu, la libertad y falta de compromisos del artista, con los sólidos principios sobre los que se cimenta la vida burguesa. Era, en realidad, un problema personal que lo persiguió toda su vida y que constituye la médula de sus bellos relatos *Tristan* (1903) y *Tonio Kröger* (1903). En su cuento "Der kleine Herr Friedemann" (1898) (El pequeño señor Friedemann) aparecía ya un extraño gusto por el sufrimiento y un clima de descomposición dentro del alma de sus personajes.

En 1901 escribía su primera gran novela, que tiene ya las justas pretensiones de ofrecer, para Alemania, la descripción social y psíquica, al estilo de Balzac, en parte, de todo un siglo, a través de tres generaciones de una ilustre familia de Lübeck. Se trata de *Die Buddenbrooks* (Los Buddenbrook), obra maestra en la descripción de los caracteres (que incluía a miembros de la propia familia), con la inolvidable presentación de los herederos finales de la gran fortuna familiar, saturados de cultura y de música, y con la voluntad de vivir muy gastada. La tantas veces citada ironía de Mann, que le permitió siempre, al distanciarlo, la mejor comprensión del objeto analizado, aparece ya aquí.

Gracia y estilo informan la novela *Königliche Hoheit* (1909) (Alteza Real), la historia del príncipe europeo que contrae matrimonio con una rica heredera americana. *Der Tod in Venedig* (1913) (La muerte en

Venecia) muestra de nuevo el abismo que separa al artista de la vida, su soledad irremediable y su distanciamiento necesario de todo aquello que hace grata la existencia.

Luego de la primera Guerra Mundial, en la que Mann había adoptado una actitud patriótica, que no excluía la defensa de los valores espirituales, publica en 1924 una obra maestra, *Der Zauberberg* (La montaña mágica). En un sanatorio para tuberculosos desfila y discute el espíritu enfermo de Europa en diálogos extensos acerca de los problemas esenciales que aquejan a la sociedad. La actitud irónica de Mann se hace aquí más evidente que nunca, y esta sociedad en agonía, a la que el estallido de 1914 pone fin, no deja de mostrar también una faceta nihilista y un valor incomparable de síntoma y diagnóstico.

Tras la publicación del cuento "Mario und der Zauberer" (1930) (Mario y el mago), una de sus más hermosas creaciones, aparece en el curso de diez años la tetralogía de *Joseph und seine Brüder* (José y sus hermanos). La noción del tiempo físico está aquí reemplazada por un tiempo mítico. Los sucesos bíblicos se recrean con un saber inmenso y una reconstrucción que tiende al tratamiento del mito mediante figuras reales que hacen vigente su grandeza, en una ordenación que sobrepasa al destino del mero individuo. *Lotte in Weimar* (1939) (Carlota en Weimar) es, con la presencia en Weimar de la antigua amada de Goethe, Charlotte Buff (la heroína de *Werther*), el punto inicial para la descripción de un gran periodo del espíritu alemán, donde se incluye un fino análisis del genio del autor de *Werther*, mezclado con rasgos del propio Mann.

Thomas Mann suponía una afinidad entre él y Goethe, y da su propio Fausto en la mejor novela que escribió, *Doktor Faustus* (1947). Es síntesis y madurez, y significa para la novela alemana, en su manejo del tiempo interior, lo que el *Ulises* de Joyce o el ciclo novelístico de Proust. En la figura del protagonista, el compositor Adrián Leverkühn, que ha cerrado pacto con el demonio para recibir los dones de la música genial, y cuyos rasgos recuerdan particularmente a Nietzsche y al compositor Hugo Wolff, se condensa toda una época y toda una historia. La esencia de lo alemán es nuevamente interpretada y comprendida, y una luz resplandeciente y crítica se arroja sobre el destino trágico de la humanidad y el espíritu alemanes encarnados en esa entrega demoniaca a las potencias del mal que se proyectan en una música inhumanamente estructurada.

Otras dos narraciones, *Die vertauschten Köpfe* (1940) (Las cabezas trocadas) y *Der Erwählte* (1951) (El elegido), que refieren una leyenda indígena y un motivo medieval versificado por Hartmann von Aue, respectivamente, muestran su capacidad de prosista. En sus ensayos ricos de espíritu y penetración, donde desfilan Goethe y Tolstoi, Wagner y Cervantes, entre muchos, sobresale asimismo una inspiración noble e inteligente, que cree con fervor en la libertad y en una cultura de alcance y disfrute universales.

Mann se despidió de la literatura con la novela inconclusa *Bekenntnisse des Hochstaplers Felix Krull* (1955) (Confesiones del estafador Felix Krull). Una sonrisa perdonadora, una ironía suave y nostálgica y la destreza técnica de siempre dicen en la figura de su picaresco héroe el último mensaje de una comprensión cada vez más sensible.

Su hermano, Heinrich Mann (1871-1950), era escritor de muy distinto tipo. Al cuidadoso cultivo de la forma artística, prefirió dar, seria e irónicamente, una descripción de hombres y mujeres menos complicados, más elementales. Después de un comienzo crudamente satírico en *Im Schlaraffenland* (1900) (En el país de Jauja), la influencia del arte preciosista y sensual de D'Annunzio, que en ese momento se ponía de moda por Europa, lo indujo a la elaboración de una extensa novela, *Die Göttinnen* (1903) (Las diosas), en la que la heroína se dejaba llevar por sus impulsos y a ellos sucumbía. Una de sus mejores novelas, de ambiente italiano, es *Die kleine Stadt* (1909) (La pequeña ciudad), por la vida que infundió a los sentimientos de sus personajes, libres y turbulentos. La sociedad guillermina, en sus distintas clases, desde la aristocracia hasta el proletariado, es examinada despiadadamente en una serie de novelas: *Professor Unrat* (1905) (El ángel azul), *Der Untertan* (1911) (El súbdito), *Die Armen* (1912) (Los pobres), *Der Kopf* (1925) (La cabeza), aunque tampoco escatima sus críticas a la república de Weimar en *Die grosse Sache* (1930) (La gran cosa). Mucho más politizado y avanzado en su ideario democrático que el hermano menor Thomas —y la oposición entre ambos fue manifiesta— durante el exilio de Heinrich apareció una novela histórica, *König Heinrich IV* (1937) (El rey Enrique IV), en la que el soberano de Francia se exhibe como ejemplo de gobernante humano y popular a la vez. La obra de Heinrich Mann, con todas sus imperfecciones, posee justamente el nervio que falta a la prosa de su ilustre hermano.

Más accesible, y más popular que la de Thomas Mann, es la copiosa obra de Jakob Wassermann (1873-1934). La realidad de sus personajes, que extrae casi siempre de modelos vivos o conocidos, posee un carácter literario, romanceado, pero los procesos psíquicos se reflejan con nitidez. Wassermann sabe contar, provoca desde la primera página la atención del lector y apunta, en la exposición de una problemática no demasiado variada, a los mejores sentimientos de su lector.

Mucho del clima de sus novelas lo debe al aprendizaje de Dostoyevski, y mucho también a su condición de judío alemán, que aparece de entrada en su primera novela, *Die Juden von Zirndorf* (1897) (Los judíos de Zirndorf). Luego de *Die Geschichte der jungen Renate Fuchs* (1900) (La historia de la joven Renate Fuchs), que se refiere al movimiento, entonces contemporáneo, de la emancipación femenina, la larga serie de sus novelas, por ejemplo, *Kaspar Hauser* (1908), *Die Masken*

Erwin Reiners (1910) (Las máscaras de Erwin Reiner), *Das Gänsemännchen* (1915) (El hombrecillo de los gansos), *Christian Wahnschaffe* (1919), *Der Fall Maurizius* (1928) (El caso Maurizius), *Etzel Andergast* (1930) o la póstuma *Joseph Kerkhovens dritte Existenz* (La tercera existencia de Joseph Kerkhoven), exponen, en último término, la lucha de sus héroes por el cumplimiento de la justicia humana. En Wassermann hay una veta pedagógica implícita y fe en la salud del alma humana.

Tarea compleja es el análisis de las novelas de Hermann Hesse (n. 1877). Porque este hijo de misionero, y ciudadano suizo desde 1912, hasta cierto punto apartado de los hechos exteriores, ha dado en la serie de sus obras la visión de un mundo esencialmente íntimo. Con todo, ese mundo, dentro de su desesperada soledad, persigue valores superiores, puramente humanos, plenos del sagrado apetito de totalidad y unidad que la persona exige.

Las novelas de Hesse, que siempre se refieren a su acontecer interior, comienzan su rumbo fundamental antes de *Unterm Rad* (1905) (Bajo la rueda), que, como tantos de sus libros, contiene el recuerdo de una adolescencia dolorosa y desorientada. Ya en *Peter Camenzind* (1904), que transcurre en medio de la naturaleza tan sentida de Suiza, vertida con lirismo emocionado, hay la otra historia de un hombre que busca su camino por el mundo para terminar refugiándose, sin ilusiones, en la certeza de su propia verdad íntima. El problema del hombre artístico aparece en *Gertrud* (1910) y el de la vida matrimonial en *Rosshalde* (1914). Un progreso lo marca *Demian* (1919), escrito como consecuencia de una crisis nerviosa de su autor. De nuevo parte Hesse de la proyección de su adolescencia, acosada en este caso por un universo exterior de relaciones apremiantes y que encuentra salida en la fortificación del propio ser por una amistad rectora. La sabiduría de la India, que Hesse asimiló pero que reconoce no es aplicable en su totalidad a la cultura europea, se vuelca, después de un viaje por Asia, en *Siddharta* (1922), mientras que una novela anterior de 1920, *Klingsors letzter Sommer* (El último verano de Klingsor) plantea nuevamente con tonos sombríos el conflicto del artista creador en una sociedad a la que no puede integrarse del todo.

Der Steppenwolf (1927) (El lobo estepario), mediante las múltiples facetas del alma de su protagonista, traía el conocimiento de las posibilidades demoniacas en un ser que se niega, o no puede, ser él mismo. *Narziss und Goldmund* (1930) (Narciso y Goldmundo) ofrece, en cambio, un colorido mundo medieval, con los temas habituales del autor, soledad, sueño, abandono, pero con un final de fe y optimismo que sintetiza las tendencias terrenales y espirituales de ambos protagonistas.

La obra maestra de este poeta del alma es *Das Glasperlenspiel* (1943) (El juego de abalorios). Es su novela más curiosa y más importante, y la síntesis —hasta el presente— de una larga meditación de raíz humana. El juego de abalorios, hecho de matemáticas, música y el conocimiento más escogido, rige en Castalia, la "provincia pedagógica" de Hesse. En el año 2200, una orden al servicio de los más altos ideales en una tarea de conformación espiritual cada vez más perfecta, se halla bajo la dirección del "magister ludi" Joseph Knecht. Pero éste resuelve tomar contacto con la vida común, y muere. Este país futuro, que obra estáticamente en el progreso de un tiempo puramente interior, es una utopía plena de sugestiones, aunque su aplicación fuera puesta en tela de juicio por el propio Hesse. Quizás, por mucho tiempo todavía, vida y espíritu deberán ser entidades inconciliables. Hesse es asimismo lírico de rara calidad, y sus poemas contienen el ensueño, la soledad y la gran tradición humanista de la lírica goetheana.

Aporte no desdeñable es el del comprovinciano de

Hesse, Emil Strauss (1866-1960). Este hombre agudo, experimentado, escribió un drama, *Don Pedro* (1899), del que la médula es una obediencia, hasta la muerte, a su sentimiento amoroso que no sabe de vacilaciones. De un humor claro, la narración *Der Engelwirt* (1900) (El posadero del ángel) se refiere al problema de la dicha matrimonial. Más importante es *Freund Hein* (1902) (El amigo Hein), con un interés visible en el crecimiento de un joven dotado para el arte, en conflicto con la sociedad que lo rodea. *Der nackte Mann* (1912) (El hombre desnudo) es una novela histórica, de estilo concentrado, que transcurre en 1600 en Pforzheim, ciudad natal de Strauss, donde una aparición desnuda anuncia los horrores de las inminentes guerras de religión. Su obra más importante es *Das Riesenspielzeug* (1934) (El juguete gigantesco), que evoca la figura de Emil Gött (véase p. 282), y la realidad del trabajo campesino en la conjunción de dos amigos y sus discusiones. Muy bien escrito, el cuento "Der Schleier" (1920) (El velo), una historia de amor, le otorgó una popularidad negada, hasta ahora, a su obra más seria.

El renano Wilhelm Schäfer (1868-1952) comenzó su carrera literaria con la publicación de cuentos breves, de material anecdótico, a los que dio con justicia el título de *Anekdoten* (1908) (Anécdotas). Poseen una forma artística atrayente, cuyo precedente se encuentra en Johann Peter Hebel (véase p. 244). Un sentimiento pedagógico incontrolable (Schäfer fue maestro durante muchos años), lo condujo a una biografía de Pestalozzi en *Lebenstag eines Menschenfreundes* (1915) (La jornada de un filántropo), lo mismo que a las del dibujante suizo Stauffer-Bern, Winckelmann, Zwinglio y Hölderlin. La novela *Der Hauptmann von Köpenick* (1930) (El capitán de Köpenick) contiene un episodio ridículo y aleccionador de la época guillermina, la historia verídica del zapatero ex presidiario, que, vestido de oficial, gracias al prestigio del uniforme se apoderó de los fondos de la villa de Köpenick. El mismo tema fue aprovechado por el dramaturgo Carl Zuckmayer, según se verá adelante.

La obra del austriaco Walter von Molo (1880-1958), es principalmente biográfica, en momentos en que el género estaba en auge, aunque Molo le dio un sentido patriótico y una prosa cortada y enfática que recuerda la del expresionismo. En su galería de personajes desfilan Federico el Grande, Schiller, Lutero, Kleist, etc. La trilogía *Der Roman eines Volkes* (1924) (La novela de un pueblo), por ejemplo, ofrece una historia de Prusia alrededor de la figura dominante del gran Federico.

Esta primera mitad del siglo presenta otros nombres consagrados también a la novela o la biografía novelada que provienen, como Molo, del antiguo Imperio austrohúngaro. Por ejemplo, Karl Hans Strobl (1877-1946), que narró las luchas de los estudiantes checos y alemanes en *Die Vaclavbude* (1902) (El cuarto de estudiante de Vaclav), y la historia de los conflictos religiosos de Bohemia en *Die Fackel des Hus* (1929) (La antorcha de Hus), en tanto que Gustav Meyrink (1868-1932) evocaba el ambiente fantástico, mágico, con visiones de horror a lo Poe o a lo Hoffmann en la vieja Praga de *Der Golem* (1915) (El Golem), en *Das grüne Gesicht* (1916) (El rostro verde) o *Der Student von Prag* (El estudiante de Praga). Una atmósfera románticamente desagradable, donde se percibe la presencia de fuerzas ocultas y malignas late en todas estas historias. Y, por último, Max Brod (n. 1884), el albacea literario de Kafka, que sobre el fondo de la Praga del siglo XVII, muestra con sentido histórico y religioso la persona del astrólogo de Wallenstein en *Tycho Brahes Weg zu Gott* (1916) (El camino a Dios de Tycho Brahe). En sus novelas históricas, que limitan en ocasiones con la literatura de entretenimiento, Brod combina romanticismo y una intensa vida del alma.

Más hondo es el mensaje de Albrecht Schaeffer (1885-1950). Al lado de sus inestimables aportes a la cultura alemana con sus versiones de los grandes poetas de Grecia y de la poesía medieval alemana, figura su extensa novela *Helianth* (1928). Es un inmenso cuadro de época en el que aparece la rica cultura que abarca el periodo que va desde 1880 a 1914, a través de la evolución de un carácter en busca de valores absolutos. Erudición, forma clásica que revela su antiguo contacto con Stefan George, una visión múltiple, en lo psicológico como en lo social, hacen de esta obra una síntesis monumental. Dos novelas anteriores, *Elli oder die sieben Treppen* (1919) (Elli o las siete escaleras) y *Josef Montfort* (1918) giran asimismo sobre el problema del encuentro de un camino interior.

Expresionista precoz, desligado hasta cierto punto del naturalismo, pero atravesando varias corrientes, fue Carl Hauptmann (1858-1921), hermano del mucho más popular Gerhart. Comenzó con dramas naturalistas, como *Marianne* (1894) y novelas del mismo tipo. Así *Mathilde* (1902) es la historia de una pobre obrera que lucha valientemente con la miseria. Una abertura al mundo expresionista fue la novela *Einhart der Lächler* (1907) (Einhart el sonriente), que retrataba a Otto Müller, uno de los precursores de la pintura expresionista y primo de los Hauptmann, donde la vigorosa y aventurera personalidad del protagonista se expresa con fuerza. Su pacifismo y humanitarismo lo hicieron favorito de la generación de 1918, mientras que la trilogía novelada *Die goldenen Strassen* (1917) (Las calles doradas) finaliza con la disolución de todas las formas habituales.

Como síntesis de todo este periodo que termina, espiritualmente hablando, en el año 1914, se levanta la obra, cada vez más sugerente, del austriaco Robert Musil (1880-1942). Una inteligencia y una preparación notables (filosofía, psicología, ciencias exactas) han hecho de los tres tomos de su novela *Der Mann ohne Eigenschaften* (1930-1942) (El hombre sin cualidades), terminada en el exilio, uno de los documentos más esenciales para la comprensión de la edad dorada de la sociedad burguesa, finalizada abruptamente al comienzo de la primera Guerra Mundial. En el reino de Cacania (sinónimo de la monarquía austro-húngara) se desarrollan sus acontecimientos, donde detrás de la apariencia de la vida de la alta burguesía, ofrece Musil el análisis más sutil, despiadado y preciso, con todos los recursos que son capaces de proporcionar el arte y la ciencia contemporáneos. Un pensamiento de una densidad y profundidad pocas veces empleados en una novela se unen con una ironía superior para dar el cuadro completo que la "belle époque" merecía.

Desde 1890 hasta 1914 los distintos movimientos habían tentado nuevos caminos, y en el drama, la lírica o la novela los grandes creadores venían señalando, con esperanza o temor, el final de una época, en tantos aspectos magnífica. En este sentido, a partir de la sociedad o desde el fondo del individuo, coincidían los mensajes de Rilke y Hauptmann, de George, Hesse y Thomas Mann, de Hofmannsthal y Musil. La crisis del espíritu era una realidad cuya negación resultaba absurda, pero todo esto sería barrido por los cañonazos de la primera Guerra Mundial, y correspondía otra vez a la literatura ser luz y testimonio, al mismo tiempo.

XVIII. DE 1914 A 1945

En el año 1906 un conjunto de pintores que había adoptado el nombre de "Die Brücke" (El puente) exponía sus cuadros, con escándalo y sin éxito, en Dresde. Se llamaban Otto Müller, Ernst Kirchner, Schmidt-Rottluff, Pechstein, Erich Heckel, Axel Gallen y Cuno Amiet. Contra el análisis y la descomposición de la luz impresionistas, pintaban en colores vivos, agudos, tratando de sintetizar con sus trazos fuertes y llamativos, los propios sentimientos y experiencias. Descendían, en realidad, de Cézanne y Van Gogh, y en 1910 el historiador de arte Wilhelm Worringer hallaba la palabra para esta nueva modalidad. El expresionismo había nacido. El término fue luego anexado a la literatura donde caracteriza a todo un movimiento que comienza alrededor de 1910 y finaliza cerca de 1925.

Aunque su germinación es anterior, puede decirse que la guerra lo desencadenó y justificó. Los primeros expresionistas, herederos espirituales de cierta faceta de Nietzsche, reconocieron desde la lírica y el drama el estado caótico de la sociedad y el callejón sin salida en que el individuo se encontraba. Contra todo naturalismo, impresionismo, neorromanticismo o neoclasicismo, procuraban una solución por medio, pero más allá del arte, que nacía de una angustiada sensación de miseria espiritual e intentaba dar una expresión objetiva y absoluta a la agitación de sus ánimos conmovidos. El estallido de 1914 fue una confirmación de sombrías premoniciones acerca del destino humano que sus mejores poetas habían anticipado. Alzó un credo revolucionario, con fuerza y estridencia inusitadas, con énfasis y gritos de dolor, con fe nacida en la certidumbre del triunfo final del espíritu y contra el fracaso de todas las instituciones existentes. Acentos de profecía, de entusiasmo, oleadas de éxtasis religioso, se unían en una concentración del valor expresivo de la palabra, y las almas, convulsionadas como nunca, pretendían hacer del arte un simple medio para la creación de una sociedad más pura, sólo posible en el pleno reconocimiento de los valores absolutos del espíritu. De allí una derivación casi natural, a partir de 1919, hacia la política.

El expresionismo se constituyó así en un torbellino de fuerzas irresistibles, pero su misma violencia produjo el decaimiento final. Algunos de sus valores fueron episódicos, otros están incorporados a la gran literatura de nuestro siglo, pero conviene hacer notar que los grandes autores examinados en el capítulo anterior, cuya obra había sido ya comenzada en la última década del siglo XIX, siguieron su propio rumbo sin dejarse atraer demasiado por la novedad expresionista. Esto también vale, entre otros, para Rilke, Hesse, George, Thomas Mann, Hauptmann y Hofmannsthal.

La lírica fue el terreno primero y más adecuado para esta, en el fondo, efusión del sentimiento. Algunos de estos poetas, los más importantes, como Trakl, Stadler y Heym, que pertenecen a la primera fase del movimiento, no sobrevivieron a 1914, y fueron, al mismo tiempo, profetas y mártires de su propia facultad adivinatoria. Georg Trakl (1887-1914), farmacéutico austriaco y suicida, es, abstracción hecha de toda corriente literaria, uno de los más grandes poetas de la literatura alemana. Su obra lírica es pequeña desde el punto de vista cuantitativo y consta de dos tomos, *Gedichte* (1914) (Poesías) y *Sebastian im Traum* (1919) (Sebastián en el sueño), pero la calidad excepcional de sus imágenes de color y sonido, la expresión callada y tan expresiva de su estado de ánimo melancólico o torturado, la visión de la catástrofe inminente, el sentimiento religioso que lo agita, la forma estremecedora y bella que abarca su sufrimiento, lo ubican a la cabeza del movimiento. En la lírica alemana se vuelve a oír, después de más de un siglo de silencio, la voz de otro Hölderlin.

Un estado de ánimo semejante, con visiones proféticas de espanto y muerte se traduce en los versos del prematuramente desaparecido Georg Heym (1887-1912), cuyas imágenes nocturnas de *Der ewige Tag* (1911) (El día eterno) y *Umbra vitae* (1912) contienen una fuerza demoniaca inolvidable. Ernst Stadler (1883-1914), caído también al comienzo de la guerra, posee un ritmo hímnico de excepcional aliento para poner de manifiesto en *Der Aufbruch* (1914) (La partida) su experiencia personal desgarrada por un ánimo martirizado en la aventura o en la técnica y miserias de la gran ciudad. El raro talento poético de una mujer, Else Lasker-Schüler (1876-1945), hecho de pasión amorosa, sueños fantásticos de acentos orientales, cuentos de hadas y plegarias en las que asoma la religiosidad secular de su judaísmo, aparece en *Gesammelte Gedichte* (1917) (Poesías reunidas), en *Die Nächte Tinos von Bagdad* (1907) (Las noches de Tino de Bagdad), y en el drama *Die Wupper* (1908) (El Wupper).

August Stramm (1874-1915), caído en el frente oriental, aportó al expresionismo la difícil facultad de concentrar en la palabra la máxima tensión anímica, la mayor fuerza expresiva, el resto auténtico de su significación. Tal ocurre en *Du* (1914) (Tú) y *Tropfblut* (1919) (Sangre en gotas). El drama *Kräfte* (Fuerzas), en cambio, carece de la forma dramática indispensable. Lo que en Stramm era auténtico y fruto de una experiencia severa, fue exagerado hasta el ridículo por el dadaísmo de 1920 que asestó, con su desmesura paródica, un golpe mortal a la seria intención de los expresionistas. A estos nombres pueden agregarse los de Wilhelm Klemm (n. 1881), Oskar Loerke (1884-1938), Paul Zech (1881-1946), muerto en el exilio en la Argentina, Alfred Wolfenstein (1885-

1945) y Kurt Heynicke (n. 1891), los principales entre los líricos de la tendencia.

En la antología *Menschheitsdämmerung* (1920) (Crepúsculo de la humanidad), recopilada y prologada por Kurt Pinthus, teórico del movimiento, se agrupa lo más importante de su mensaje aunque muchos poemas y declaraciones de valor para su comprensión habían aparecido anteriormente en revistas de corte fundamentalmente revolucionario, como *Die Aktion* (La acción) y *Der Sturm* (La tormenta), de Berlín, y *Die Revolution* (La revolución) de Múnich. En esta última publicación colaboraban asimismo pintores como Wassily Kandinsky, Franz Marc y Oskar Kokoschka, afines a la corriente expresionista. Otro animador fue Walter Hasenclever, también dramaturgo, como se verá oportunamente, cuyas *Weisse Blätter* (Hojas blancas) de Zurich ofrecieron durante la guerra un marcado color pacifista.

Dos poetas líricos se desarrollaron más allá del expresionismo, Johannes R. Becher (1891-1958) y Franz Werfel (1890-1945). La fuerza expresiva y rítmica del primero se puso al servicio de la causa del pueblo, quien debe ver en el poeta a un conductor eminentemente revolucionario, lo que explica la adhesión de Becher al comunismo. El poeta debe, para Becher, hacer política, la política de un estado futuro donde todos los hombres puedan ser felices. Desbordado, enfático, caótico, aparece Becher en los versos de *De profundis* (1913) y *Das neue Gedicht* (1919) (El nuevo poema). En la prosa de *Abschied* (1946) (Despedida) y en la novela *Einer deutschen Tragödie erster Teil, 1900-1914* (1948) (Primera parte de una tragedia alemana, 1900-1914), hay una confesión de su creencia y un cuadro de época visto a través de una perspectiva coloreada por una política que su propia extracción burguesa hace llamativa.

Franz Werfel es el autor expresionista que alcanzó la mayor popularidad, aunque no como lírico. Sus últimos años, transcurridos asimismo en el exilio, estuvieron sustancialmente dedicados a una novelística ya desvinculada de sus primeras tendencias. Desde Praga, donde había nacido, lanzó, muy joven aún, sus primeros versos. Los títulos de estos libros, *Der Weltfreund* (1911) (El amigo del mundo), *Wir sind* (1913) (Somos), *Einander* (1915) (Juntos) y *Der Gerichtstag* (1919) (El día del juicio), son reveladoras de un sentimiento que se desborda en las cosas, en el mundo, en Dios, y manifiestan, por medio de sus versos, un propósito de despersonalización por medio del amor, como de fundirse en todas las formas del contorno circundante. El yo es maligno y todo lo que limita también. El canto de Werfel, con su dosis de énfasis y retórica, pero también con pasión, musicalidad y destreza artística, muestra uno de los rasgos distintivos de la poesía expresionista.

Werfel tentó asimismo un drama que tiene mucho de lirismo, es decir, de ópera. Además de una versión de *Las troyanas* de Eurípides, en 1915, alegato contra la guerra, su aporte principal al género es *Der Spiegelmensch* (1920) (El hombre reflejado), donde lo específicamente teatral es superado por el elemento ideológico en el conflicto entre la verdad del ser y su apariencia, como por un suplemento de literatura. *Juarez und Maximilian* (1924) es la tragedia histórica del emperador de México que desconoció la voluntad de un pueblo en lucha por su libertad, en tanto que *Paulus unter den Juden* (1926) (Pablo entre los judíos) cuenta los conflictos de una conciencia que sigue los dogmas de una fe viva y nueva.

Su tarea posterior se volcó en la novela. En *Verdi* (1924) revivió la figura del genial músico italiano frente a Wagner, mientras que *Barbara oder die Frömmigkeit* (1929) (Bárbara o la devoción) evocaba el hundimiento de la monarquía austriaca después de la guerra en torno a un personaje hecho de amor y entrega. Luego de *Die Geschwister von Neapel* (1931) (Los hermanos de Nápoles) escribió una obra importante, *Die vierzig Tage des Musa Dagh* (1933) (Los cuarenta días de Musa Dagh), una versión de la lucha de armenios y turcos, por la conservación de la fe, en los sangrientos días de 1915.

En la época crítica de la ocupación alemana en la Francia de 1940, nació *Das Lied von Bernadette* (1942) (La canción de Bernadette), una manifestación personal de agradecimiento a la santa protectora del lugar, y una confirmación de su necesidad de creer en los valores religiosos. En 1943 escribió la comedia *Jacobowsky und der Oberst* (Jacobowsky y el coronel), que refiere, detrás de su aparente comicidad, el drama de los refugiados durante la ocupación alemana. La última novela de Werfel, *Stern der Ungeborenen* (1946) (Estrella de los no nacidos), es una utopía acerca del mundo del futuro, un mundo donde lo artificial, lo "mental", reemplaza a las fuerzas elementales y permanentes de nuestra condición humana. La obra contiene mucha sátira y buen humor, pero en la profecía va implícita la fe constante de Werfel en la fuerza de la creencia religiosa, en la presencia de Dios dentro del hombre.

Sobre la escena expresionista se desarrolla una revolución contra lo tradicional, y los dramas del expresionismo, escritos en verso como en prosa, se muestran tributarios del grotesco de Wedekind y del monólogo interior con el horror del alma, de Strindberg. Agregó además una escenografía sintética y alucinante, una sucesión de cuadros que recuerda al "Sturm und Drang" y al *Woyzeck* de Büchner, tonos agudos, extáticos, una disolución de la forma, que en ocasiones llega al famoso "grito" expresionista, un simbolismo mágico que se aparta deliberadamente de toda representación de la realidad. También le es característica la predilección por el tipo, vale decir, por la generalización de lo humano, antes que por la exploración psicológica de individuos diferenciados.

Estas contribuciones, fecundas para el progreso de la escena, hicieron del teatro terreno propicio para la experimentación y la novedad, pero no aportaron demasiadas obras maestras. Entre sus primeros cultores cabe citar al austriaco Hans Kaltneker (1898-1921) autor de un drama del sufrimiento humano por falta de amor, *Die Opferung* (El sacrificio) y a Reinhard J. Sorge (1891-1916), caído también en la guerra. Sorge, que cultivó asimismo la poesía, se inclinó a un catolicismo de carácter franciscano que predicaba el amor, la humildad y el éxtasis. *Der Bettler* (1912) (El mendigo) así lo demuestra en su alejamiento de todo lo que no sea Dios.

Dos artistas plásticos de extraordinario valor se agregaron también al teatro expresionista. Uno de ellos fue Oskar Kokoschka (n. 1886), un pintor que hizo del teatro pintura y música a la vez, tanto en *Mörder, Hoffnung der Frauen* (1907) (Asesino, esperanza de las mujeres), como en *Der brennende Dornbusch* (1911) (El zarzal llameante) y *Hiob* (1917) (Job). Un psiquismo invadido por el psicoanálisis aparece en *Orpheus und Eurydike* (1918), la eterna lucha entre hombre y mujer. Kokoschka estuvo también vinculado al grupo "Der blaue Reiter" (El jinete azul), de Múnich, y que junto al ya mencionado de "Die Brücke" (Véase p. 301) fueron avanzadas de la pintura expresionista.

El otro plástico es Ernst Barlach (1870-1938), eminente escultor y grabador. En el teatro de Barlach, sea en *Der tote Tag* (1912) (El día muerto), *Der arme Vetter* (1918) (El pobre primo), *Die Sündflut* (1924) (El diluvio), como en *Der blaue Boll* (1926) (Boll el azul), hay, en medio de una atmósfera densa y preocupada por la esencia humana, el propósito de hallar el acceso a Dios que la civilización y el hombre modernos han perdido. La soledad y miseria del ser humano (el "día muerto" de la obra es, en verdad, el día sin Dios), el rechazo de toda realidad aparente, hasta tocar los límites de lo grotesco, la necesidad de la entrega, el despojamiento de todo para llegar a ser elemental, vale decir, rico de Dios, todo ello sitúa a Barlach entre los místicos que Alemania no ha dejado de producir.

La lucha para la conformación de un lenguaje hecho intelecto, alejado de todo uso convencional, y una feroz actitud crítica hacia la sociedad de la primera preguerra, envuelta en sátira e ironía, caracterizan la obra de Carl Sternheim (1878-1942). En sus comedias, que tituló con intención irónica *Aus dem bürgerlichen Heldenleben* (De la heroica vida burguesa), muestra con la destreza del comediógrafo nato —Molière fue su autor y modelo favorito— la ridiculez y falsedad de los cimientos de esa sociedad de la que él mismo provenía. Lo que lo mantiene más unido al expresionismo es su disposición de trabajar sobre tipos más que sobre personas. Escribió un drama, en verso inclusive, *Don Juan* (1911), pero su fuerte son comedias como *Die Hose* (1911) (El calzón), *Die Kassette* (La caja), *Snob, 1913,* en las que predomina el gusto por la abstracción, y un análisis cruel, agudo, sin simpatía. Sternheim se hizo también famoso por la sintaxis de su prosa, breve, cortada, en la que están escritos sus inteligentes cuentos y novelas. Ello lo revela la colección *Chronik von des zwanzigsten Jahrhunderts Beginn* (1919) (Crónica del comienzo del siglo xx) y la novela *Europa* (1920), una visión esclarecedora acerca del drama de 1914.

En cierto modo parecido, el teatro de Georg Kaiser (1878-1945), representado en todo el mundo, suele partir de una ocurrencia, del plano de la idea y no de la conformación interior del personaje, al punto que se lo ha denominado "matemático del teatro" o "dramaturgo del pensamiento", como quien juega con las oposiciones de sus personajes en un desarrollo donde la lógica es lo que prima.

Este juego agudo de las ideas comenzó a tomar

forma en *Die Bürger von Calais* (1914) (Los burgueses de Calais), aquellos héroes históricos y anónimos casi, que se sacrificaron durante la guerra de los Cien Años para salvar su ciudad. Al expresionismo, del que también se alejó por la movilidad extraordinaria de sus temas y técnica, contribuyó principalmente con *Von Morgens bis Mitternacht* (1916) (De la mañana a la medianoche) y con las dos partes de *Gas* (1918-1920). En el primer drama, un cajero, encandilado por una mujer, olvida su condición de honesto burgués y se lanza a "vivir", para finalizar, como era previsible, suicidándose. *Gas* es el conflicto entre la mecanización de la vida y la esperanza de una humanidad auténtica, hecha espíritu y no esclava. Todo el expresionismo clama aquí la búsqueda del hombre despojado pero al mismo tiempo pleno de su propio ser.

Kaiser fue un autor muy fecundo, cuyo punto de partida, desenvuelto con sorprendente amplitud, era la certeza de que este mundo no tiene sentido, y que todo se mezcla en él sin orden ni concierto. Pero ello no ocurre, por ejemplo, en *Hölle, Weg und Erde* (1919) (Infierno, camino y tierra) y en *Nebeneinander* (1923) (Lado a lado), una de sus comedias más felices. En *Die Flucht nach Venedig* (1923) (La huida a Venecia), Kaiser llegaba a la conclusión, en un episodio entre George Sand y Alfred de Musset, que "la palabra mata a la vida", una de las premisas expresionistas en su desconfianza contra la mera "literatura".

Der Oktobertag (1928) (Día de octubre) es una pieza hecha muy hábilmente, y con sentimiento, algo no frecuente en Kaiser, en la que dos personas llegan a encontrarse en un plano irreal, en tanto que *Zwei Kravatten* (1930) (Dos corbatas) es una comedia ingeniosa acerca de la sustitución de destinos humanos por el simple cambio de signos exteriores. Otras piezas de éxito fueron *Brand im Opernhaus*

(1919) (Incendio en la ópera), *Kolportage* (1924) (Folletín), etc. Exilado desde 1933, Kaiser atacó al totalitarismo en *Das Floss der Medusa* (La balsa de Medusa) y *Der Soldat Tanaka* (El soldado Tanaka). Dejó, además, una trilogía de asuntos clásicos, en verso, *Amphytrion, Bellerophon* y *Pygmalion*. El tan mentado "estilo telegráfico" de frases cortadas, que lo hizo famoso durante el periodo de la república de Weimar, es menos importante que el mundo que su teatro evocaba, con simbólica agudeza, propio de una época radicalmente angustiada.

Otros autores expresionistas fueron Paul Kornfeld (1888-1942) y Walter Hasenclever (1890-1940). El primero compuso dramas bajo la influencia de Kaiser y Sternheim, como *Verführung* (1913) (Seducción) y *Himmel und Hölle* (1918) (Cielo e infierno), pero ya en *Der ewige Traum* (1923) (El sueño eterno) y en *Kilian und die gelbe Rose* (1926) (Kilian y la rosa amarilla) se apartaba de los temas tremebundos o patéticos e ingresaba a una comedia de seres normales. Una curva semejante se advierte en la obra de Hasenclever, muerto en el exilio. El motivo de la juventud, alzada contra la generación más vieja que coarta su ansia de libertad, aparece primero en los versos de *Der Jüngling* (1913) (El joven), en tanto que el choque generacional alcanza su mayor estridencia con el drama *Der Sohn* (1914) (El hijo). Existe de Hasenclever una hermosa versión de *Antígona* (1916) que exalta al espíritu pacifista, mientras que comedias posteriores como *Ehen werden im Himmel geschlossen* (1928) (Los matrimonios se conciertan en el cielo) y *Napoleon greift ein* (1930) (Napoleón ataca) se convierten en simples pero eficaces comedias de entretenimiento.

Fritz von Unruh (1885-1970), oficial de la nobleza prusiana, comenzó su carrera dramática con piezas como *Offiziere* (1912) (Oficiales) y *Prinz Louis Ferdinand* (1914) (El príncipe Luis Fernando), informadas de un varonil toque kleistiano. Los horrores de la primera Guerra variaron totalmente su concepción hacia un pacifismo humanitario, y la técnica como la temática expresionistas lo volcaron a un teatro patético, efectista, en una acción desarrollada por tipos innominados. Ejemplo de ello es su tragedia hacia una humanidad más pura, *Ein Geschlecht* (1918) (Una generación). En un drama histórico revivió la figura de Napoleón, mientras que en obras posteriores, como *Phäa* y *Zero,* de 1930, ya asoma un reconocimiento de la realidad. Las acciones bélicas, propiamente dichas, fueron dramática y expresionistamente recogidas por Reinhard Goering (1887-1936) en *Seechlacht* (1917) (Batalla naval) y *Scapa Flow* (1919). En la primera, una tripulación indiferenciada oscila entre el motín y el deber patriótico, en un lenguaje coral y vigoroso.

La tendencia fraternal, pacifista y cosmopolita del expresionismo se alió, en muchos casos, a la política que la Revolución rusa contemporánea encarnaba, porque se quería ver en la experiencia comunista el renacimiento de lo humano que el expresionismo había postulado desde sus orígenes. Ésta es la significación del teatro de Ernst Toller (1893-1939). Su ideal social y político, su llamado a la unión de los hombres y su denuncia de la miseria y de los factores del embrutecimiento, informan el contenido de dramas como *Masse Mensch* (1920) (Hombre masa) y *Die Maschinenstürmer* (1922) (Los destructores de máquinas). Desilusionado ante la república de Weimar, escribió *Der deutsche Hinkemann* (1923) (El rengo alemán), y al advenimiento de Hitler, después de haberse refugiado en los Estados Unidos, se suicidó.

La prosa era un medio poco apto para reflejar las tendencias expresionistas. Pero había una atmósfera favorable que ya había asomado en Meyrink y Brod, por ejemplo, y que sería continuada, en muy diversa medida, por otros autores, como el alsaciano René

Schickele (1883-1941), por ejemplo. Toda su vida sufrió Schickele la inseguridad de quien pertenece a dos patrias, y por ello propugnó, desde Suiza, una convivencia pacífica en plena guerra de 1914. Su propia situación espiritual aparece en el drama *Hans im Schnakenloch* (1915) (Hans en el agujero de los mosquitos). El drama de su época toma cuerpo en la novela *Das Erbe am Rhein* (1931) (La herencia en el Rin). El resto de su narrativa, que cobra a veces un curioso sabor francés a Courteline o a Daudet, como la entretenida novela *Witwe Bosca* (La viuda Bosca), posee menos trascendencia.

El silesiano Anton Ulitz (n. 1888) es autor de la novela *Ararat* (1921), que reproduce con fuerza expresionista los intentos de unos pocos sobrevivientes de la guerra para proseguir su existencia, mientras que en *Der Gaukler von London* (1938) (El juglar de Londres) intentaba la utopía sobre la base de la existencia de Robinsón Crusoe. Un propagandista entusiasta del expresionismo fue Kasimir Edschmid (Eduard Schmid, 1890-1969), que consiguió en sus narraciones una prosa cortante, dinámica, sucinta y superficial. Ejemplo de ello, la novela *Die achatnen Kugeln* (1919) (Las bolas de ágata). De su obra ha quedado la aguda observación contenida en sus amenos libros de viaje. A la misma generación pertenecía el muy fecundo y dotado Klabund (Alfred Henschke, 1891-1928). Imitador excelente de estilos ajenos, suyo era el sentimiento de angustia que se alberga detrás de sus baladas y sus canciones populares, en las que muchas veces la ternura se cubre con el giro irónico. Interesantes, por un estilo de acuñación propia, son sus novelas *Moreau* (1916), *Mohammed* (1918), *Borgia y Rasputin* (1928). La influencia oriental, que su espíritu inestable también asimiló, es evidente en *Der Kreidekreis* (1925) (El círculo de tiza).

Leonhard Frank (1882-1961) ha sido uno de los narradores más justamente celebrados del expresionismo, porque el vigor de la prosa se une a la representación de una realidad en la que el hombre es el eje principal. Sin el énfasis o la tendenciosidad de Toller, los cuentos y novelas de Leonhard Frank están nutridos de una prédica de paz y de un socialismo fraterno. Su primera novela, *Die Räuberbande* (1914) (La banda de salteadores), describe a una serie de adolescentes fascinados por las novelas de aventuras, las que trataban de llevar a la vida real, hasta que la misma vida indicaba a cada uno su camino propio. Fue un gran éxito. La narración corta *Der Mensch ist gut* (1918) (El hombre es bueno) era violentamente antimilitarista, y con su título, uno de los lemas del expresionismo. *Der Bürger* (1924) (El burgués), relata con la técnica de la simultaneidad de escenas, para representar así estilísticamente la convivencia humana, la existencia de una comunidad sin clases. *Karl und Anna* (1926) (Carlos y Ana) es la trágica historia del retorno del soldado prisionero que encuentra a la amada junto al compañero de confinamiento al que se había confiado. La expresión sucinta de su narrativa está cargada de densidad y verdad psicológica. El verbo dinámico y ajustado de la prosa expresionista se prolonga en *Das Ochsenfurter Männerquartett* (1927) (El cuarteto masculino de Ochsenfurt), que continúa la trayectoria de su novela anterior *La banda de salteadores*. La última obra escrita antes del exilio, obligatorio por sus convicciones socialistas, fue *Von drei Millionen drei* (1932) (De tres millones tres), novela de la desocupación alemana alrededor de 1930.

Otro escritor del mismo apellido, Bruno Frank (1887-1945), comenzó su carrera como autor dramático, con éxito de público pero sin sustancia. En la figura de Federico el Grande encontró el motivo de su cuento *Die Tage des Königs* (1925) (Los días del rey) y la novela *Trenck* (1926). Su expresión vivaz y atrayente se volcó luego en *Die Politische Novelle* (1928) (El cuento político), que es un diálogo afilado, en el fondo trágico, entre Briand y Stresemann acerca de los problemas europeos, cuyos males se originaron, según Frank, en el tratado de Verdún del año 843. Su nada común capacidad narrativa se comprueba en *Cervantes* (1934), novela publicada ya en el destierro, una evocación magistral de la vida del autor de *Persiles*, desde Lepanto hasta su prisión en Sevilla, donde comienza a componer el *Quijote*.

La historia fue también utilizada por el expresionismo. Su mejor representante fue, quizás, el muy difundido Lion Feuchtwanger (1884-1958). La fecundidad de este autor es tan notoria como su destreza artística y la agudeza de sus descripciones psicológicas. En comunión artística, al comienzo, con Bert Brecht, encontró su propio medio de expresión en la novela. *Die Herzogin Margarete Maultasch* (1923) (La duquesa Margarita Maultasch) era una historia del siglo XIV, en la que una mujer fea y de mucho carácter triunfaba en sus propósitos. El problema del judaísmo, muy cercano a Feuchtwanger, se transfiere a *Jud Süss* (1926) (El judío Süss), el prominente banquero del que ya se había ocupado, mucho antes, el romántico Wilhelm Hauff, y en *Der jüdische Krieg* (1932) (La guerra judía) y *Der Tag wird kommen* (1946) (Vendrá el día), que se ubican en la época del levantamiento judío contra la dominación romana. La novela *Erfolg* (1932) (Éxito) era ya realidad, en su retrato de las condiciones económicas y políticas de su propia Múnich de la primera posguerra, en la que desfilaba, entre muchas otras, la figura poco tranquilizadora del agitador obrero Adolf Hitler. Además de muchas biografías noveladas, al estilo de Stefan Zweig, es interesante su teatro. *Petroleuminsel* (Isla del petróleo) se ocupa de una millonaria muy fea y dominante, y *Kalkutta* (Calcuta) es una historia dramática, con reminiscencias de Kipling, de la conquista de la India mediante la audaz inescrupulosidad de Warren Hastings.

La historia, pero esta vez contemporánea, es el tema central de las novelas de Hans Fallada (Rudolf Ditzen, 1893-1947). Había comenzado con una novela sobre la juventud, llena de técnica expresionista y de psicoanálisis, *Der junge Goedeschal* (El joven Goedeschal), pero encontró su auténtica manera en la realidad contemporánea del pequeño burgués que debe luchar, heroica y calladamente, por su subsistencia cotidiana durante las convulsiones políticas y económicas que acompañaron a la república de Weimar. Es, luego de *Bauern, Bomben, Bonzen* (1930) (Campesinos, bombas, bonzos), el tema de los libros que le otorgaron merecida fama, como *Kleiner Mann, was nun?* (1932) (Hombrecito; ¿y ahora qué?) y *Wer einmal aus dem Blechnapf frisst* (1934) (Quien come una vez en un plato de lata). Su gran capacidad narrativa, que se manifestó por última vez en el exilio, se refleja asimismo en *Jeder stirbt für sich allein* (1947) (Cada uno muere para sí), la historia conmovedora y trágica de un matrimonio en pugna con el hitlerismo, en pleno Berlín. Una realidad más apremiante que cualquier manifiesto literario, por muy furioso que fuera, había dejado ya, fuera de foco, a la perspectiva expresionista.

En las amplísimas novelas del lorenés Otto Flake (1880-1963) hallamos uno de los últimos restos del hombre europeo, más allá de las limitaciones fronterizas. Sus ciclos novelísticos *Ruland* (1913-1928) y *Fortunat* (1947) constituyen la historia, como el título de una de las novelas que lo integran, de "un hombre de mundo". El héroe posee la cultura superior y cree en ella, y en estas novelas de Flake desfilan, con increíble sabiduría, los acontecimientos más importantes de todos los ámbitos del quehacer humano. Una historia de la cultura del siglo XIX, vertida con objetividad flaubertiana, y una imagen de un hombre ilustrado y satisfecho, hoy ya extinguido, hacen de su obra un estímulo más que un entretenimiento.

Similar en algunos aspectos es el objetivo de las nutridas páginas del báltico Frank Thiess (n. 1890). Principió rindiendo culto al expresionismo con *Angelika ten Swaart* (1920) y la novela *Die Verdammten* (1922) (Los condenados), escandalosa para el público por el incesto allí referido. Lo que caracteriza su obra es, en el fondo, la preocupación por la cultura y su conservación. En sus ensayos de 1923, *Das Gesicht des Jahrhunderts* (El rostro del siglo) y *Erziehung zur Freiheit* (Educación para la libertad), de 1929, busca Thiess una nueva conducción en el plano del espíritu para oponerla al derrumbe de la civilización contemporánea.

En la serie novelística de *Jugend* (1924-1931) (Juventud), expresaba su confianza en el surgimiento de una nueva juventud portadora de los valores superiores. La novela *Tsushima* (1936), un episodio de la guerra ruso-japonesa de 1905, le atrajo la animadversión del régimen nazista, justificada ante quien había defendido desde antiguo la democracia como forma superior de convivencia. La vida de Caruso le sirvió para un ciclo que se hizo popular con *Neapolitanische Legende* (Leyenda napolitana) y *Caruso in Sorrent* (Caruso en Sorrento) (1942-1947). En 1940 Thiess se atrevía con la historia de un milenio que comienza con Sócrates y termina con Justiniano en *Das Reich der Dämonen* (El reino de los demonios), y que podía ser interpretada, sin mucha sutileza, como una época cuyos horrores eran bastante similares a la del propio autor. El libro fue prohibido y Thiess se constituyó en uno de los muy contados intelectuales alemanes que, dentro del país, manifestaron su oposición a un sistema tan decididamente absolutista.

La política alemana que a partir de 1933 forzó a tantos escritores al exilio o al suicidio, como también al silencio, es tema central en las novelas de Anna Seghers (Netty Radvanyi, n. 1900), cuyo ideario socialista y compasivo aparece en el crudo relato de *Der Aufstand der Fischer von St. Barbara* (1928) (El levantamiento de los pescadores de Santa Bárbara), mientras que *Das siebte Kreuz* (1939) (La séptima cruz), una evasión infructuosa de los campos de concentración nazis, mereció vasta repercusión.

Las vacilaciones de la juventud, en este periodo atravesado por guerras, revoluciones y miseria, es motivo de inspiración para una novelística cuyos representantes más destacados son Ernst Gläser (n. 1902), autor de *Jahrgang 1902* (1928) (Generación 1902), testimonio de una generación sacrificada, y Hermann Kesten (n. 1900), en cuyas novelas *Joseph sucht die Freiheit* (1928) (José busca la libertad) y *Ein ausschweifender Mensch* (1929) (Un hombre disoluto), los personajes van a tientas por un camino para el que no hay metas seguras. En el exilio escribió Kesten *König Philipp der Zweite* (1938) (El rey Felipe II), prototipo del monarca dictatorial.

En esos años agitados de la guerra y la primera posguerra, del desencadenamiento de la técnica, de la industria en gran escala, y de conmociones sociales, asoma una literatura singular; son los auténticos trabajadores manuales, que por primera vez dicen algo con voz propia, en ocasiones con acento perdurable. Se constituye así en la Renania el grupo de "Haus Nyland" (Granja Nyland), cuyos representantes más destacados fueron Josef Winckler (1881-1966), Jakob Kneip (1881-1958) y Wilhelm Vershofen (1878-1960). En *Eiserne Sonette* (1914) (Sonetos de hierro), Winckler canta, con un eco de Verhaeren, a la máquina, mientras que su novela *Der tolle Bomberg* (1922) (El insensato Bomberg) es una historia cómico-grotesca, pero crítica, de un aristócrata de Westfalia. Kneip hace novelas desde el lado de sus convicciones católicas, como en *Der lebendige Gott* (1919) (El Dios viviente) y *Porta nigra* (1932), en tanto que

Vershofen retrata al mundo de la alta finanza en *Fenriswolf* (1914) y al de la gran industria en *Das Weltreich und sein Kanzler* (1917) (El imperio mundial y su canciller).

Heinrich Lersch (1889-1936) es uno de los autores más importantes provenientes del proletariado. Sus versos, de aliento hímnico, celebran el dinamismo de la nueva vida de la máquina, o se refieren a las necesidades profundas de la clase trabajadora, según se desprende de su tomo *Mensch in Eisen* (1924) (Hombre en el hierro). Como la inmensa mayoría de los trabajadores alemanes, Lersch se sintió patriota al estallido de la guerra, y algunos de sus poemas se cuentan entre los más vibrantes que la época produjo, aunque más tarde atacara la naturaleza perniciosa de toda guerra. Su novela *Hammerschläge* (1931) (Golpes de martillo) contiene elementos autobiográficos, y *Die Pioniere von Eilenburg* (1934) (Los pioneros de Eilenburg) toca también la vida de los trabajadores. Karl Bröger (1886-1944) y Max Barthel (n. 1893), desarrollaron asimismo sus aptitudes con motivo de la guerra, y al igual que Lersch, creyeron en la fuerza de la sangre y el esfuerzo de la comunidad que el nacionalsocialismo proclamaría después. Del lado austriaco puede citarse entre esta literatura de trabajadores a Alfons Petzold (1882-1923), con sus suaves y quejosos versos de *Menschen im Schatten* (1920) (Hombres en la sombra). Pero la figura más destacada de este núcleo fue Gerrit Engelke (1892-1918), que en sus poesías conmovidas, de acento whitmanesco, refleja su propio mundo, pero más aún, su fe en Dios y en la fuerza incontenible del espíritu para salvar a la patria.

La generación que sintió en carne propia las alternativas de la primera Guerra Mundial se vio obligada a una reconstrucción ímproba, pero ello no dilapidó su riqueza espiritual. En la novela, sobre todo, pero también en los otros géneros, se continúan las disposiciones talentosas y aparecen autores de relevancia. En los primeros años de esta posguerra primera, parece como si la literatura abandonara (aunque no totalmente) el énfasis del expresionismo, para adoptar un neopositivismo (*neue Sachlichkeit*), vale decir, una sobria confrontación de la realidad, capaz de llegar hasta el cinismo o la desesperación, pero capaz de refugiarse también en los valores permanentes. La existencia humana, en todas sus fases, trata de salir a la luz, con técnicas novísimas en ocasiones, en una estrecha relación con el paisaje y la historia, en otras. Hechos y no palabras, por un lado, mientras que del otro vuelve a crecer la marea de la búsqueda de los valores de la trascendencia. Surge así, en un periodo que va, aproximadamente, de 1920 a 1933, una abigarrada serie de direcciones espirituales que los distintos talentos literarios van amoldando a sus propias transformaciones.

Este panorama de búsqueda y creación se continúa hasta el advenimiento, en 1933, de Hitler al poder. Desde entonces, debido a una intervención, nunca vista hasta entonces, del manejo político en las actividades del espíritu, la vida literaria alemana se desarrollará en dos frentes. Uno pertenece a los emigrados, a los que no pudieron o se negaron a permanecer en la patria, que integran una lista nutrida de la que ya se ha ido dando los datos necesarios, y entre cuyos nombres figuran algunos de los más prestigiosos de nuestro siglo. El segundo frente se desarrolló en el interior de Alemania. Algunos autores se llamaron a silencio, otros soslayaron toda actitud que pudiera implicarlos en una definición política, unos cuantos se plegaron a las directivas oficiales, como turiferarios estridentes o cómplices más o menos voluntarios, y otro grupo, muy escaso, por cierto, tuvo la valentía de hacer valer su condición de intelectuales. De ellos se darán también los datos necesarios.

Entre los testimonios más impresionantes de esta generación que sintió el impacto de dos guerras mundiales, se ofrece la multifacética obra de Alfred Döblin (1878-1957). Este médico y novelista recogió una serie de influencias que proyectó en una labor comenzada en un naturalismo de sentido positivista, que se continúa en la técnica dinámica de la prosa expresionista y acaba con el aferramiento a la fe de la religión, la conversión al catolicismo, en su caso.

Döblin inició seriamente su carrera literaria con una contribución al expresionismo, *Die drei Sprünge des Wang-Lun* (1915) (Los tres saltos de Wang-Lun), una tentativa de comprender la conciencia china a través de su milenaria capacidad de soportar, de aparecer débil. En 1920, su versión de la guerra de los Treinta Años en *Wallenstein* es el producto de una observación minuciosa. Dos años antes, en *Wadzeks Kampf mit der Dampfturbine* (La lucha de Wadzek con la turbina de vapor), narraba Döblin la destrucción de un pequeño fabricante a causa de las actividades de un poderoso *trust*. Los progresos de la técnica más avanzada, unidos a una fantasía notable, son los elementos de la utopía *Berge, Meere und Giganten* (1924) (Montañas, mares y gigantes).

Pero la novela con la que Döblin alcanzó fama internacional es *Berlin Alexanderplatz* (1930), novela de la gran ciudad, de la existencia colectiva y anónima en la que el individuo se disuelve. Con una técnica que se recuesta en el *Ulises* de Joyce, en una sucesión cinematográfica de acontecimientos de existencia simultánea, el protagonista Franz Biberkopf, un ex penado que lucha empeñosamente por volver a la buena senda, es atraído involuntaria e irresistiblemente al crimen y el fracaso.

Francia y América fueron escalas obligadas luego, tras el exilio de 1933, sin embargo en 1945 Döblin había regresado a su país con nuevas obras. Después de una trágica historia contemporánea en *Pardon*

Word nicht gegeben (1935) (No hay perdón), Döblin revivía las misiones jesuíticas del Paraguay en *Der blaue Tiger* (1936) (El tigre azul). Un fresco animado de la historia alemana en el momento de la disolución de sus instituciones imperiales hasta el advenimiento de la república de Weimar, se contiene en los cuatro tomos de *November 1918* (Noviembre 1918), en tanto que *Hamlet oder die lange Nacht* (1941) (Hamlet o la larga noche) es una aproximación al psicoanálisis. El diálogo *Der unsterbliche Mensch* (1946) (El hombre inmortal) muestra finalmente a un Döblin convencido de la sagrada y divina esencia de que está compuesta la persona humana, y de la verdad cristiana como fundamental y última instancia de su vida.

Esoterismo en una prosa de claridad formal deslumbradora, humor de trágico gusto, cerebración implacablemente lógica detrás del aparente desorden o incomprensibilidad de las cosas, puerta de escape para varios tipos de explicación, una lucha llevada hasta la desesperación del fracaso total, pero jamás abandonada, absoluto nihilismo y búsqueda de lo absoluto, sacrificio obligado por pecados ciertos, pero desconocidos, fragilidad y aislamiento humanos por la imposibilidad de integrarse en el conjunto y, como telón de fondo, la tremenda e invisible presencia de un Dios que dispone según fines últimos, siempre ignorarlos, del impotente destino humano, todo esto y mucho más, contiene la obra del judío praguense Franz Kafka (1883-1924).

Abogado y empleado en una compañía de seguros, muerto de tuberculosis a los cuarenta y un años de edad, había publicado Kafka en vida unos pocos cuentos de signo expresionista, como *Beschreibung eines Kampfes* (Descripción de una lucha), *Das Urteil* (La condena), *In der Strafkolonie* (En la colonia penitenciaria), *Ein Hungerkünstler* (Un artista del hambre), etc. Pero, salvo en círculos pequeños, era un escritor ignorado y lo hubiera continuado siendo, si su amigo Max Brod (véase p. 298) hubiera cumplido sus últimas disposiciones, en el sentido de destruir sus tres novelas inconclusas *Der Prozess* (El proceso), *Das Schloss* (El castillo) y *Amerika,* que Brod publicó en 1925, 1926 y 1927 respectivamente. Esta desobediencia ha permitido conocer la obra de un artista genial, más allá de las implicaciones de la simple literatura, cuya obra ha suscitado justamente, en las últimas décadas, innumerables discusiones por su, hasta ahora, inagotable riqueza conceptual. El mundo kafkiano de las novelas, como el del cuento *Die Verwandlung* (La metamorfosis), o el de sus atormentados y hondos *Diarios,* posee una atmósfera propia, originalísima, en la que se respira la existencia de una lucha llevada a cabo, mediante una inteligencia de una penetración decididamente anormal, hasta el último grado de la destrucción espiritual.

Hoy día Kafka es uno de los clásicos obligatorios del mundo contemporáneo (en Alemania fue introducido después de la segunda Guerra Mundial). El tema de su novelística es fundamentalmente el conflicto —aparentemente insoluble— de la adecuación de la existencia humana a un mundo gobernado por propósitos desconocidos al hombre. Su clasicismo proviene, en gran parte, no sólo de la deslumbradora perfección de su prosa, lenta y arrolladora, sino de una conformación del sentimiento de desolación del hombre actual, cuyo único remedio apunta al nacimiento de una nueva experiencia religiosa, fuerte e inapelable.

Hermann Broch (1886-1951) es otro de los autores eminentes de nuestra época, aunque su difusión no haya alcanzado todas las fronteras. Era vienés y abogado, y sólo relativamente tarde se interesó por la literatura. Como su compatriota Musil, parte de su obra está dedicada al análisis de una zona histórica, en su caso la que va de 1880 a 1918, para llegar, a través de los sucesos externos, a una verdad espiritual que abarca desde la declinación de la aristocracia hasta la extinción de la burguesía, en el triunfo final de una realidad cruel y sin valor. Éste es el contenido de su trilogía *Die Schlafwandler* (1929-1932) (Los sonámbulos), en cuya enorme extensión se entretejen, con las modalidades adquiridas en Joyce, sucesos verdaderos e imaginarios, penetración psicológica y un sentido último, simbólico y pesimista. En la emigración Broch terminó su segunda novela, *Der Tod des Vergil* (1941) (La muerte de Virgilio), un intento monumental de erigir, en los momentos postreros del autor de la *Eneida,* todo un mundo interior desligado de la lógica, en el que diálogos y monólogos, de una prosa densa en asociaciones, son acabadísimo análisis de una época y de un alma que anhela, luego de mucha experiencia de lo vivido, la seguridad y el descanso definitivos. Esta novela, de difícil acceso por su complejidad, constituye uno de los aportes más serios de la novelística alemana del presente.

La monarquía danubiana, que conoció narradores tan agudos, hondos y sutiles como Robert Musil, y más tarde, el barroco y vital Heimito von Doderer, cuenta asimismo con un novelista de fuste. Se trata de Joseph Roth (1894-1939), quien, al trasladarse muy joven desde la Galicia natal a la multifacética Viena, demostró, primero en el periodismo, luego a través de la novela, su conocimiento detallado de la variada humanidad que poblaba las fronteras del imperio austrohúngaro. Hombres y mujeres humildes, muchas veces judíos, oficiales del ejército, seres asociales o al margen de las instituciones reconocidas, pueblan con amor y humor las entretenidas y siempre interesantes páginas de sus mejores novelas, sean *Flucht ohne Ende* (1927) (Huida sin fin), *Der Radetzky-marsch* (1932) (La marcha de Radetzky) o *Hiob* (1930). Por encima de los destinos de sus débiles y vencidos héroes, con una amenidad nada fácil, Roth es uno de los más emocionados evocadores de un pasado admirable, perdido para siempre, que uno de sus máximos amores, la monarquía de los

Habsburgo, configurara. Su triste fin (se suicidó en Francia a la entrada de los nazis en ese país), resulta quizás un paralelo a las trayectorias humanas dibujadas desde las páginas de su rica y palpitante novelística.

La de Gottfried Benn (1886-1956) es otra de las apariciones decisivas de la primera mitad del siglo XX. Una severa educación clásica y científica, el ejercicio de la medicina (como médico concurrió a ambas guerras mundiales), una aproximación primera al nacionalsocialismo, transformada al final en rechazo, son los jalones exteriores de su vida. El medio de su comunicación, inteligente y escasamente consoladora, es la lírica, pero sus ensayos *Nach dem Nihilismus* (1932) (Después del nihilismo) y *Der neue Staat und die Intellektuellen* (1933) (El nuevo estado y los intelectuales), han sido ricos en anticipaciones y en un pensamiento original y crítico.

Los primeros poemas de Benn, como *Morgue* (1913) y *Gedichte* (1912-1927) (Poesías), lo muestran integrado aún en la estética expresionista, a la que añade un nuevo color con una terminología que proviene de la medicina y del dolor humano de los hospitales. Pesimismo y objetividad concurren ya en estos versos. Pero en la poesía posterior, lentamente concebida, de *Statische Gedichte* (1948) (Poesías estáticas), llega Benn a la conquista del ser, de lo que resiste a todo cambio y es intemporal, luego de una búsqueda del valor esencial de las palabras y de la conservación de su ritmo y armonía. Este ser, más allá de toda variación, adquiere en Benn un carácter mítico que lo lleva a la materia elemental albergada en todo término del lenguaje. La existencia humana, misteriosa y autónoma, no obstante el desmenuzamiento actual del yo, se evidencia como ser en la forma pura del arte, agrega en *Der Ptolomäer* (1948) (El Tolomeo), una novela de carácter ensayístico que investiga los conceptos de la ciencia y del arte. La poesía de Benn ha sido, por sus concepciones revolucionarias, bellamente ejemplificadas, una de las trascendentales incitaciones para los poetas más jóvenes. Después de 1945, residió un tiempo en Suiza debido a sus antiguas relaciones con el nazismo, expuestas en un libro autobiográfico, *Das Doppelleben* (1949) (Doble vida).

Oskar Loerke (1884-1941) partió también del expresionismo, pero no permaneció en el lúcido nihilismo de Benn, sino que otorgó a la palabra un valor mediante el cual el cosmos y el espíritu humano se relacionan. La naturaleza es mágicamente evocada en su maravilla creadora, y el deseo del poeta de restituir la unidad de todo lo creado posee también un sentido moral. Su obra, que adquiere cada vez una mayor repercusión, se reparte en siete volúmenes, de los cuales se publicó una selección, *Magische Verse* (Versos mágicos) en 1938.

Una literatura singular por la deliberada exageración del componente sensual, que se canaliza en el mundo de lo erótico, pero que subraya también el resto de la vida instintiva, es la de Hans Henny Jahn (1894-1959), Jahn ha elaborado personajes que no retroceden ante nada para satisfacer sus sentidos, y que son muy capaces de llegar al crimen a través de la lujuria, en un camino que el autor ilumina con todos los recursos del subconsciente y de la literatura más actualizada. Al advenimiento del nazismo se radicó en Bornholm, Dinamarca, pero antes, con dramas extensísimos e irrepresentables, como *Pastor Ephraim Magnus* (1919) y *Medea* (1925), había alcanzado la notoriedad del escándalo. Sus novelas *Perrudja* (1929) y *Armut, Reichtum, Mensch und Tier* (1949) (Pobreza, riqueza, hombre y bestia), como la trilogía *Fluss ohne Ufer* (Río sin orillas), evidencian la obsesión del ingrediente físico, como maldición inevitable para los fines de la redención humana.

Frente a estas sombrías concepciones se destaca, por contraste, el grupo de autores, muy escasos, por cierto, en Alemania, que se han valido del humor para exteriorizar sus experiencias. Uno de ellos ha sido Joachim Ringelnatz (Hans Bötticher, 1883-1934), cuya vida aventurera y vagabunda, estimulada por el alcohol, se traduce en versos juguetones o grotescos, cómicos o impertinentes, que revelan la realidad de un sentimiento melancólico o de una verdad absurda y amarga. Sus mejores libros se llaman *Turngedichte* (1920) (Poemas gimnásticos), *Kuttel Daddeldu* (1920), con sus recuerdos de marinero en la guerra de 1914, y *Reisebriefe eines Artisten* (1927) (Cartas de viaje de un artista).

Otro de los raros humoristas alemanes es Erich Kästner (n. 1899). Su humorismo es el del moralista que ríe y ridiculiza para corregir, para curar. Lo hace con gracia, con maestría, con espontánea amenidad. Entre sus mejores libros figuran *Lärm im Spiegel* (1928) (Ruido en el espejo), *Fabian* (1931), *Die lyrische Hausapotheke* (1936) (La farmacia casera lírica), *Georg und die Zwischenfälle* (1938) (Jorge y los incidentes), y una novela muy leída, hecha con encanto juvenil y caracteres de marcada vitalidad, *Emil und die Detektive* (Emilio y los detectives).

El teatro alemán ve surgir tras la catástrofe, en la década del veinte, a algunos nuevos autores que han alcanzado celebridad. Se trata de Bert (o Bertolt) Brecht (1898-1959) y Carl Zuckmayer (n. 1896). Brecht emprende desde temprano su camino contra las mentiras de la sociedad burguesa y adopta de entrada un lenguaje tonante, de contenido revolucionario, en *Trommeln in der Nacht* (1922) (Tambores en la noche), que le pone en escena Max Reinhardt y le vale ya una joven notoriedad. A ello le sigue la adscripción a un ideario político, el comunismo en su caso, que concentraba en esos instantes la atención, o la devoción, de un nutrido grupo de intelectuales.

En 1924 aparece *Im Dickicht der Städte* (En la selva de las ciudades), una crítica intencionada del capitalismo, que se continúa en *Kampf zweier Männer in der Riesenstadt Chikago* (Combate de dos hombres en la gigantesca ciudad de Chicago) y *Mann ist Mann* (Un hombre vale tanto como otro). Para esta época Brecha había adoptado una técnica teatral en la que hacía resaltar, de acuerdo con su credo, la fuerza y el valor de lo colectivo, que exteriorizaba principalmente en canciones y baladas compuestas con maestría y colorido indudables. El libro de versos de este periodo, *Hauspostille* (1927) (Devocionario doméstico) está lleno de aventura, emoción y de sentimiento por los humildes. *Die Dreigroschenoper* (1928) (La ópera de tres centavos) inspirada en la *Beggars Opera* (1728) del inglés John Gay, con música de Kurt Weill, fue un éxito mundial. Aquí Brecht logró dar con éxito, en un conjunto de diálogo, canciones y baladas, una semblanza irónica, grotesca, en el fondo pesimista, de los bajos fondos de la sociedad. Detrás de la tragicomedia acechaba la indignación del moralista político.

Fue 1933 también para Brecht el año de la expatriación. Siguen obras de intención política, de diálogo agudo y una conformación teatral de eficacia indiscutible. Así, los terribles cuadros de *Furcht und Elend des Dritten Reichs* (1938) (Miedo y miseria del Tercer Reich), *Die Gewehre der Frau Carrar* (1940) (Los fusiles de la señora Carrar), una evocación de la guerra civil española, y *Mutter Courage und ihre Kinder* (1945) (Madre Coraje y sus hijos). En este drama adaptó el personaje creado por Grimmelshausen en el siglo XVII (véase p. 113) y exhibió, en la secuela miserable de toda guerra, a sus verdaderas víctimas y beneficiarios. Entre canciones y escenas vigorosas, Brecht muestra una vez más el predominio de un teatro épicamente estructurado. Notable por su denuncia de la hipocresía moral y la miseria material es *Der gute Mensch von Sezuan* (1942) (La buena persona de Sezuan), con su mezcla implacable de dioses y dolor humano. *Der kaukasische Kreidekreis* (1949) (El círculo de tiza caucásico) sigue de nuevo la línea acorde con el comunismo, mientras que *Galileo Galilei* (1942) expone, con pensamiento maduro, el problema moral del hombre de ciencia en implicaciones políticas. Una savia renovadora, no obstante su marcada línea tendenciosa, explica el éxito actual de Brecht sobre todos los escenarios.

Orientación política parecida, en una obra que exhibió las lacras del totalitarismo pardo, ofrece el teatro, ya conocido antes, de Friedrich Wolf (1888-1953) y Günther Weisenborn (n. 1902). Mayor renombre obtuvo Ferdinand Bruckner (Theodor Tagger, 1891-1959), quien saltó del periodismo al teatro. Sus primeros dramas, efectistas como son, están demasiado atados a los problemas externos de la primera posguerra, como la trilogía *Die Komödie vom Untergang der Welt* (1928) (La comedia del fin del mundo). En *Krankheit der Jugend* (1928) (Enfermedad de la juventud) y *Die Verbrecher* (1929) (Los criminales), Tagger, que ya había adoptado el nombre de Bruckner, acusa al erotismo sin amor y al sentimiento vil de ciertos individuos. Emigrado desde 1933, escribió piezas histórico-políticas mucho más maduras y hondas, como *Elisabeth von England* (1930) (Isabel de Inglaterra), *Napoleon oder die Komödie der Macht* (1936) (Napoleón o la comedia del poder), *Simón Bolívar* (1945) y *Denn die Zeit ist kurz!* (1946) (¡Porque el tiempo es corto!)

Los sectores hostiles al nazismo pudieron llevar a la escena obras que, además de un éxito inmediato, poseían calidad por sí mismas. Brecht y Zuckmayer son buen ejemplo de ello. Por el contrario, el teatro ideológico del nacionalsocialismo (y lo mismo ocurrió con la novela y la poesía), se disolvió en una propaganda más o menos barata. Lo prueba la obra de uno de los sostenes artísticos del régimen, Hans Johst (n. 1890). Había partido de las filas expresionistas con *Der junge Mensch* (1916) (El hombre joven) y *Der Einsame* (1917) (El solitario), y fracasó con *Schlageter* (1932), una pieza del heroísmo bélico y del nacionalismo en acción.

Carl Zuckmayer (n. 1896) ha sido uno de los dramaturgos más representados en Alemania en la década de 1920, y después de su regreso a la patria en 1945. Comenzó con piezas expresionistas de temas tremendos y enfáticos, pero en 1925 acertaba con una comedia muy graciosa, *Der fröhliche Weinberg* (El viñedo alegre), en la que la realidad de la tierra renana aparecía felizmente conformada. *Schinderhannes* (1927) es la trágica historia de un bandolero, protector de los humildes y ajusticiado durante el periodo napoleónico, y *Katharina Knie* (1929) una comedia de la vida de gente del circo. La garra dramática de Zuckmayer se afirmó con *Der Hauptmann von Köpenick* (1930) (El capitán de Köpenick), la tragicomedia del zapatero que, en épocas de Guillermo II, enfundó uniforme de capitán, se aseguró la documentación necesaria para reincorporarse decorosamente a la sociedad, y saqueó los fondos de dicha villa. La sátira acerca de este hecho auténtico alcanzaba tanto al militarismo prusiano como a una sociedad excesivamente regimentada e insensible. Después de la expatriación de 1933 volvió a las tablas con una obra espléndida, *Des Teufels General* (1946) (El general del diablo), el conflicto de conciencia de un general de aviación que continúa luchando por su patria alemana a pesar de su oposición al régimen nazi. *Der Gesang im Feuerofen* (1950) (Cántico en la hoguera) es el drama de una traición dentro de las filas de un grupo de resistentes franceses durante la última guerra, adquiere su contorno trágico por la tensión con que los personajes de ambos bandos debaten su propia lucha íntima. Los personajes irreales que allí aparecen vuelven a llevarnos a su origen expresionista. En 1955 escribió *Das kalte Licht* (La luz fría), un intento frustrado para conformar dramáticamente la traición de un hombre de ciencia.

De los dramaturgos de segundo plano que ocuparon la escena alemana entre 1920 y 1940, puede mencionarse a Rolf Lauckner (1887-1954) y Richard Billinger (1893-1965). El primero comenzó también con piezas expresionistas en *Der Sturz des Apostels Paulus* (1918) (La caída del apóstol Pablo) y *Predigt in Litauen* (1919) (Prédica en Lituania). Escribió más tarde, en

1936, una comedia muy amena acerca de un soñador que trastorna a una pequeña ciudad con sus proyectos en *Der Hakim weiss es* (El Hakim lo sabe) y se dedicó al teatro histórico con *Der letzte Preusse* (1938) (El último prusiano). Billinger, por el contrario, es dueño de un fuerte temperamento dramático, mediante el cual ha descubierto en los campesinos de su país austriaco la capa pagana y bárbara que los muchos siglos de cristianismo no han disipado del todo, lo que anima uno de sus grandes éxitos, *Rauhnacht* (1931) (De Navidad a Año Nuevo). Mitos aldeanos y demonios agazapados luchan en *Die Hexe von Passau* (1935) (La bruja de Passau), mientras que la oposición entre la ciudad y el campo, al cabo vencedor, es el contenido de *Der Gigant* (1937) (El gigante).

Henry von Heiseler (1875-1928) y su hijo Bernt (n. 1907) han hecho también su aporte al teatro alemán. El padre, báltico de origen, aunque nacido en la entonces San Petersburgo y perteneciente en un comienzo al círculo de George, escribió dramas de un sentido afirmativo y un contenido ruso-cristiano, como *Peter und Alexej* (1912) (Pedro y Alejo) y *Die Kinder Godunofs* (1923) (Los hijos de Godunof). En comedias póstumas, como *Die Rückkehr der Alkestis* (1938) (El retorno de Alceste) y en *Die magische Laterne* (1909) (La linterna mágica) desfilan algunos de los más delicados personajes del teatro alemán. El hijo, Bernt von Heiseler, ha seguido la línea paterna en su respeto por la obra noble y cristiana, como lo demuestra en la trilogía de los Hohenstaufen, *Hohenstaufentrilogie: Was des Kaisers its* (1939-1947) (Lo que es del César) o en la comedia *Des Königs Schatten* (1938) (La sombra del rey). Un denso pensamiento se cobija en *Das Haus der Angst* (1950) (La casa del temor).

Entre los autores cuyas enseñanzas fueron recogidas, y en parte mistificadas por el nazismo, figura el dramaturgo y novelista Erwin Guido Kolbenheyer (1878-1962), nacido en Budapest de familia alemana. Sus piezas de teatro se tejen alrededor de figuras históricas. En *Heroische Leidenschaften* (1928) (Pasiones heroicas) es Giordano Bruno, en *Gregor und Heinrich* (1934) (Gregorio y Enrique), los protagonistas del episodio de Canossa del siglo XI. Aquí, como en las novelas históricas sobre Spinoza, *Amor dei* (1908), sobre Jakob Böhme, *Meister Joachim Pausewang* (1910), o en la trilogía alrededor de Paracelso y en *Das gottgelobte Herz* (1938) (El corazón prometido a Dios), Kolbenheyer se vuelve, con hondo conocimiento histórico, a épocas cruciales en las que Alemania afirmó su esencia nórdica, en oposición al cristianismo mediterráneo. Para Kolbenheyer es fundamental subrayar que la salvación de Alemania descansa en el retorno a los lazos comunitarios que existen en la identidad de sangre, suelo e historia. Erigió así una mística de la raza que se remonta a fuerzas paganas originarias en un enfrentamiento con la cultura humanista y cristiana que postula la responsabilidad de la persona. Este poderoso creador de mitos cultivó también el cuento, que en *Die Karlsbader Novelle* (1929) (El cuento de Karlsbad) gira alrededor de Goethe.

Capítulo importante de la Alemania contemporánea es el de su literatura de guerra. Se perciben aquí dos tendencias, la de las novelas de tendencia antimilitarista, que llaman a la fraternidad universal o denuncian la destrucción en gran escala aparejada por la guerra, y la de aquellos que encontraron en la guerra la afirmación del espíritu patriótico, el sacrificio llevado hasta el heroísmo o el vínculo de la camaradería profunda y esencial.

La primera Guerra Mundial produjo un libro, *Im Westen nichts Neues* (1929) (Sin novedad en el frente), de Erich M. Remarque (1898-1970), posiblemente el más famoso de todos. La repercusión universal de sus páginas reside en que presentaba el espectáculo de la masacre y la destrucción desde la perspectiva del combatiente anónimo, tal como había sucedido. Emigrado desde 1933, tuvieron también éxito en el mercado internacional —porque Remarque es un narrador interesante— *Drei Kameraden* (1938) (Tres camaradas) y *Arch of Triumph* (1946) (Arco de triunfo), cuyo tema se desarrolla entre refugiados políticos.

Años antes, en plena guerra y desde un ángulo distinto, Walter Flex (1887-1917) exaltaba en *Der Wanderer zwischen beiden Welten* (1917) (El peregrino entre dos mundos) la amistad originada por el conflicto, con un idealismo que arrebató a muchos jóvenes alemanes. En 1927, Arnold Zweig (1887-1968) iniciaba con despiadada ironía un ciclo novelístico alrededor de un soldado ignorante, víctima del prusianismo y de su disciplina, *Der Streit um den Sergeanten Grischa* (La disputa por el sargento Grischa). De los muy numerosos autores de temas de guerra puede mencionarse, entre los más notables, a Ludwig Renn (Arnold Vieth von Gollssenau, n. 1889), Georg von der Vring (1889-1968) y Erik Reger (1893-1954).

Uno de los más valiosos representantes de la generación de la primera posguerra es Ernst von Salomon (n. 1902). De su propia experiencia personal narró con objetividad, sobria frase y considerable fuerza expresiva, los sucesos políticos que culminan en la instalación de la república de Weimar. Escribe para ello una trilogía, *Die Geächteten* (1931) (Los proscritos), *Die Kadetten* (1933) (Los cadetes) y *Die Stadt* (1932) (La ciudad). Calló durante el nazismo y en 1951 apareció *Der Fragebogen* (El cuestionario), un cuadro descarnado y valiente de la segunda posguerra, con un juicio valiente acerca de lo que significó la ocupación aliada, hasta el año 1950.

Especie de paralelo a *Sin novedad en el frente* ha sido, para la segunda Guerra Mundial, *Stalingrad* (1946), de Theodor Plievier (1892-1955). Este autor era ya conocido por sus novelas de inspiración socialista, como *Des Kaisers Kulis* (1930) (Los coolíes del emperador), acerca de la sublevación de los marineros alemanes en 1918, y *Der Kaiser ging, die Generäle blieben*

(1932) (El emperador se fue, los generales permanecieron). Luego de 1933 también Plievier siguió la trayectoria del emigrado. Desde Rusia escribió *Stalingrad,* un fresco de amplitud y objetividad épicas. De la derrota del ejército alemán frente a la ciudad rusa extrae, dentro de la estructura del reportaje, una serie de cuadros donde, sin necesidad de cargar las tintas, la cruel realidad de los hechos demuestra por sí misma la inutilidad del sacrificio en masa allí consumado. Para ello se vale de un estilo vibrante y, en el fondo, simbólico.

Frente a los escritores para los cuales la guerra había constituido una experiencia absolutamente negativa, se yergue el pensamiento independiente y apasionadamente combatido de un hombre de pluma y acción que es, al mismo tiempo, uno de los mayores estilistas de la prosa alemana contemporánea. Es Ernst Jünger (n. 1895), héroe condecorado de la primera Guerra Mundial y el primer autor, en el tiempo, de la oleada de libros de guerra que luego afluyeron. Para Jünger la guerra era un acontecimiento físico y metafísico simultáneamente, en el cual el hombre adquiría la plenitud de su ser. Al mismo tiempo, predecía ya en la década de 1930 una sociedad tecnificada cuyos elementos esenciales eran soldados y trabajadores. Todo esto contienen sus afamados diarios de guerra, como *In Stahlgewittern* (1919) (En tormentas de acero), la obra que le dio nombradía, *Der Kampf als inneres Erlebnis* (La lucha como experiencia interior) o *Der Arbeiter* (1932) (El trabajador).

Intrépido explorador de un pensamiento cuya perversidad última reconocería más tarde, Jünger llama a la acción heroica en *Das abenteuerliche Herz* (1929) (El corazón aventurero) y *Afrikanische Spiele* (1936) (Juegos africanos). La claridad de un intelecto acostumbrado a manipular la realidad o a llegar a un conocimiento preciso de la ensoñación, no podía aceptar ciegamente el aparato nacionalsocialista. Sus penetrantes diarios de la segunda Guerra Mundial así lo evidencian. Pero su evolución está señalada previamente por una de las novelas más importantes dentro de la "emigración interna" producida desde el advenimiento del Tercer Reich. Se trata de *Auf den Marmorklippen* (1939) (Sobre los escollos de mármol). En una forma velada, pero perceptible, establecía ya Jünger la antinomia y el mortal combate entre la fuerza del espíritu y la fuerza bruta, dentro de la descripción de una organización que era difícil no reconocer. Los avatares de la transformación anímica, revelados en los diarios de la segunda Guerra con el título de *Strahlungen* (1949) (Irradiaciones), se continúan en *Heliopolis* (1949), una utopía acerca de la organización política futura. Jünger, tras una costosa evolución mental, siente crecer detrás de todo juego del intelecto, por brillante que sea, la necesidad de una fe en el individuo y en su capacidad de amor.

Un hermano algo más joven, Friedrich Georg Jünger (n. 1898), es, ante todo, poeta lírico. En sus versos que no han evadido el tema de la guerra, desde la perspectiva familiar, por cierto —*Der Krieg* (1936) (La guerra)—, se revela un poeta de garra, que junto al espíritu griego ha sabido hacer resonar el clásico eco de Goethe y Hölderlin. Ha cantado también los aspectos amables de la vida en *Der Westwind* (1946) (El viento del oeste) y *Das Weinberghaus* (1947) (La casa del viñedo). Es también agudo ensayista en *Über das Komische* (1936) (De lo cómico), una meditación acerca de la naturaleza de lo cómico, y en un trabajo sobre Nietzsche, de 1949.

Una contradicción insoluble atravesó el espíritu cultivado y la noble atmósfera que irradia la obra de Rudolf Georg Binding (1867-1938). Oficial y caballero, representante de la época dorada que terminó en 1914, Binding podía escribir cuentos y novelas de gran severidad y belleza formales, como *Opfergang* (1911) (Camino de sacrificio) o *Moselfahrt aus Liebeskummer* (1932) (Viaje por el Mosela por pena de amor), con sus encantadores dibujos de mujeres superiores. Y por otra parte, en sus cuentos de clima guerrero, afirmaba la postura viril y caballeresca de un tipo de soldado que el presente no reconoce más.

Alexander Lernet-Holenia (n. 1897) es un autor austriaco que goza de reconocida popularidad, la que descansa no tanto en una poesía cuyos modelos son Hölderlin y los clásicos griegos, o en un teatro que no carece de eficacia, sino en su producción novelística, copiosa y atrayente. Ha sabido retratar con elegancia y penetración el mundo de su patria a partir de la primera Guerra Mundial, particularmente el de los oficiales austriacos (él mismo lo ha sido en ambas guerras mundiales). Seres educados en el culto de la caballerosidad, extrañados y resignados ante un mundo nuevo que no comprenden y al que son sustancialmente ajenos, son el contenido de novelas como *Die Standarte* (1934) (El estandarte), *Beide Sizilien* (1943) (Las dos Sicilias), *Der Baron Bagge* (1936) (El barón Bagge) o *Mars im Widder* (1947) (Marte en Aries).

Otro austriaco, Heimito von Doderer (1896-1966), ha analizado, en cambio, con una profundidad mucho mayor y desde una perspectiva más amplia que la de Holenia, en las novelas *Die Strudlhofstiege* (1936) (La escalera de Strudlhof) y en una continuación, *Die Dämonen* (Los demonios), los componentes de la sociedad austriaca antes y después de la primera Guerra Mundial.

En medio de esta generación tan castigada se levanta la voz reconfortante de un hombre más antiguo, Hans Carossa (1878-1956), que es al mismo tiempo uno de los escritores más claros, puros y permanentes que la literatura del siglo ha producido. Los hermosos libros de Carossa son siempre tributo de un espacio íntimo, silencioso, maduro y comprensivo, de una callada recepción de la naturaleza que recuerda a Stifter y no se halla demasiado lejos del clasicismo humano y cultivado de Goethe. Lo secreto y misterioso de las fuerzas de la naturaleza o de las transformaciones culturales, es siempre iluminado por su espíritu para aliviar y para asegurar el orden eterno que su amplio catolicismo afirma.

Todos los libros de Carossa están ocupados por su propia persona, pero el yo es aquí un espejo y un símbolo, no una voz exclusiva. Una vida tan rica como la suya está apresada en sus novelas, muchas autobiográficas, que van desde *Eine Kindheit* (1922) (Una infancia) hasta el último, *Das Jahr der schönen Täuschungen* (1941) (El año de las hermosas ilusiones), pasando por *Verwandlungen einer Jugend* (1928) (Transformaciones de una juventud), *Führung und Geleit* (1933) (Guía y compañía) y *Geheimnisse des reifen Lebens* (1936) (Secretos de la vida madura). Se había hecho conocer con *Rumänisches Tagebuch* (Diario rumano) de 1924, donde sus recuerdos de la guerra asumen un carácter humano entre tanto dolor, mientras que *Der Arzt Gion* (1931) (El médico Gion) es una narración autobiográfica que difundió su nombre por el mundo.

Carossa es asimismo alto poeta. Sus modelos son Hofmannsthal, George, Rilke, y de nuevo Goethe. Un verbo sencillo está al servicio de un corazón abierto a la belleza y a sus símbolos terrenales. Permaneció en Alemania durante los años oscuros a partir de 1933, pero su actitud no fue la del cómplice, sino la del que sentía un deber de coparticipar, de aliviar, y esto está dicho con claridad, sin ruido ni gesto de disculpa, en un libro sincero y revelador, *Ungleiche Welten* (1951) (Mundos desiguales).

Novelista de rango, aunque hoy poco leído, es el prusiano oriental Ernst Wiechert (1887-1950). En su abundante obra se percibe, detrás de una facilidad y plenitud verbales peligrosas, que suele disolver forma y sentimiento en "literatura", un anhelo profundo por volver al contacto elemental con la naturaleza. Contiene una aspiración a la vida sencilla que se justifica a sí misma en la labor humilde y cotidiana, una auténtica desesperación ante una vida amarga y dura que se traduce en resignación y soledad, y una lucha tenaz, sin resultado positivo, para conquistar la seguridad que el sentimiento cristiano otorga. Las novelas de Wiechert transmiten su propia ensimismada realidad en zonas de irrealidad y en personajes desrealizados, líricos en el fondo. Sin embargo, este autor, cuya confianza en la existencia de una humanidad purificada nunca desapareció, tuvo el valor de protestar públicamente, desde la misma Alemania, contra la brutalidad nazi.

Comenzó su carrera literaria con *Der Wald* (1922) (El bosque), que, como *Der Totenwolf* (1924) (El lobo de los muertos), acentuaba un estado de ánimo dolorido ante la existencia del mal. Obra intensamente autobiográfica, como todas las suyas, es *Der Knecht Gottes Andreas Nyland* (1926) (El siervo de Dios Andreas Nyland), la historia de un párroco que, en sustitución de la fe que nace del sacrificio, se refugia en la humildad de la vida oscura, al servicio de los otros. Los hombres y mujeres de Wiechert, sufrientes, y al cabo resignados, aparecen de nuevo en *Die Magd des Jürgen Doskocil* (1932) (La muchacha de Jürg Doskocil) y en la historia del soldado que regresa, en *Die Majorin* (1934) (La mujer del mayor). *Wälder und Menschen* (1936) (Bosques y hombres) es una melancólica evocación de su provincia natal, siempre presente en sus relatos, mientras que *Das einfache Leben* (1939) (La vida sencilla) vuelve al tema de la soledad obligada del ser. Las experiencias en el campo de concentración componen *Der Totenwald* (El bosque de los muertos), aunque la realidad alemana ya lo había incitado en *Das Spiel vom deutschen Bettelmann* (1933) (El juego del mendigo alemán). *Die Jerominkinder* (1945) (Los hijos de Jeromin), una de sus novelas maduras, cuenta la evolución de un muchacho campesino que encuentra consuelo, luego del choque con la realidad, en la vida simple.

En Wiechert es perceptible la tendencia a la evasión. Aunque inútilmente, Dios y naturaleza son sus caminos. Su novela póstuma y última, *Missa sine nomine* (1950), es un intento sincero y desesperado por llegar hasta Dios en unos personajes que huyen de la guerra al paisaje de los bosques de su Prusia oriental. En su lucha aprenden que, a pesar de todo, los sentimientos puros y nobles pueden asegurar la paz a unas almas que han perdido todo otro sostén.

La vuelta a lo comunitario y vinculatorio por la "sangre y el suelo" que el nazismo fomentó contra los poderes de la razón y del intelecto, en su exaltación de los aspectos irracionales y elementales de la existencia, encontró diversos representantes que, al volverse a la naturaleza de su tierra natal, pretendían evocar desde allí todas esas fuerzas. Su valor es circunstancial e inferior. Pero algunos escritores en quienes no prevalece el factor político, hicieron resaltar su atracción por el terruño. Oskar Graf (n. 1894), que escribió novelas de su tierra bávara, mientras que para el Rin escribía Hermann Eris Busse (1891-1947), para Mecklemburgo, Friedrich Griese (n. 1890), a Suabia se dedicó Peter Dörfler (1878-1955) y desde el lado austriaco Karl Heinrich Waggerl (n. 1897). En todos estos autores la tierra y la historia se conjugan en el mito, con frecuentes recuerdos del noruego Knut Hamsun.

Una realidad más honda y perdurable, sumida en la irrealidad visionaria y demoniaca de la gran novelística rusa, y que lleva a sus personajes a la muerte en un camino de redención por un pretérito culpable, es propio de la narrativa del silesiano Horst Lange (n. 1904), autor de *Schwarze Weide* (1937) (Sauce negro), y de los cuentos de *Ulanenpatrouille* (1940) (Patrulla de ulanos) y *Auf dem östlichen Ufer* (1939) (Sobre la orilla oriental). En Austria, Paula Grogger (n. 1892) ha escrito una novela campesina bajo la influencia de Enrica von Handel-Mazzetti (véase p. 286), *Das Grimmingtor* (1926) (La puerta de Grimming), situada en la época napoleónica y llena de sentimiento femenino, en un cuadro denso y variado que tiene como fondo el amor de una pareja.

Uno de los talentos más apreciables entre los autores vivientes es el del bajoalemán Manfred Hausmann (n. 1898). Sus primeros libros muestran la perspectiva de la juventud que nació a fines del siglo anterior. Jóvenes despreocupados, íntimamente románticos, soñadores, transitan por las páginas encantadoras de las aventuras de un huelguista en *Lampioon küsst Mädchen und junge Birken* (1927) (Lampion besa muchachas y jóvenes abedules) y *Salut gen Himmel* (1929) (Saludo al cielo), como los recuerdos juveniles en *Abel mit der Mundharmonika* (1932) (Abel con la armónica). La novela *Abschied vom Traum der Jugend* (1937) (Despedida del sueño de juventud) debate, en términos hondos, el problema de la indisolubilidad del matrimonio, y en su hermosa balada dramática *Lilofee* (1936), Hausmann dibuja a una criatura de las aguas que percibe los dolores del amor humano. Una lírica íntima, que emana de un romanticismo callado y en la que resuenan ecos rilkeanos, aparece en *Jahre des Lebens* (1938) (Años de la vida) y en *Alte Musik* (1941) (Música antigua). Desde fines de la guerra Hausmann lucha por la conformación interior de una fe cristiana, según se advierte en misterios dramáticos como *Der dunkle Reigen* (1951) (La ronda oscura).

Del norte de Alemania proviene también la voz íntima y madura de Wilhelm Lehmann (1882-1968). Su parentesco con Oskar Loerke es seguro. Los poemas de *Der grüne Gott* (1942) (El dios verde) y *Entzückter Staub* (1926) (Polvo encantado) celebran la maravilla de la naturaleza con un ojo educado y una extraña capacidad para establecer el lazo secreto entre la realidad eterna y su significación. Su influencia es notoria en los jóvenes poetas actuales.

En algunos escritores contemporáneos vuelve, dentro de una evasión de lo real, una contemplación romántica de la naturaleza, en el paisaje natal como en la inocencia de los pequeños seres. Se trata de una disposición lírica que los hace expresarse en verso. Los nombres más destacados en este sentido son los de Friedrich

Schnack (n. 1888) y Waldemar Bonsels (1881-1952), cuyas obras más renombradas son de época anterior, al igual que el silesiano Friedrich Bischoff (n. 1896), con su mística y su sentimiento de la naturaleza, lleno de fe en la belleza de la vida, como lo evidencian sus relatos *Die goldenen Schlösser* (1935) (Los castillos dorados), *Der Wassermann* (1937) (El pescador) y los poemas de *Schlesischer Psalter* (1936) (Salterio silesiano).

Otros autores, en idéntico deseo de hallar una región donde los problemas de la civilización actual no se hagan sentir, se abren con su novelística al mundo y al tiempo. En Josef Ponten (1883-1945) ello se manifestó de varias maneras. Ocurre en sus relatos de viajes por Europa y por Grecia, en sus construcciones novelísticas cuya forma remeda la de la arquitectura, *Der babylonische Turm* (1918) (La torre babilónica), en la novela *Salz* (1922) (Sal), un análisis del desarrollo del hombre moderno, o finalmente, en su ciclo, de espíritu popular y colectivo, acerca de las emigraciones de los pueblos alemanes a través del tiempo por el mundo, de *Volk auf dem Wege* (1933-1940) (Pueblo en camino). El austriaco Friedrich von Gagern (1882-1947) elige, por su parte, con amplio estilo épico, el tema de los pueblos indios de la América del Norte en *Der Marterpfahl* (1925) (El poste de tortura) o en *Der tote Mann* (1927) (El hombre muerto), mientras que *Ein Volk* (1924) (Un pueblo) y *Die Strasse* (1929) (La calle) evocan con animación la vida de los pueblos eslavos que habitan al sureste de Austria. Edzard Schaper (n. 1908) es el nombre de un novelista de merecida popularidad. Schaper ha compuesto narraciones en las que los hombres y la fe del mundo ruso y báltico luchan contra un poder brutal y ciego con respecto al espíritu del cristianismo y vuelven a encontrar en el sacrificio el camino hacia sí mismos. Ejemplo, las novelas *Die sterbende Kirche* (1935) (La Iglesia moribunda) y *Der Henker* (1940) (El verdugo), además de *Der letzte Advent* (1945) (El último adviento), continuación de la citada en primer término. En *Die Macht der Ohnmächtigen* (1952) (La fuerza de los débiles), que transcurre en el ambiente de la última guerra en Francia, el héroe, un párroco, hace resaltar el triunfo final de la fe en su lucha contra el poder externo. El clima de la Iglesia perseguida en Rusia por la religión del materialismo surge en la novela *Die letzte Welt* (1956) (El último mundo) y el conflicto bélico ruso-finés aparece en los tres cuentos de *Hinter den Linien* (1952) (Detrás de las líneas), en los que sus héroes vuelven a "ver la luz".

Corresponde ahora hacer sitio a tres mujeres cuyo mundo está atravesado por la historia y la fe. La primera es Ina Seidel (1885-1967), cuyas artísticas y cuidadas composiciones convierte en cuadros simbólicos de momentos decisivos en la historia del destino humano. Realidad y vida se expresan con una comprensión femenina que no desecha la fuerza y la energía en la conformación. La existencia del naturalista y revolucionario Forster, contemporáneo de Napoleón, es tema de *Das Labyrinth* (1922) (El laberinto). A la misma época pertenece una de sus más notables creaciones, *Das Wunschkind* (1930) (El hijo deseado), la historia de una mujer de hondo sentimiento que lucha inútilmente por un hijo, al que la guerra arrebata. En 1933 apareció *Der Weg ohne Wahl* (El camino sin elección), acerca de la historia interna de la mujer desde la Guerra Mundial. *Lennacker* (1938) refiere en los doce sueños de un soldado que ha regresado, la historia de las doce generaciones de su familia que se conectan con el devenir de su fe protestante. En *Unser Freund Peregrin* (1940) (Nuestro amigo Peregrino), Ina Seidel ha hecho surgir, con bella expresión, el mundo de Novalis. Algunos de sus versos, auténticos y profundamente femeninos en su esencia, se han hecho populares.

La segunda es Gertrud von Le Fort (n. 1876), convertida desde su fe protestante al catolicismo. Poesía y novela son para ella medios de lucha a fin de afirmar su profunda fe en un Dios y en una Iglesia católicos.

Los *Himnos* de 1924 y 1932 vuelven, en lenguaje bíblico, a la gloria de Alemania y la Iglesia única de la Edad Media. En *Das Schweisstuch der Veronika* (1928) (El paño de la Verónica), integrado por dos novelas, *Der römische Brunnen* (1927) (La fuente romana) y *Der Kranz der Engel* (1946) (La corona de los ángeles), la descripción de la evolución del sentimiento religioso corresponde al de la propia autora. Esta fe se infunde en el lenguaje, que se tiñe con un deseo de eternidad y de obediencia a la voluntad de Dios y a la sabiduría de sus representantes. La novela *Der Papst aus dem Ghetto* (1930) (El papa del ghetto) es un colorido cuadro histórico que se basa en una leyenda del siglo XI acerca de la ascensión al Papado de un hombre de ascendencia judía, mientras que *Die Magdeburgische Hochzeit* (1936) (La boda de Magdeburgo) presenta el conflicto religioso entre católicos y protestantes en el siglo XVII. Cuentos como los contenidos en *Die Tochter Farinatas* (1950) (La hija de Farinata) revelan la influencia de Conrad Ferdinand Meyer y un poder de convicción que nace de la armonía entre la capacidad poética y la certidumbre de una fe bien arraigada. La narración epistolar *Die Letzte am Schafott* (1931) (La última en el cadalso), que refiere los últimos momentos de unas monjas carmelitas durante la Revolución francesa, obtuvo fama internacional en la escenificación de Georges Bernanos con el título de "Diálogos de las carmelitas".

Por último, Ruth Schaumann (n. 1899), hija de un oficial como Gertrud von Le Fort, y como esta última, también convertida al catolicismo, alberga una fe religiosa inconmovible. Pero en sus libros no hay choques de creencias ni voluntad de poder. Sólo un sentimiento femenino, callado, hecho de ternura, sinceridad y amor, como lo demuestran su libro de recuerdos de niñez *Amei* (1932), los distintos cuadros de *Glasbergkinder* (1924) (Niños de montañas de vidrio) o la novela *Der Major* (1935) (El Mayor), y poemas líricos.

Novelas históricas escribieron Otto Gmelin (1886-1940) y Otto Rombach (n. 1904), mientras que Jochen Klepper (1903-1942) vinculó lo histórico con lo religioso. La figura de Federico Guillermo I, padre de Federico el Grande de Prusia, es reivindicada en la novela *Der Vater* (1937) (El padre), que arroja luz sobre las concepciones políticas y la fe cristiana de su biografiado, la misma fe que movió a Klepper a componer, para el mundo protestante, hermosas canciones religiosas.

La obra del báltico Werner Bergengruen (1892-1964) abarca, en su gravitación indiscutible, varios géneros. En la lírica de *Der Wunderbaum* (1932) (El árbol maravilloso) y *Die verborgene Frucht* (1938) (El fruto oculto) brota la herencia de su tierra oriental, con sus elementos primitivos a los que agrega el culto por la forma bella y un sentido cristiano de esperanza, para que todos los males se traduzcan, al final, en un sentido de redención. En *Dies irae* (1945), el conjunto de sus sonetos vuelve a los tiempos sombríos de la última guerra y señala con acento conmovido y admonitorio la culpabilidad del pueblo alemán en su participación. La prosa de Bergengruen sabe también de la maestría realista en la conformación de los caracteres y de las facultades inventoras de su imaginación. Estas cualidades aparecieron en germen en la novela *Das Kaiserreich in Trümmern* (1927) (El Imperio en ruinas), en la que aparecía el rey germánico Odoacro. *Der Starost* (1938) presenta en las tierras del Báltico la figura de un hombre orgulloso que debe obedecer, contra su voluntad, una ley que le es superior y no pertenece directamente a este mundo. La espiritualidad de su clima, que elige el acontecimiento histórico para dar un cuadro de lo eternamente humano, en sus elevaciones y caídas, se comprueba en dos novelas, *Der Grosstyrann und das Gericht* (1935) (El gran tirano y el tribunal), alusión a la propia época, y en *Am Himmel wie auf Erden* (1940) (En el cielo como en la tierra), que se remonta al pavor del Berlín del siglo xv, al anuncio de un nuevo diluvio. La persecución de la justicia humana es el tema de *Das Feuerzeichen* (1949) (La señal de fuego), que lleva al autor a la seguridad de la fe católica. Un viaje a la Italia cristiana y eterna se reproduce en *Römisches Erinnerungsbuch* (1949) (Libro de recuerdos de Roma).

Novelista exclusivo es, en cambio, Stefan Andres (1906-1970), observador apasionado de las pequeñas oscilaciones del alma y de las grandes tendencias de una política que absorbe todo lo existente. El signo de una vitalidad comunicativa se extiende desde *Die unsichtbare Mauer* (1934) (El muro invisible), de ambiente marino, pasando por *Wir sind Utopia* (1943) (Somos utopía), uno de sus libros más conocidos, que tomando como punto de partida la Guerra Civil española se plantea los problemas permanentes de la conducta humana, porque la decisión entre el bien y el mal no puede ser dejada al futuro, hasta la trilogía *Die Sintflut* (El diluvio), comenzada en 1949, un cuadro cruel, fantástico y satírico de lo que toda dictadura significa. Su sentido humano aparece también en una novela anterior, donde Andrés predica la unión de franceses y alemanes. Se trata de *Die Hochzeit der Feinde* (Las nupcias de los enemigos), de 1947. Ha escrito también cuentos y versos de sentimiento católico.

La poco común cualidad alemana del humor surge en la obra de Ernst Penzoldt (1892-1955), una personalidad artística polifacética, porque se destaca también como pintor y escultor. En *Die Powenzbande* (1930) (La banda de Powenz) el autor hace desfilar humorísticamente una serie de tipos en forma de "zoología de una familia"; *Der arme Chatterton* (1928) (El pobre Chatterton) reproduce la juventud romántica y trágica del poeta inglés prematuramente desaparecido, mientras que la comedia *So war Herr Brummel* (1934) (Así era el señor Brummel) hace sonreír con la presentación del árbitro de la moda del tiempo de Jorge IV. Un humorismo complicado con la mostración de fuerzas oscuras, grotescas, a veces perversas, es aplicable a la novelística de Georg Britting (1892-1964) en *Lebenslauf eines dicken, Mannes, der Hamlet hiess* (1932) (Vida de un gordo que se llamaba Hamlet). En sus versos vigorosos de *Der irdische Tag* (1935) (El día terrenal), *Rabe, Ross und Hahn* (1939) (Cuervo, caballo y gallo) y *Das Lob des Weins* (1942) (El elogio del vino) se encierra la belleza de la naturaleza en su pura existencia. La atracción misteriosa y amenazadora del amor es el motivo de las narraciones de *Das gerettete Bild* (1938) (El cuadro salvado).

Por el contrario, un humor cordial, ampliamente humano en su aceptación de lo terreno, resuena en la obra literaria de Kurt Kluge (1886-1940), otro talento múltiple dedicado primeramente a las artes plásticas, e incluso a la forja de metales, para la que escribió un libro altamente técnico. La materia o "sustancia", como prefiere llamarla Kluge, en la manipulación valiosa del artesano que construye la civilización, aparecía en su primera novela publicada, *Der Glockengiesser Christoph Mahr* (1934) (El forjador de campanas Christoph Mahr). Pero su obra maestra es *Der Herr Gortüm* (1938) (El señor Kortüm), la presentación a través del héroe, un hotelero, de un cuadro humano pleno de vida y alegría. El arte narrativo y el humor de Jean Paul y de Raabe son perceptibles en esta novela rebosante y también nostálgica. En *Die Zaubergeige* (1940) (El violín mágico), los episodios de la vida musical del héroe se enlazan en un clima irreal, humorístico y romántico a la vez.

Artesano (zapatero, en este caso) y literato más tarde, fue el suizo Jakob Schaffner (1875-1944), que escribió novelas de rasgos autobiográficos en *Konrad Pilater* (1910) y en los varios tomos de *Johannes* (1922-1939). Antes había compuesto una novela, *Der Dechant von Gottesbüren* (1917) (El deán de Gottesbüren), mezcla del conflicto de religiones y de humor regional. Schaffner participaba de un sentimiento pangermanista al que pronto se le dio un color político que iba mucho más allá de lo que los iniciadores sospecharon, aunque en gran parte alentaron.

Es lo que ocurrió en el caso de Hans Grimm (1875-1960), el más famoso entre los novelistas que hicieron intervenir personajes alemanes en países extranjeros. Grimm había vivido en África del Sur durante su juventud, y sus primeras narraciones tienen por escenario la naturaleza y los colonos alemanes de esas regiones, tanto en *Südafrikanische Novellen* (1913) (Cuentos surafricanos) como en *Der Oelsucher von Duala* (1918) (El buscador de petróleo de Duala), escritos en un estilo sobrio con ecos de literatura nórdica. Después de la primera Guerra Mundial, una novela que le exigió muchos años, *Volk ohne Raum* (1926) (Pueblo sin espacio), daba, en la tragedia individual de un alemán que había luchado y lo había perdido todo en el extranjero, la tragedia de todo un pueblo al que le faltaba territorio para desarrollarse de acuerdo con su potencialidad intrínseca. La obra, densa de pensamiento y experiencia, que indudablemente correspondía a una realidad sentida por muchos, atrajo una atención que excedía sus indiscutibles méritos literarios, para atribuirle un sentido crudamente político que justificaba todo tipo de conquista.

Hasta cierto punto resulta simbólico cerrar este capítulo con un gran lírico, digno continuador de Rilke Hofmannsthal y George. Se trata del austriaco Josef Weinheber (1892-1945), que se suicidó en un arranque de desesperación ante el desmoronamiento de valores humanos que había realzado a través de una vida atormentada desde la infancia, y también por el reconocimiento de una enorme culpa al haber creído, durante muchos años, en un renacimiento alemán del que el nazismo sería ejecutor. Pero la hondura y autenticidad de su acento lo colocan en un lugar de privilegio que las convicciones políticas no pueden alterar.

Weinheber restauró la dignidad de las formas estróficas y métricas antiguas, pero también usó el tono dulce, suave y musical de la Viena en que transcurrió casi toda su vida. Una riqueza formal asombrosa se une en sus versos a una desgarradora seriedad y un sentimiento de desesperación por la extinción de lo noble y de lo bello que siempre había alentado su poesía. Una convicción de hombre y de artista que se entrega con todas sus fuerzas a la creación, cuyo fruto es una soledad consciente y amargamente aceptada, y un trágico pesimismo que bebe en la naturaleza problemática de lo humano, son también notas de su estro lírico en libros que llevan los títulos de *Adel und Untergang* (1934) (Nobleza y ocaso), *Wien wörtlich* (1935) (Viena literalmente), *O Mensch, gib acht!* (1937) (¡Hombre, alerta!), *Späte Krone* (1936) (Corona tardía), *Götter und Dämonen* (1938) (Dioses y demonios), *Kammermusik* (1939) (Música de cámara) y *Hier ist das Wort* (Aquí está la palabra), póstumo de 1948.

Nada mejor para cerrar este capítulo, que abarca una época espléndida de la cultura centro-europea, y que termina no tan paradójicamente en el desastre, que la evocación del austriaco Karl Kraus (1874-1936), sismógrafo infalible y crítico implacable de las grandezas y debilidades de su propio tiempo. Tras comienzos frustrados como actor, comenzó a vincularse a los medios literarios de Viena, donde brillaban los nombres de Schnitzler y Hofmannsthal, entre otros. La obra entera de Kraus es una apasionada lucha por la verdad (que para este moralista es una e indivisible), y para ello se valió del ensayo, el periodismo, los versos, especialmente epigramáticos, a veces líricos a secas, y el teatro. Con un furioso impulso satírico, abolió las falsas celebridades y luchó contra la gran y pequeña mentira, reflejada en gran parte en las deformaciones idiomáticas que brotaban continuamente de los periódicos, aun de los de mayores campanillas. Para Kraus una traición al idioma era reflejo de una traición a la verdad, y para ilustrar mejor su manía purificadora, que abarcaba la literatura, la política, y, en rigor las manifestaciones fundamentales de una cultura, en apariencia fulgurante, se valió de una publicación que fundó al filo del nuevo siglo, en 1899, *Die Fackel* (La antorcha). Después de los años iniciales, en que varios colaboradores integraron su elenco, a partir de 1911 emprendió la increíble hazaña de redactarla absolutamente solo. Este esfuerzo duró hasta su muerte, que la subida de los nazis al poder, en 1933, aceleró. *Die Fackel,* con su fuego ascéptico, convirtió en cenizas a los muchos falsos valores que deslumbraban a sus contemporáneos, y hasta a otros auténticos, como los críticos Maximilian Harden y Alfred Kerr. También es menester citar en este contexto su violenta y valiente campaña en favor de la causa de la paz en plena primera Guerra Mundial. Apasionado del teatro, Kraus escribió dos obras de proporciones inmensas. *Die letzten Tage der Menschheit* (1922) (Los últimos días de la humanidad), y la póstuma *Die dritte Walpurgisnacht* (La tercera noche de Walpurgis), en las que su enjuiciamiento de las atrocidades que la primera Guerra Mundial y el régimen de Hitler, respectivamente, representan, constituye un testimonio definitivo acerca de dos de las mayores aberraciones políticas (y en el fondo éticas) que nuestro siglo ha padecido.

XIX. ÚLTIMOS AÑOS

El dominio del nacionalsocialisrno fue para la literatura, como para el espíritu en general, motivo de un enorme empobrecimiento. Los grandes escritores del siglo habían madurado ya antes su obra y la proseguían desde la emigración, o callaban. Desde 1933 hasta el fin de la segunda Guerra Mundial, Alemania carece de una figura nueva que pueda parangonarse con sus clásicos contemporáneos. Más trágica es aún la situación en 1945. El pueblo alemán, sacudido como nunca desde sus cimientos por una destrucción sin precedentes, busca, al principio penosamente, el nuevo camino de la resurrección. Las jóvenes o apenas maduras generaciones literarias, testigos y víctimas, se abren al exterior para aprender de nuevo, desde allí, la gran lección de la poesía. Faulkner y Hemingway, Sartre, Eliot y Camus son ávidamente incorporados a una conciencia hambrienta de contacto fecundante con la gran literatura.

Al mismo tiempo vuelven a resonar los antiguos nombres consagrados que el régimen había proscrito y que las más recientes promociones desconocían. Thomas Mann, A. Döblin, H. Hesse, Robert Musil, Kafka, Hermann Broch, los novelistas que con un último sentido de totalidad habían tratado de establecer un puente entre el hombre y el mundo, los que se habían esforzado por llegar, mediante la razón y el entendimiento, a las oscuras fuentes del alma, los que habían construido utopías hacia el futuro o desde el pasado con una intención moral o revolucionaria, esa generación ilustre que creía todavía en una escala de valores en su mismo afán de poner en evidencia el desvalor, ingresa otra vez, con todos los honores, a un territorio que jamás había dejado de reconocer como el propio.

Algunos de ellos, como Mann y Döblin, coronan precisamente su obra después de 1945, como se ha visto en el capítulo anterior, y estas novelas finales poseen el acento común de la pesadilla, de la visión apocalíptica, de la utopía al revés. Los mitos nacen o se destruyen, pero ciertas nociones heredadas de la razón y la personalidad se dan, por lo menos temporariamente, por perdidas. La guerra había marcado con el signo del caos a todo el intelecto europeo, y ahora se yerguen lo absurdo, el fatalismo, o se aguarda una salvación que no puede ser más de este mundo.

Los ejemplos más típicos de esta conciencia trágicamente desconcertada están dados en las primeras grandes novelas de la posguerra que no pertenecen a alguno de los autores precedentemente mencionados, sino a Elisabeth Langgässer y a Hermann Kasack, y que aparecieron en 1947. Kasack (n. 1896) mira hacia atrás, al terrible pasado inmediato. La muerte material ha cesado, pero su reino continúa subsistiendo, y en *Die Stadt hinter dem Strom* (La ciudad detrás del río) se reproduce, con vigor artístico, el espíritu de la época en los primeros años de la posguerra. Esa "ciudad detrás del río" integra un orden inhumano, es una visión alegórica presentada con recursos surrealistas que pertenece a una realidad que existió una vez. Lo auténticamente humano, el alma, la fe, la esperanza, han muerto detrás de ese río, de esa organización gigantesca, omnipotente y clasificatoria que procede con la más refinada inhumanidad. Pocas veces una época fue conjurada con visiones tan impregnadas del sino de la destrucción interior, lo que se repite en la narración *Der Webstuhl* (1949) (El telar). En 1953 publicó Kasack *Das grosse Netz* (La gran red), que refleja con humor satírico los cambios inexplicables producidos en los habitantes de una gran ciudad. *Fälschungen* (1953) (Falsificaciones) es una novela donde la adquisición de obras de arte adulteradas sirve como diagnóstico de la época.

Elisabeth Langgässer (1899-1950) había sido obligada a callar durante largos años luego de la publicación de sus primeros poemas y relatos subjetivos, místicos, dotados de una religiosidad profunda, de un reconocimiento de las fuerzas demoniacas de la naturaleza y de una aspiración a la gracia divina. Repentinamente, la aparición de *Das unauslöschliche Siegel* (1947) (El sello indeleble) la ubicó entre las grandes novelistas de los últimos años. La obra se refiere a un judío bautizado (el "sello indeleble" es, justamente, el sacramento del bautismo), que, quiéralo o no, se encuentra ya incrustado en la trascendencia de su destino. El catolicismo ha asido definitivamente al protagonista, y a pesar de una realidad perversa, la gracia operante no lo abandonará. La confesión de un catolicismo vivido hasta sus últimas esencias es, para la autora, la única respuesta posible. En 1950 apareció *Die Märkische Argonautenfahrt* (El viaje de los argonautas a la Marca de Brandeburgo). Un conjunto de sobrevivientes de la catástrofe de 1945 se dirige desde Berlín, en peregrinación, a la Marca prusiana. No obstante las humanas relaciones que se suscitan, los participantes llegan, al cabo, al último refugio, a la tranquilidad del alma que sólo puede encontrarse en la gracia de Dios. La vista de E. Langgässer tiene al cielo como meta, pero a la realidad como punto de partida.

Es claro que, al igual de lo que había ocurrido al término de la primera Guerra Mundial, muchos narradores se hicieron eco de los sucesos en que participaron, ya directamente, ya con la imaginación. De la abundante literatura así surgida, uno de los mejores libros pertenece a un ex prisionero de guerra, Erhart Kästner (n. 1904). En *Zeltbuch von Tumilad* (Libro de la tienda de Tumilad) logra que la fe en la vida, el amor y la belleza cobren renovado vigor. Gerd Gaiser (n. 1908) ampliamente difundido en su patria, se anuda a la tradición del retorno del soldado, a sus hazañosas aventuras, o también al canto de la vida sencilla de la naturaleza frente a la corrupción que emana de la gran ciudad. Ello se comprueba en *Eine Stimme hebt an* (1950) (Se levanta una voz), en *Die sterbende Jagd* (1953) (La caza agonizante) o en sus breves narraciones de *Einmal und oft* (1956) (Una vez y a menudo).

Justamente el año de aparición de las más famosas novelas de Kasack y Langgässer se señala por un acontecimiento de consecuencias en el futuro de la literatura alemana contemporánea. Se trata del ya celebrado, y ahora envejecido "Grupo 47". Un pequeño número de jóvenes autores, encabezados por Hans Werner Richter (n. 1908) y Alfredo Andersch (n. 1914), resolvió en ese mismo año de 1947 unir a los escritores nuevos con el objeto de comunicar, en reuniones anuales, y en forma recíproca, sus experiencias literarias respectivas. De allí se llegó hasta la promoción, por diversos medios, premios inclusive, de algunos de los más conspicuos autores del presente. Dos cosas se exigían de modo obligatorio. Una, de carácter biológico: juventud. La otra era política, y consistía en una conducta que significara un franco repudio del pasado nacionalsocialista, comprendido como un baldón para la cultura y el arte alemanes, y, simultáneamente, una adhesión a los ideales de la democracia tendiente a asegurar a pueblos e individuos un régimen de paz basado en la libertad y la justicia.

El grupo fue creciendo, y su pertenencia o no al mismo ha significado en muchos casos el éxito o silencio posteriores. Pero debe reconocerse que por encima de la formación de las inevitables camarillas, las cuales, de ninguna manera son sólo privativas de la literatura alemana contemporánea, el "Grupo 47" ha consagrado a los hombres y mujeres que cuentan realmente en el panorama de esta literatura. A él se han adherido o son afines, para dar los nombres más notables, novelistas de la talla de Heinrich Böll, Günter Grass, Uwe Johnson, Arno Schmidt, Wolfgang Koeppen, Wolfdietrich Schnurre, Ilse Aichinger y Siegfried Lenz, por ejemplo. En el plano del teatro debe citarse a los suizos Max Frisch y Friedrich Dürrenmatt, a Martin Walser, también novelista, como a Peter Weiss, Rolf Hochhuth y Heinar Kipphardt. La lírica recoge en este sentido los nombres de Hans Magnus Enzensberger, el asimismo hombre de teatro Günter Eich, Ingeborg Bachmann y el recientemente desaparecido Paul Celan. Todos estos autores han señalado los rumbos principales de la literatura alemana de las últimas décadas, y aquellos marginados, sobre todo por una razón de orden generacional (Marie Luise Kaschnitz, Karl Krolow, Hans Erich Nossack, entre otros), no dejan de coincidir con los postulados básicos del tan mentado —e influyente— grupo.

Salvo excepciones aisladas, y desde un punto de vista estrictamente temático, la gran producción de la literatura alemana a partir de 1945 versa, a grosso modo, sobre algunos de los temas que a continuación se detallan. En primer lugar, y por ser más próximo en el tiempo, el tratamiento de la guerra y sus desventuras, a través de la trayectoria de uno o más personajes. Este tópico comprende también —y ello ha sido asumido con gran coraje y sentido de la responsabilidad— el periodo de la dominación nazi como la conducta del régimen y el pueblo alemanes durante los años de guerra, y que, por supuesto, no excluye culpabilidades individuales o colectivas. La última novela de Siegfried Lenz (n. 1926), *Deutschstunde* (1970) (Lección de alemán), ejemplifica bien, entre muchas otras, esta situación. Luego, el tema de la reconstrucción de la sociedad alemana de posguerra, que culmina en el denominado "milagro alemán", al que los intelectuales de ese país enjuician severamente por su sentido brutalmente materialista. Desde este punto de vista emerge con rasgos nítidos la actitud crítica de un eximio narrador, Heinrich Böll. También cabe incluir entre los tópicos tratados la situación política que surge de una Alemania dividida en dos estados, como lo está la actual, y que, tanto desde el oeste como del este, pone de relieve, a través de respuestas de signo contrario, una trágica escisión en el ser y devenir del pueblo, considerado hasta ese momento como una totalidad étnico-política. El paradigma, en la narrativa, lo constituyen las novelas del pomeranio Uwe Jonson. Cabe advertir en este sentido, que si bien la mayor potencia creadora puede corresponder a la República Federal, no es menos cierto que razones ideológicas movieron a muchos escritores destacados a elegir como asiento de sus vidas y actividad literaria a la otra, la República Democrática. Allí vivieron o viven todavía autores de la talla de Arnold Zweig, Anne Seghers, dramaturgos como Peter Hacks, y líricos del prestigio de Stephan Hermlin, Peter Hichel y Johannes Bobrowski.

Asimismo, fuera de su carácter temático, y como caracterización formal, la literatura alemana de posguerra se ha manifestado en las direcciones más variadas. Mientras algunos escritores continúan cultivando una dicción más o menos tradicional, otros se han embarcado (en no pocas ocasiones a la sombra de Kafka, redescubierto en Alemania después de 1945) en las experiencias de un expresionismo tardío (Wolfgang Borchert) o del postsurrealismo (Paul Celan), como en obras donde mediante un contexto europeo de vanguardia, se juega con los principios de la novela objetivista o estructural. Se ha llegado también al montaje de textos (Arno Schmidt, Helmut Heissenbüttel), y, en el terreno de la dramaturgia muchos tipos de teatro han surgido aparte del convencional. Así, el político, el documental (Peter Weiss, Rolf Hochhuth, Heinar Kipphardt), como un teatro del absurdo u otro que parte del lenguaje y determina desde allí el comportamiento de los personajes. Es el caso del autor teatral y también novelista austriaco Peter Handke, cuyas obras están llenas de hallazgos, no pocas veces escandalosos para un público aun no debidamente adiestrado al efecto.

Nada escaso es el número de los narradores de mérito surgidos en Alemania a partir de la fecha límite de 1945 que se ha fijado. El anudamiento con la gran tradición occidental que el nazismo había interrumpido, la rica, muchas veces tremenda temática de los últimos años, al par que búsquedas expresivas donde los modelos europeos y norteamericanos se entrecruzaban con una inspiración y líneas de carácter autóctono, crearon un *boom* también extendido a la lírica y el teatro. Pero de todos los novelistas y cuentistas importantes que a continuación se citan, nos ocuparemos en especial de aquellos cuya madurez y significación está ya fuera de todo debate. Así, por una parte, podemos alinear, pese a las múltiples diversidades que los distinguen, a narradores como Hans Werner Richter, Ilse Aichinger, Elias Canetti, Alfred Andersch, Arno Schmidt, Hans Bender, Herbert Eisenreich, Peter Bichsel, Martin Gregor-Dellin, Heinz von Cramer, Siegfried Lenz, Wolfgang Koeppen, Wolfdietrich Schnurre, Gabriele Wohmann, Gisele Elsner, Walter Jens, Reinhard Lettau, Rolf Schroers, Peter O. Chotjewitz, Barbara König, Christa Wolf, Günter Kunert, Christa Reinig, Gerhard Zwerencz, Ernst Kreuder, entre los de ponderable nivel.

Por otra parte, el tratamiento más en detalle de la obra de Nossack, Böll, Frisch, Grass, Johnson y Walser resulta hoy indispensable. Severo y ascético, recurriendo en ocasiones a la ayuda de los eternos mitos griegos, Hans Erich Nossack (n. 1901) muestra en sus novelas, prolijamente trabajadas, una realidad alemana hecha de culpa, fatalidad y un vacío existencial que excluye esperanzas e ilusiones. Nossack testimonia claramente, con la amarga verdad del nihilismo, una situación humana que por encima del idioma o los lugares alemanes, aluden a una contemporaneidad que ha hecho de la vida un fracaso. Este autor, que comenzó su carrera literaria con *Interview mit dem Tode* (1948) (Reportajes a la muerte), una serie de relatos cuyo fondo lo constituyen los bombardeos sobre Hamburgo. Pero en las novelas posteriores, entre las que se cuentan *Spätestens im November* (1955) (A más tardar en noviembre), *Spirale* (1956), (Espirales), *Unmögliche*

Beweisaufnahme (1959) (Imposible registro de pruebas), y *Nach dem letzten Aufstand* (1961) (Después del último levantamiento), la intimidad de la vida alemana cobra, con signo pesimista, un relieve preponderante.

Desde otro punto de vista, Heinrich Böll (n. 1917), al igual que Nosssack, se ha convertido, mediante la aplicación de recursos artísticos de primera línea, en uno de los más agudos y hondos críticos de la sociedad alemana. A partir de la guerra, contra la que levanta su índice elocuentemente acusador en *Der Zug war pünktlich* (1949) (El tren fue puntual), *Wanderer, kommst du nach Spa...* (1950) (Viajero, si vienes a Spa...), y *Wo warst du, Adam?* (1951) (¿Dónde estabas, Adán?), la visión de Böll abarca los diversos aspectos que el pueblo alemán ha ido mostrando desde el momento de la reconstrucción del país. Pero la prosperidad que se yergue sobre las ruinas, descansa para Böll, católico de izquierda, apasionado y desesperado, sobre las bases falsas o perversas del dinero, la hipocresía, la insensibilidad o la mentira. Ninguna institución queda de este modo a salvo de sus ataques, llevados a cabo mediante el uso de una sátira implacable, pero de admirable articulación, lo que explica parcialmente su popularidad y difusión internacional, no superada por ningún novelista alemán de posguerra. Esta actitud consecuente se refleja en una producción copiosa, según lo abonan títulos como *Und sagte kein einziges Wort* (1953) (Y no dijo una sola palabra), *Haus ohne Hüter* (1954) (Casa sin guardianes), *Billard um halbzehn* (1959) (Billar a las nueve y media), y *Ansichten eines Clowns* (1963) (Puntos de vista de un payaso).

Con la utilización de su estilo irónico, este satírico y moralista dulcifica, por fuera, la píldora tan amarga que Nossack ha sabido elaborar.

Cuando en 1959 apareció la novela de Günter Grass (n. 1927) *Die Blechtrommel* (El tambor de lata), crítica y público la señalaron como un soplo de aire fresco arrojado sobre una literatura que, salvo excepciones contadas, carecía de la suficiente originalidad y fuerza. Con Grass aparecía, en calidad de precursor, un "agent provocateur" vigoroso, de incontenible aliento vital, que en una novela extensa e intensa desnudaba, a través de la historia del protagonista, un enano, las contradicciones y absurdos de los que el nazismo brotara como planta maligna. Visiones retenidas con furiosa exactitud sobre un espectro que oscilaba entre la escabrosidad y el surrealismo, se plasmaron de un modo particularmente afortunado dentro de la novelística alemana. El escándalo y la polémica que Grass quiso suscitar, no está tampoco ausente de su obra posterior, trátese de la "Novelle" *Katze und Maus* (1961) (Gato y ratón), como de *Hundejahre* (1963) (Años de perro), y de su asimismo simultánea obra teatral, no menos estimulante. Esto último puede probarse con *Die Plebejer proben den Aufstand* (1966) (Los plebeyos intentan la insurrección), que pertenece a un teatro decididamente político (Grass es afiliado a la socialdemocracia alemana), y que toma como punto central de discusión la actitud nada fácil asumida por Brecht durante el levantamiento de Berlín oriental en 1953.

Más ceñida a un contexto determinado se presenta la tarea novelística en el pomeranio Uwe Johnson (n. 1935). En él cobra expresión a través de un lenguaje difícil y cerrado, nada común en sus peculiaridades gramaticales, uno de los problemas cruciales que acucian a las generaciones alemanas más recientes: la partición del país en dos estados. Éste es su tema, que Johnson varía con una seriedad y hondura típicamente germánicas, y al que siempre regresa, para mostrar dos tipos de vida incomparablemente distintos y separados por una fisura que aparenta ser definitiva. En este sentido son paradigmáticas todas sus novelas, tan concienzudamente escritas, comenzando por la que lo lanzó a la fama, *Mutmassungen über Jakob* (1959) (Suposiciones acerca de Jacobo), y siguiendo con *Das dritte Buch über Arnim* (1961)

(El tercer libro sobre Arnim) y *Zwei Ansichten* (1965) (Dos perspectivas).

En algunos autores, como ocurre con Martin Walser (n. 1927), se da la doble aptitud que suma al éxito del dramaturgo el del novelista. Lo corroboran sus dos novelas más importantes, *Halbzeit* (1960) (Primer tiempo) y *Das Einhorn* (1966) (El unicornio). En ambos casos se trata de novelas pletóricas de una agresiva actitud crítico-social acerca de la situación de la Alemania de posguerra en pleno "milagro alemán", asunto también tratado, entre tantos autores, de un modo excelente en las novelas de Wolfgang Koeppen (n. 1906), como *Tauben im Grass* (1951) (Palomas en la hierba), por ejemplo. En las de Walser el héroe es siempre un arribista, que trata de adaptarse a una sociedad de consumo típica, que, como él mismo, carece de valores sólidos y válidos. La acción se desarrolla en medio de sucesos superficiales, sin trasfondo, cuya trivialidad hace pareja con la de los personajes. Y no es extraño que el lenguaje inventado con indudable ingenio por Walser, extraído de la jerga de todos los días, adquiera asimismo el tono retórico y trivial, en la acumulación del rasgo inútil, que los protagonistas también asumen.

Al igual que Walser, pero con una dosis mucho mayor de originalidad y fuerza, la obra del suizo Max Frisch (n. 1911) se reparte entre un teatro que requiere su propio espacio, y la creación novelística. Frisch es heredero cabal de los novelistas del siglo XIX, en el sentido de que sabe y tiene placer en contar historias. Y asimismo continúa esa respetable tradición, que huye de todo tipo de experiencia idomática gratuita y que se centra en el tratamiento psicológico, atisbado hasta los más mínimos y sutiles detalles de los personajes principales. Los jalones decisivos de la obra narrativa de Frisch llevan los títulos de *Stiller* (1954), *Homo faber* (1957) y *Mein Name sei Gantenbein* (1964) (Sea Gantenbein mi nombre), y que asimismo incluye el apasionante *Tagebuches* (1946-1949) Diarios (1946-1949). Novelista nato, Frisch se coloca con su narrativa, y en esto también prosigue una línea decimonónica, entre los autores capaces de escribir novelas de evolución de caracteres. Pero que, en el siglo XX, van menos a la conformación de una personalidad plena y armoniosa, que a la exploración de un yo desvinculado del contorno, e incluso, de sí mismo. Este planteo lleva en Frisch, obsesivamente, y con alternancia de situaciones trágicas, cómicas o tragicómicas, a la búsqueda de la propia identidad de su protagonista, sea éste un artista, un ingeniero o un ciego. Pero, y ésta es la respuesta final, la identidad es asunto enigmático, cuando no de difícil o imposible dilucidación en un mundo tan contradictorio como aquél del que las últimas décadas del siglo XX dan testimonio. Por su maestría narrativa, el nombre de Frisch se ha convertido en indispensable dentro de la historia del género en los últimos años.

La lírica alemana contemporánea está también representada por una cantidad no despreciable de nombres meritorios. Valgan para el caso los de Peter Härtlig, Chrisoph Meckel, Günter B. Fuchs, Peter Rühmkorf, Heinz Piontek, Oda Schaefer, Horst Lange, Erich Fried, Günter Kunert, Christa Reinig, Hilde Domin, entre otros. No obstante, al igual de lo que ocurre con la novela, no son muchos los poetas definitivamente consagrados, capaces además de proseguir en una tarea culminada en la presente centuria por el genio de Stefan George, Rainer Maria Rilke, Hugo von Hofmannsthal, George Trakl o Bert Brecht. Enmudecidas las grandes voces durante el intermedio nacionalsocialista, con la excepción de Joseph Weinheber, el impulso lírico que partió desde 1945 ostenta otros signos. Con todo, no deja de ser significativo que, dentro de un lenguaje de variada condición, y que se explica por el predominio de subjetividades manifiestas, los jóvenes poetas se apoyaran o sufrieran las influencias, conscientemente o no, de dos líricos tan distintos como Gottfried Benn (el artista puro) y Bertolt Brecht (el artista comprometido). Aunque también es claro que las individualidades más poderosas han hallado el idioma propio que les conviene. Sea como fuere, los padecimientos y crímenes que la segunda Guerra Mundial desencadenara, se convirtieron para la mayoría de los líricos actuales más eminentes, en tema imposible de soslayar, al igual que la situación posterior de posguerra, hecha de incomunicación, vacío o de una sucesión ininterrumpida de situaciones angustiosas. El yo escindido, fragmentado en infinitos pedazos, se proyecta en poemas que adoptan las técnicas más diversas y actuales, desde el neoexpresionismo y el neosuperrealismo, hasta las experiencias más avanzadas y desprovistas de un contenido semántico inteligible. O se desprende de una primitiva poesía de la naturaleza, que inicialmente lo abarca todo, para erguirse cada vez más desnudo y angustiado en un despojamiento progresivo. O se basa, desde un punto de vista formal, en los sonetos de impecable factura que caracterizan la poesía de Rudolf Hagelstange (n. 1912), en el *Venezianisches Credo* (1945) (Credo veneciano), los *Moabiter Sonette* (1944) (Sonetos de Moabit), del ajusticiado Albrecht Haushofer (n. 1903) en 1944, en los ritmos libres de Paul Celan (1920-1970), o en la expresión cada vez más apretada y concreta que los poemas de Helmut Heissenbüttel (n. 1921) y Franz Mon (n. 1926) evidencian. O adopta los tonos de la despreocupación lúdicra, la invectiva de tono político o panfletario, o la acusación que nace de un dolor que marca al poeta para siempre. La emoción ante la naturaleza o la denuncia sarcástica se dan la mano, y los prosaísmos conviven, en tiempos iguales, pero con poetas distintos, junto a las expresiones más decantadas, a las imágenes más cargadas de un sentido a la vez humano y universal.

Como tantas veces ha ocurrido en la historia de la literatura, el campo lírico es uno de los más propicios a las voces femeninas. No es de extrañar, entonces, que las esencias más puras, los dolores más trabajados, sean compartidos por mujeres sin las cuales la lírica alemana de los últimos años no sería lo que es. Valgan, como ejemplos mayores, los libros de poesía de Nelly Sachs (1891-1970), premio Nobel, de Marie Luise Kaschnitz (n. 1901) y de la austriaca Ingeborg Bachmann (n. 1926). En lenguajes distintos, por cierto, las une idéntica pasión y desesperación por un destino común y amenazante.

Y si bien a las influencias vernáculas de Benn o Brecht, pueden sumarse, después de 1945, las de Apollinaire y Dylan Thomas, de Paul Éluard o Louis Aragon, de Thomas S. Eliot o Ezra Pound, no puede negarse que, por ello mismo, todas las antologías de posguerra, como *Ergriffenes Dasein,* armada por Holthusen y Friedhelm Kemp en 1953, al igual que *Transit,* obra de Walter Höllerer (1956), sin dejar de mencionar *Museum der modernen Poesie* (1960) de Hans Magnus Enzensberger, ostentan un carácter calidoscópico y de calidad dispareja.

Entre los líricos más destacados con que cuenta actualmente la poesía alemana, algunos se afincaron en la República Democrática Alemana. Son Peter Huchel (n. 1903), director durante muchos años de la revista literaria *Sinn und Form,* Stephan Heym (n. 1913) y Johannes Bobrowski (1917-1966). De los que viven en la República Federal, son de mención obligatoria, por la hondura, seriedad y depurada dicción, Günter Eich (n. 1907) y Karl Krolow (n. 1915). Estos poetas comenzaron a publicar en rigor durante el nazismo, y derivaban de una lírica de la naturaleza, permitida por el régimen dado su carácter absolutamente apolítico. Después del colapso de 1945, Eich (asimismo eficaz autor de radioteatro) y Krolow, comenzaron a distinguirse por su acento personal, virtuosismo, y la capacidad para asumir, verso mediante las situaciones que distinguen y acosan al hombre contemporáneo. De promoción más reciente es Hans Magnus Enzensberger (n. 1929), quien surgió a la notoriedad con dos libros originales, *Verteidigung der Wölfe* (1957) (Defensa de los lobos) y *Landessprache* (1960) (Idioma nacional). Con expresión desembozada, pero exacta, con indignación canalizada a través de un lenguaje imaginativo, no pocas veces provisto de un auténtico lirismo, los versos audaces de Enzensberger incriminaban a una sociedad embotada por una falsa prosperidad, y aludían por elevación a un pasado próximo y escasamente honroso. El escándalo sobrevino, y Enzensberger se convirtió en poeta que promovía definiciones ajenas, en pro o en contra. En la actualidad el poeta ha cedido paso al ideólogo y ensayista de izquierda, cuyas proposiciones descansan sobre una sólida base cultural y una definida apertura a una revolución política y social.

Pero si existe un poeta de lengua alemana que ha alcanzado la consagración de los medios más exigentes, éste es el rumano Paul Celan. Desde el punto de vista externo, la persecución del nazismo le abrió los ojos al dolor y lo dirigió al exilio. En lo que se refiere a su poesía, que suma siete libros, la decantación del lenguaje, el uso de los ritmos e imágenes más precisos y difíciles, y, no obstante, conmovedores, alcanza los límites del asombro. Traductor de poetas franceses, profesor de idioma en París, a partir de una inclinación surrealista inicial, volcada en *Mohn und Gedächtnis* (1952) (Amapola y memoria), pasando por *Von Schwelle zu Schwelle* (1955) (De umbral a umbral), hasta llegar a libros últimos como *Die Niemandsrose* (1964) (La rosa de nadie), Paul Celan ha llegado al espacio silencioso donde todo puede ser dicho para siempre, meta final de la más grande poesía posible. Y puede apostarse a que sus versos quedarán como testimonio válido de que la voz del más puro lirismo en alemán pudo alzarse en medio de un siglo hostil a las manifestaciones de una poesía absoluta y definitiva.

El capítulo relativo al teatro alemán de los últimos

decenios es rico en hallazgos, y hasta en éxitos que han trascendido las fronteras nacionales. Autores provenientes de distintas concepciones artísticas y pertenecientes a generaciones también diferentes, han contribuido a una especie de *boom* que, en algunos casos, ha llegado hasta el cine. Tal lo que ocurrió con *Der Teufelsgeneral* de Carl Zuckmayer, y creaciones posteriores escritas dentro de los moldes de un teatro tradicional. Por el contrario, la obra del malogrado Wolfgang Borchert (1921-1947), también cuentista de calidad notable, ostenta rasgos propios que lo emparientan, a través de su única pieza *Draussen vor der Tür* (1947) (Afuera, delante de la puerta), con un expresionismo anterior, intuido más que conocido por acceso directo. Pues como en el resto de la actividad literaria, el nazismo había cortado los vínculos con las tendencias de avanzada o de exploración estética, y sólo autorizó exteriorizaciones de un entretenimiento inofensivo (Günther Weisenborn), o las representaciones de los clásicos, que con las puestas en escena de Gustav Gründgens llegaron a un nivel eminente. Y, para empezar de nuevo, Borchert eligió la historia de un soldado que regresa del frente, mutilado por fuera, deshecho por dentro, a quien una sociedad ávida de olvido rechaza sistemáticamente a través de escenas sueltas, unidas, sin embargo, por la desdicha del protagonista y la insensible ceguera de quienes se confabulan para no abrir la puerta salvadora. El grito patético, cargado de acusaciones, que la pieza de Borchert profería, se cuenta entre las muestras de una literatura dramática capaz de resurgir de sus propias ruinas.

Esta tendencia posexpresionista, promisoria aunque imperfectamente comenzada por el citado autor, no tuvo demasiado eco. Era demasiado enfática y grandilocuente, y los dramaturgos que en ese tiempo inician su menester tenían otros modelos a seguir. En unos casos se trataba de explotar vías ya conocidas, lo que ocurre con el austriaco Fritz Hochwälder (n. 1911). Deudor del teatro popular vienés, en especial de Nestroy, según confesión propia, Hochwälder es un muy hábil artífice, y la excelente construcción de sus piezas agrega interés a una trama donde se debaten comportamientos que afectan a todos los seres humanos. Hochwälder no rehuye los efectos convencionales, y éste es otro motivo para que piezas como *Das heilige Experiment* (1943) (El experimento sagrado), se sigan con el atractivo que puede suscitar la explicación del fracaso de las misiones jesuíticas en el Paraguay. O que en *Der öffentliche Anklager* (1948) (El acusador público) los espectadores consideren de qué manera las maquinaciones urdidas por el fiscal revolucionario Fouquier Thinville recaerán sobre su propia persona. Lo mismo puede decirse de piezas posteriores como *Donadieu* (1953), *Donnerstag* (1959) (Jueves) o *Der Unschuldige* (1958) (El inocente).

Sin embargo, para más de una generación de dramaturgos, el maestro indiscutido se llamó Bertolt Brecht. No cabe extrañarse de ello, pues a la caída del nazismo el mundo alemán pudo retomar el contacto con las obras más perfectas del autor de "Madre Coraje", radicado él mismo en Berlín oriental. La influencia de Brecht, de su técnica y métodos, gravita así sobre algunos de los autores más relevantes de la presente posguerra. Valgan, a título de ejemplo, las obras teatrales de los suizos Max Frisch y Friedrich Dürrenmatt (n. 1921), como algunos enfoques vigentes en las de Peter Weiss (n. 1917). Es necesario, no obstante, señalar que la postura crítica de ambos autores suizos, lo mismo que su adopción de ciertos postulados brechtianos, no alcanzan a coincidir con el modelo ideológico del autor alemán. Pues a pesar de su hostilidad a tantas manifestaciones de la sociedad capitalista contemporánea, de ninguna manera han podido simpatizar con el tipo de marxismo que Brecht sostuvo en teoría y práctica. No se trata tanto de que Frisch o Dürrenmatt nieguen la responsabilidad y culpa de las estructuras sociales en las que el hombre actual está inmerso. Pero, al revés de lo que ocurre con Brecht, ninguno de los autores suizos citados posee una fórmula aplicable a la felicidad del hombre, y por ende, a la de la sociedad de que forma parte. Puede sí decirse en cambio, que la interpretación de la realidad en ambos, se ubique en el pasado, el presente, o en un futuro no demasiado hipotético, amarga en su fondo, se recubre con situaciones humorísticas, chispeantes o ingeniosas, las cuales, de alguna manera, ponen aún más de relieve la seriedad de la situación expuesta. El ademán trágico, expresamente excluido por los dos dramaturgos helvéticos, debido a su carácter retórico frente a los hechos contemporáneos, impregnados de una cotidiana tragicidad, se sustituye en Dürrenmatt, obsesionado con los problemas de la culpa y el castigo, con la inclusión, casi sistemática, de la categoría del grotesco, tanto en las situaciones como en el diálogo que los muñecos de Dürrenmatt ensayan. Así ocurre en sus más afortunadas piezas, como *Die Ehe des Herrn Mississippi* (1952) (El matrimonio del señor Misisipi), *Ein Engel kommt nach Babylon* (1953) (Un ángel llega a Babilonia), *Der Besuch der alten Dame* (1956) (La visita de la anciana señora), *Romulus der Grosse* (1957) (Rómulo el grande), o las más recientes *Frank V* (1960), *Die Physiker* (1962) (Los físicos) o *Der Meteor* (1965) (El meteoro). No hay que olvidar, por lo demás, que Dürrenmatt es un hábil narrador, sobre todo de asuntos que envuelven criminales y víctimas, y, en este sentido, algunas de sus novelas o cuentos largos, *Der Verdacht* (1953) (La sospecha) o *Die Panne* (1956) (El contratiempo) han encontrado una merecida difusión.

En cuanto a las piezas de Frisch, pletóricas asimismo de ingenio e intención crítica, como de una arquitectura impecablemente erigida, varían en términos diversos el tema de la identidad que nutre toda su producción de novelista. Ello vale para *Die chinesische Mauer* (1945) (La muralla china), o las más celebradas *Don Juan oder die Liebe zur Geometrie* (1953) (Don Juan o el amor a la geometría), *Biedermann und die Brandstifter* (1958) (Biedermann y los incendiarios), *Andorra* (1961), o su más reciente *Biographie* (1969) (Biografía). Y aquella común cualidad que finalmente une a los dos dramaturgos suizos con Brecht, dejando a un lado su consumada destreza técnica, es, a no dudarlo, una apasionada postura moralista que atiende a la salvaguardia de las esencias de lo humano, hecho que por otra parte puede explicar la indudable atracción que han ejercido sobre públicos de las más distintas latitudes.

También tributario de Brecht, aunque en dosis menores, es el múltiple Martin Walser. Pero su actitud satírica no cuenta con ese mensaje finalmente esperanzado que caracteriza a aquél, y la amargura signa sus piezas. A Walser le interesa desmontar, en pleno periodo del "milagro alemán", y mediante un minucioso examen psicológico, las motivaciones que llevaron a la anterior generación hacia el nazismo, como los mecanismos que les permitieron esquivar sus culpas y remordimientos, de los que sus propios hijos serán jueces y víctimas al mismo tiempo. Esta temática, que se instala en los medios satisfechos y burgueses de una Alemania posterior a 1955, nutre las situaciones de las mejores piezas de Walser, *Eiche und Angora* (1962) (Roble y conejos de Angora), *Uberlebersgross Herr Krott* (1963) (El tamaño sobrenatural del señor Krott) y *Der schwarze Schwann* (1964) (El cisne negro). Este problema, aun candente y hasta ahora no superado, el de una culpa que es tan individual como colectiva, informa asimismo piezas de otros autores de un nivel algo inferior, como las de Hans Günter Michelsen (n. 1920).

A partir de la década del sesenta, los escenarios alemanes se vieron invadidos por una especie que aún está lejos de haberse agotado: el teatro político. Muchos escritores se sintieron obligados a tomar partido en un mundo cada vez más sometido a estructuras monolíticas, o a explicar, mediante los abundantes recursos que el teatro es capaz de ofrecer, los movimientos más o menos dialécticos que tientan el destino de la humanidad. En algunas ocasiones los resultados, aunque ruidosos, no pasan de niveles comunes; hasta mediocres. Construidas con distintas dosis de habilidad, las piezas político-documentales de Rolf Hochhuth (n. 1931), *Der Stellvertreter* (1965) (El vicario) o *Die Soldaten* (1968) (Los soldados), las de Heinar Kipphardt (n. 1922), *In Sachen Oppenheimer* (1965) (El informe Oppenheimer) o la posterior *Joel Brand* (1965), la de Tankred Dorst, *Toller* (1969), poseen un atractivo que reposa más en el carácter público de sus protagonistas y del medio en que se desenvolvieron sus respectivas actividades, que en los méritos teatrales de que las susodichas piezas están dotadas. El evidente papel agitador que las informa, se agota en su misma exposición, por así decirlo.

Distinto es el caso de Peter Weiss (n. 1917). Poseedor de una envidiable y original capacidad narrativa, de la que es buen ejemplo *Der Schatten des Körpers des Kutschers* (1960) (La sombra del cuerpo del cochero), este alemán exiliado durante el nazismo a Suecia, se ha revelado como uno de los talentos dramáticos más robustos e inventores de las últimas décadas, no obstante su vinculación con formas del teatro brechtiano. Weiss saltó a la fama en 1964 con una pieza cuyo título exacto es *Die Verfolgung und Ermordung Jean Paul Marats, dargestellt durch die Schauspielergruppe des Hospizes zu Charenton unter Anleitung des Herrn de Sade* (La persecución y asesinato de Jean Paul Marat, representados por el grupo de actores del hospicio de Charenton bajo la dirección del señor de Sade), y que por razones obvias se cita como *Marat/Sade*. Si bien las canciones, coros, coplas e intención denunciatoria en que esta singular pieza abunda son desprendimientos de una vertiente brechtiana, Weiss tampoco se ha mostrado inmune a las influencias de Meyerhold y al llamado teatro de la crueldad de A. Artaud. Con la estructura ya utilizada en *Hamlet,* de un "teatro dentro del teatro", un grupo de internados en un manicomio, dirigidos por el muy racional marqués de Sade, ofrece ante un conjunto selecto de espectadores pertenecientes a la época del imperio napoleónico, algunos episodios en torno al asesinato de Marat perpetrado por Charlotte Corday. Diferentes grados de locura se funden en un espectáculo de pesadilla, en el que resaltan los diálogos sostenidos entre el actor que representa a Marat, quien sostiene la necesidad de la vigencia de los ideales revolucionarios, aunque haya que recurrir al crimen, y el propio marqués, defensor a ultranza de los derechos del individuo. Ferocidad y refinamiento, aunados a un poderoso instinto dramático que sabe vincular los recursos más diversos, han convertido a esta pieza, dividida en escenas, en una de las experiencias teatrales más interesantes de los últimos años.

En obras posteriores subraya Weiss, valiéndose de medios parecidos, pero también de informes oficiales, una ideología humanitaria al comienzo, y francamente socialista en sus piezas más recientes. Una tremenda y trágica documentación, que constituye una de las acusaciones más elocuentes e ilevantables contra la barbarie que el nazismo significó, sirve de base al oratorio "en once cantos" *Die Vermittlung* (1965) (La indagación) que consiste en una escenificación del proceso llevado a cabo en Francfort contra los guardianes y torturadores del campo de concentración de Auschwitz. Al año siguiente Weiss estrenó *Der lusitanische Popanz* (El títere lusitano), donde los versos y canciones que atraviesan la obra sirven para denunciar, al igual que una pieza posterior sobre la situación en Vietnam, los manejos de las altas finanzas aliados a los poderes militares que gravitan en la política internacional de occidente. En sus dos últimas piezas, *Trotzky im Exil* (1969) (Trotzky en el exilio) y *Hölderlin* (1971), Weiss insiste en sus puntos de vista políticos, con la relativa novedad de presentar al poeta de *Patmos* como un jacobino exaltado y libertario, que elige la locura para no sucumbir al poder de la fuerza.

Otros "escribidores de piezas", según la denominación brechtiana, gozan de aceptación en la escena alemana. Por ejemplo, los ya citados Günter Grass y Tankred Dorst. Como también Herbert Asmodi, Dieter Waldmann, Peter Hacks, Wolfgang Hildesheimer, descendiente de Ionesco, la lírica Nelly Sachs y Konrad Wünsche, un especialista en recreaciones de atmósfera chejoviana.

En los últimos tiempos han surgido dos autores de origen austriaco que parten de nuevos enfoques. Se trata de Peter Handke (n. 1942), también exitoso narrador, y de Wolfgang Bauer (n. 1930). El primero, con un manejo realizado exclusivamente sobre la base del lenguaje, despojando a sus piezas de anécdota, trama, historia o cualquier otro elemento tradicional, ha impuesto un talento novedoso, del que dan muestra *Kaspar* (1968) y antes, en 1966, *Publikumpsbeschimpfung* (Insulto al público). En cuanto a Bauer, sus piezas, que él califica como un "deliberado mal teatro", poseen una hábil conjunción de los elementos más disímiles, pero que manejados hasta con recursos guiñolescos, logran su efecto de mostrar y sacudir simultáneamente al público en la exposición de formas de conducta anejas a la sociedad contemporánea. En este sentido, su pieza llamada *Change* (Cambio) es altamente ilustrativa al respecto.

De todas maneras, y aun a través de un panorama tan diversificado, donde se mezclan y confunden las tendencias más distintas y actuales puede percibirse la existencia de una línea que revela una honda preocupación por la problemática humana en un momento que el mundo pareciera marchar hacia objetivos de inquietante aspecto. Pero quizás pueda advertirse como síntoma promisorio el hecho de que en la situación actual de una Alemania escindida políticamente en dos estados, ambos lados hayan laborado en común para coronar, como símbolo de confianza y amor a esa lengua que une a todos los alemanes, y de que sus poetas se han servido con gozo y gratitud, justamente en 1960, el *Diccionario alemán* que los hermanos Grimm iniciaron hace más de un siglo.

ÍNDICE

Prefacio 7
Prefacio a la tercera edición 9

I.	De los comienzos al siglo IX	11
II.	Renacimiento carolingio	18
III.	Paréntesis de literatura latina	25
IV.	Religiosidad y aventura en los siglos XI y XII	31
V.	La épica cortesano-caballeresca	41
VI.	La épica heroica	57
VII.	La lírica trovadoresca	66
VIII.	El final de la Edad Media	75
IX.	Humanismo y Reforma	91
X.	El siglo del barroco	102
XI.	La Ilustración	116
XII.	"Sturm und Drang".................	138
XIII.	Clasicismo (Goethe)	150
XIV.	Clasicismo (Schiller, Hölderlin, Kleist, Jean Paul)	167
XV.	El romanticismo	189
XVI.	Posrománticos y realistas	208
XVII.	Del naturalismo a la primera Guerra Mundial	255
XVIII.	De 1914 a 1945	301
XIX.	Últimos años	349

Historia de la literatura alemana, de Rodolfo E. Modern,
se terminó de imprimir y encuadernar en agosto de 2014
en Impresora y Encuadernadora Progreso, S. A. de C. V. (IEPSA),
Calzada San Lorenzo, 244; 09830 México, D. F.
El tiraje fue de 2500 ejemplares.